CB043725

Conheça o
Saraiva Conecta

Uma plataforma que apoia o leitor em sua jornada de estudos e de atualização.

Estude *online* com conteúdos complementares ao livro e que ampliam a sua compreensão dos temas abordados nesta obra.

Tudo isso com a **qualidade Saraiva Educação** que você já conhece!

Veja como acessar

No seu computador
Acesse o *link*
https://somos.in/SJPPPNR21

No seu celular ou tablet
Abra a câmera do seu celular ou aplicativo específico e aponte para o *QR Code* disponível no livro.

Faça seu cadastro

1. Clique em "Novo por aqui? Criar conta".

2. Preencha as informações – insira um e-mail que você costuma usar, ok?

3. Crie sua senha e clique no botão "CRIAR CONTA".

Pronto!
Agora é só aproveitar o conteúdo desta obra!*

Qualquer dúvida, entre em contato pelo *e-mail* **suportedigital@saraivaconecta.com.br**

Para consultar o conteúdo complementar, acesse: **https://somos.in/SJPPPNR21**

* Sempre que quiser, acesse todos os conteúdos exclusivos pelo *link* ou pelo QR Code indicados. O seu acesso tem validade de 24 meses, a contar da data de fechamento desta edição.

SINOPSES JURÍDICAS

Alexandre Cebrian Araújo Reis
Victor Eduardo Rios Gonçalves

PROCESSO PENAL

21ª edição
2024

PROCEDIMENTOS, NULIDADES E RECURSOS

Av. Paulista, 901, Edifício CYK, 4º andar
Bela Vista – São Paulo – SP – CEP 01310-100

SAC sac.sets@saraivaeducacao.com.br

DADOS INTERNACIONAIS DE CATALOGAÇÃO NA PUBLICAÇÃO (CIP)
ELABORADO POR VAGNER RODOLFO DA SILVA – CRB-8/9410

G635s   Gonçalves, Victor Eduardo Rios

Sinopses jurídicas - Processo Penal – Procedimentos, nulidades e recursos / Victor Eduardo Rios Gonçalves, Alexandre Cebrian Araújo Reis. - 21. ed. - São Paulo : Saraiva Jur, 2024.
176 p.

ISBN: 978-65-5362-373-6

1. Direito. 2. Processo Penal. 3. Procedimentos, nulidades e recursos. I. Reis, Alexandre Cebrian Araújo. II. Título.

2023-2997

CDD 340
CDU 34

Diretoria executiva	Flávia Alves Bravin
Diretoria editorial	Ana Paula Santos Matos
Gerência de produção e projetos	Fernando Penteado
Gerência de conteúdo e aquisições	Thais Cassoli Reato Cézar
Gerência editorial	Livia Céspedes
Novos projetos	Aline Darcy Flôr de Souza
	Dalila Costa de Oliveira
Edição	Samantha Rangel
Design e produção	Jeferson Costa da Silva (coord.)
	Karina Lourenço Kempter
	Guilherme Salvador
	Lais Soriano
	Rosana Peroni Fazolari
	Tiago Dela Rosa
	Verônica Pivisan
Planejamento e projetos	Cintia Aparecida dos Santos
	Daniela Maria Chaves Carvalho
	Emily Larissa Ferreira da Silva
	Kelli Priscila Pinto
Diagramação	Mia Santos
Revisão	Daniela Georgeto
Capa	Lais Soriano
Produção gráfica	Marli Rampim
	Sergio Luiz Pereira Lopes
Impressão e acabamento	Gráfica Paym

Índices para catálogo sistemático:

1. Direito   340
2. Direito   34

Data de fechamento da edição: 1-11-2023

Dúvidas? Acesse www.saraivaeducacao.com.br

Nenhuma parte desta publicação poderá ser reproduzida por qualquer meio ou forma sem a prévia autorização da Saraiva Educação. A violação dos direitos autorais é crime estabelecido na Lei n. 9.610/98 e punido pelo art. 184 do Código Penal.

CÓD. OBRA 3912   CL 608693   CAE 845317

ÍNDICE

DOS PROCEDIMENTOS

1	Introdução	1
2	Procedimento comum ordinário	1
	2.1. Remessa da acusação pelo juiz das garantias ao juízo da instrução e julgamento e recebimento da denúncia ou queixa	2
	2.2. Citação, resposta escrita do acusado, revelia e suspensão do processo	4
	2.3. Absolvição sumária	9
	2.4. Audiência de instrução, interrogatório, debates e julgamento	9
	2.5. Sentença	13
	2.5.1. Identidade física do juiz	16
	2.5.2. Embargos de declaração	16
	2.5.3. Princípio da correlação	17
	2.5.4. Publicação da sentença	20
	2.5.5. Intimação da sentença	20
	2.5.6. Coisa julgada	21
3	A incidência de regras do rito ordinário aos demais ritos	21

PROCEDIMENTO SUMÁRIO

PROCEDIMENTO SUMARÍSSIMO (JUIZADOS ESPECIAIS CRIMINAIS)

PROCEDIMENTO DOS CRIMES DE COMPETÊNCIA DO JÚRI

1	Princípios básicos	39
2	Características do tribunal do júri	40
3	Organização do júri	40
4	Capacidade geral para o serviço do júri	41
	4.1. Requisitos para ser jurado	41
5	Obrigatoriedade do serviço do júri	42
6	Pessoas isentas do serviço do júri (art. 437)	42
7	Direitos, vantagens e responsabilidade dos jurados	43
8	Procedimento	43
	8.1. Sumário da culpa	43
	8.1.1. Etapa decisória do sumário da culpa	45
	8.1.1.1. Pronúncia	45
	8.1.1.2. Impronúncia	47
	8.1.1.3. Absolvição sumária	48
	8.1.1.4. Desclassificação	49
	8.2. Juízo da causa	50
	8.2.1. Desaforamento	50

8.2.2. Organização da pauta da sessão periódica 52
8.2.3. Julgamento em plenário 52
8.3. Atribuições do juiz-presidente.. 63
8.4. Protesto por novo júri... 63

PROCEDIMENTO NOS CRIMES CONTRA A HONRA

1 Ação penal nos crimes contra a honra... 67
2 Audiência de reconciliação... 67
3 Exceção da verdade 68
4 Pedido de explicações em juízo... 68

PROCEDIMENTO NOS CRIMES FUNCIONAIS

1 Introdução... 71
2 Rito... 71

PROCEDIMENTO NOS CRIMES CONTRA A PROPRIEDADE IMATERIAL

1 Introdução... 75
2 Iniciativa da ação penal... 75
3 Providências nos crimes de ação penal de iniciativa privada (art. 530-A) 76
4 Decadência.. 76
5 Providências relativas aos crimes de ação penal de iniciativa pública........... 77
6 Assistentes da acusação... 78

PROCEDIMENTO RELATIVO AOS CRIMES PRATICADOS COM VIOLÊNCIA DOMÉSTICA CONTRA A MULHER

1 Introdução... 81
2 Do termo circunstanciado e do inquérito policial............................. 81
3 Competência... 82
4 Renúncia à representação.. 83
5 Transação, suspensão condicional do processo e acordo de não persecução penal 83
6 Medidas relativas à ofendida 84
7 Prisão preventiva 84
8 Vedação de certas penas alternativas nos crimes que envolvam violência doméstica ou familiar contra a mulher 84

SUSPENSÃO CONDICIONAL DO PROCESSO

1 Natureza jurídica... 85
2 Constitucionalidade 85
3 Cabimento... 85
4 Concurso de crimes 87
5 Requisitos.. 87
6 Concurso de agentes.. 89

Processo penal – Procedimentos, nulidades e recursos

7	Momento da proposta	89
8	Iniciativa da proposta	89
9	Recusa no oferecimento da proposta	89
10	Aceitação da proposta	90
11	Homologação	90
12	Condições obrigatórias	91
13	Condições facultativas	91
14	Suspensão do prazo prescricional	91
15	Causas de revogação obrigatória	91
16	Causas de revogação facultativa	92
17	Consequências da revogação da suspensão condicional do processo	93
18	Extinção da punibilidade	93

DAS NULIDADES

1	Teoria geral das nulidades	97
	1.1. Espécies de nulidade	97
	1.1.1. Inexistência	97
	1.1.2. Nulidade absoluta	97
	1.1.3. Nulidade relativa	98
	1.1.4. Irregularidade	98
	1.2. Princípios informadores do sistema das nulidades	98
	1.2.1. Princípio da instrumentalidade das formas	98
	1.2.2. Princípio do prejuízo	98
	1.2.3. Princípio da causalidade (ou consequencialidade)	99
	1.2.4. Princípio do interesse	99
	1.2.5. Princípio da convalidação	99
2	Nulidades em espécie	100
3	Súmulas do Supremo Tribunal Federal	106

DOS RECURSOS

1	Teoria geral	109
	1.1. Conceito	109
	1.2. Finalidade	109
	1.3. Fundamento	109
	1.4. Classificação dos recursos	109
	1.4.1. Quanto à "fonte"	109
	1.4.2. Quanto à "iniciativa"	110
	1.4.3. Quanto aos "motivos"	110
	1.5. Pressupostos recursais	111
	1.5.1. Pressupostos objetivos	111
	1.5.2. Pressupostos subjetivos	112
	1.6. Juízo de admissibilidade (ou juízo de prelibação)	113
	1.7. Extinção anormal dos recursos	114

SINOPSES JURÍDICAS

1.8. Efeitos dos recursos	114
1.9. *Reformatio in pejus*	115
1.10. *Reformatio in mellius*	116
2 Dos recursos em espécie	116
2.1. Recurso em sentido estrito	116
2.1.1. Hipóteses de cabimento	117
2.1.2. Prazo para interposição	122
2.1.3. Procedimento	122
2.1.4. Efeitos	123
2.2. Apelação	123
2.2.1. Hipóteses de cabimento nas decisões do juiz singular (art. 593)	124
2.2.2. Hipóteses de cabimento nas decisões do Tribunal do Júri (art. 593, III)	124
2.2.3. Prazo para interposição	126
2.2.4. Procedimento	127
2.2.5. Efeitos	127
2.3. Do processo e do julgamento dos recursos em sentido estrito e das apelações nos tribunais	128
2.4. Embargos infringentes e de nulidade	129
2.4.1. Hipóteses de cabimento	129
2.4.2. Processamento	130
2.5. Protesto por novo júri	130
2.6. Revisão criminal	130
2.6.1. Natureza jurídica	130
2.6.2. Legitimidade	131
2.6.3. Pressupostos e oportunidade	131
2.6.4. Hipóteses de cabimento	131
2.6.5. Processamento	132
2.6.6. Efeitos	132
2.7. Carta testemunhável	133
2.7.1. Hipóteses de cabimento	133
2.7.2. Processamento	133
2.7.3. Efeitos	134
2.8. Correição parcial	134
2.8.1. Natureza jurídica	134
2.8.2. Legitimidade	134
2.8.3. Hipóteses de cabimento	134
2.8.4. Processamento	134
2.9. Embargos de declaração	135
2.9.1. Natureza jurídica	135
2.9.2. Hipóteses de cabimento	135
2.9.3. Legitimidade	136
2.9.4. Processamento	136
2.9.5. Efeitos	136

Processo penal – Procedimentos, nulidades e recursos

2.10. Reclamação 137
2.11. *Habeas corpus* 140
    2.11.1. Natureza jurídica 140
    2.11.2. Espécies 140
    2.11.3. Legitimidade ativa 141
    2.11.4. Legitimidade passiva 141
    2.11.5. Cabimento 142
    2.11.6. Competência 144
    2.11.7. Processamento 145
    2.11.8. Efeitos e recursos 146
    2.11.9. Processamento de *habeas corpus* interposto nos tribunais 146
2.12. Mandado de segurança na justiça criminal 146
    2.12.1. Legitimidade ativa 147
    2.12.2. Legitimidade passiva 147
    2.12.3. Competência 148
    2.12.4. Prazo 148
    2.12.5. Procedimento 148
2.13. Recurso extraordinário 149
    2.13.1. Conceito e finalidade 149
    2.13.2. Cabimento 149
    2.13.3. Legitimidade 150
    2.13.4. Prazos, interposição e processamento 150
    2.13.5. Repercussão geral 151
    2.13.6. Legitimidade 152
    2.13.7. Processamento e prazos 152
    2.13.8. Recurso adesivo 154
    2.13.9. Efeitos 155
    2.13.10. Súmula vinculante 157
2.14. Recurso especial 157
    2.14.1. Conceito e finalidade 157
    2.14.2. Cabimento 157
    2.14.3. Legitimidade 159
    2.14.4. Prazos, interposição, processamento e efeitos 159
2.15. Recurso ordinário constitucional 160
    2.15.1. Introdução 160
    2.15.2. Cabimento 160
    2.15.3. Procedimento 161

DOS PROCEDIMENTOS

1 INTRODUÇÃO

Procedimento é a sequência de atos que devem ser realizados durante o tramitar da ação penal. Esse rito processual é sempre previsto em lei, de modo que as partes não podem escolher um procedimento que lhes seja eventualmente mais benéfico, já que a matéria é de ordem pública. Tampouco o juiz pode suprimir ou alterar alguma parte do procedimento, sob pena de nulidade da ação penal.

De acordo com o art. 394 do Código de Processo Penal, com a redação dada pela Lei n. 11.719/2008, o procedimento pode ser comum ou especial.

O § 1º do referido dispositivo, por sua vez, esclarece que o procedimento comum divide-se em três modalidades: ordinário, sumário e sumaríssimo.

O ordinário é destinado aos crimes que tenham pena máxima em abstrato igual ou superior a 4 anos (furto, estelionato, roubo, extorsão, estupro, peculato, corrupção passiva, tortura etc.).

O procedimento sumário deve ser observado quando o crime descrito na denúncia tiver pena máxima inferior a 4 e superior a 2 anos (tentativa de furto simples, embriaguez ao volante, lesão corporal leve qualificada pela violência doméstica etc.).

O procedimento sumaríssimo, por sua vez, é aquele descrito na Lei n. 9.099/95, destinado às infrações de menor potencial ofensivo que tramitam perante o Juizado Especial Criminal (JECrim): crimes com pena máxima não superior a 2 anos e todas as contravenções penais.

Procedimentos especiais são os demais previstos no Código de Processo Penal e também aqueles descritos em leis especiais (Lei Antitóxicos, p. ex.). No Código de Processo Penal há procedimento especial para apurar os crimes dolosos contra a vida (Júri), os crimes contra a honra, os crimes funcionais (praticados por funcionário público) e os crimes contra a propriedade imaterial.

Saliente-se que o art. 394-A do Código de Processo Penal, com a redação que lhe foi dada pela Lei n. 13.285/2016, estabelece que os processos que apuram a prática de crime hediondo terão prioridade de tramitação em todas as instâncias.

2 PROCEDIMENTO COMUM ORDINÁRIO

A Lei n. 11.719/2008 alterou substancialmente as regras atinentes ao procedimento ordinário, a começar pela definição dos crimes que devem segui-lo. Com efeito, no regime anterior, o rito ordinário era reservado aos crimes apenados com reclusão, independentemente do montante da pena para ele prevista. No sistema atual, o art. 394, § 1º, I, do Código de Processo Penal estabelece que tal procedimento deverá ser seguido sempre que ao crime for cominada pena máxima igual ou superior a 4 anos. Assim, se para um crime for prevista, p. ex., pena máxima de 5 anos de detenção ou de reclusão, deverá ser seguido o rito ordinário, mas, se a pena máxima for de 3 anos – ainda que de reclusão –, o rito a ser observado será outro (sumário).

Na verificação da pena máxima levam-se em conta as qualificadoras, as causas de aumento e de diminuição de pena.

Nos casos de conexão entre dois ou mais crimes que devam seguir o procedimento comum, caso um deles tenha pena máxima igual ou superior a 4 anos, e o outro não, não há dúvida de que deverá ser observado o procedimento ordinário em relação a ambos em razão de a conexão trazer como consequência a união do processo e do julgamento. Assim, suponha-se que uma pessoa embriagada furte um carro e, depois da consumação do crime, o colida em um poste. O crime de furto consumado tem pena máxima de 4 anos e, por isso, segue o procedimento ordinário. O delito de embriaguez ao volante tem pena máxima de 3 anos e, por essa razão, deveria observar o rito sumário, porém, em razão da conexão com o furto, e da necessidade de ser observado procedimento único, ambos serão apurados mediante o rito ordinário.

A questão, todavia, não é tão simples quando a conexão envolver, por exemplo, dois crimes que tenham, cada qual, pena máxima de 3 anos – conexão entre o crime de lesão leve qualificada pela violência doméstica (art. 129, § 9º, do CP) e o delito de embriaguez ao volante (art. 306 do CTB). Nesse caso, a soma das penas dos crimes é de 6 anos e o texto legal não determina expressamente a solução a ser dada. Em tais casos de dúvida quanto ao rito, a tendência da jurisprudência é a de adotar aquele que confere maiores chances de defesa ao acusado, ou seja, o rito ordinário. Na hipótese em análise, a soma das penas máximas traz como consequência apenas a mudança do rito, não acarretando alteração na competência.

É evidente, por fim, que, em havendo conexão entre crime com pena máxima igual ou superior a 4 anos e crime doloso contra a vida, o procedimento a ser adotado em relação a ambos é o do Júri.

2.1. REMESSA DA ACUSAÇÃO PELO JUIZ DAS GARANTIAS AO JUÍZO DA INSTRUÇÃO E JULGAMENTO E RECEBIMENTO DA DENÚNCIA OU QUEIXA

O Pacote Anticrime (Lei n. 13.964/2019) introduziu em nosso ordenamento a figura do juiz das garantias (arts. 3º-A, 3º-B, 3º-C, 3º-D, 3º-E e 3º-F do Código), desdobrando a atividade jurisdicional em duas funções de natureza distinta, exercidas por juízes diversos, as quais podem ser, resumidamente, assim agrupadas: a) o juiz das garantias, responsável pelo controle da legalidade da investigação criminal e pela salvaguarda dos direitos individuais cuja franquia tenha sido reservada à autorização prévia do Poder Judiciário, atuará, sempre que necessário, na fase pré-processual, supervisionando a investigação; b) o juiz da instrução e julgamento, que não poderá ser o mesmo magistrado que desempenhou a função de juiz das garantias, e passará a exercer a jurisdição a partir do oferecimento da denúncia ou queixa.

Oferecida a denúncia pelo Ministério Público ou a queixa-crime pelo ofendido, cessa, portanto, a competência do juiz das garantias, o que dá ensejo à remessa dos autos da investigação, na íntegra, ao juiz da instrução e julgamento, para que verifique se estão presentes os requisitos legais para o início e desenvolvimento da ação penal.

É importante lembrar que, embora o Código de Processo Penal disponha, em seus arts. 3º-B, XIV, e 3º-C, *caput* – inseridos pelo pacote anticrime –, que a competência do juiz das garantias compreenderia o recebimento da inicial acusatória, o STF, no julgamento das ADIS 6.298, 6.299, 6.300 e 6.305, conferiu interpretação conforme a tais dispositivos, para estabelecer o oferecimento da denúncia como ato processual a partir do qual inaugura-se a competência do juiz da instrução e julgamento, que não poderá ser o mesmo magistrado que desempenhou a função de juiz das garantias e ao qual incumbirá decidir sobre o recebimento ou rejeição da denúncia ou queixa, bem como exercer a jurisdição nos ulteriores termos da ação penal.

Processo penal – Procedimentos, nulidades e recursos

O STF, no julgamento das ADIS 6.298, 6.299, 6.300 e 6.305, definiu que as normas relativas ao juiz das garantias não se aplicam a (1) processos de competência originária dos tribunais, que são regidos pela Lei n. 8.030/90; (2) processos de competência do tribunal do júri; (3) casos de violência doméstica e familiar (Lei n. 11.340/2006 e Lei n. 14.344/2022); e (4) infrações penais de menor potencial ofensivo.

Rememore-se, ainda, que foram julgadas inconstitucionais pelo STF, no julgamento das ADIS 6.298, 6.299, 6.300 e 6.305, as previsões legais de que, com exceção das provas irrepetíveis, medidas de obtenção de provas ou de antecipação de provas, as demais provas e informações colhidas na fase investigativa permaneceriam acauteladas na secretaria do juízo das garantias, à disposição do Ministério Público e da defesa, sem que fossem remetidas ao juiz da instrução e julgamento (art. 3º-C, § 3º). Assim, todas as provas produzidas durante a investigação acompanharão a denúncia e integrarão os autos da ação penal perante o juiz da instrução.

Com base na análise da peça acusatória e dos elementos de convicção que a instruem, o juiz da instrução e julgamento decidirá se recebe a denúncia ou queixa, dando prosseguimento ao feito, ou se a rejeita.

As hipóteses de rejeição da denúncia ou queixa, atualmente, encontram-se descritas no art. 395 do Código de Processo Penal:

I – **inépcia manifesta** – a peça apresentada contém narrativa incompreensível dos fatos, ou não identifica suficientemente o réu, ou não observa os requisitos mínimos exigidos pelo art. 41 do Código de Processo Penal para a denúncia ou queixa etc.;

II – **falta de pressuposto processual ou de condição da ação penal** – a referência à falta de pressuposto processual diz respeito à ilegitimidade de parte, que pode ser ativa (queixa-crime oferecida por quem não é a vítima do crime ou seu representante legal) ou passiva (denúncia contra menor de 18 anos, p. ex.).

Dá-se falta de condição da ação quando o promotor, por exemplo, oferece denúncia em crime de ação pública condicionada sem que exista a necessária representação do ofendido ou requisição do Ministro da Justiça.

Nas hipóteses de rejeição da denúncia ou queixa, previstas nesse inciso II, a ação poderá ser reproposta, desde que o seja pela parte legítima (1ª hipótese) ou presente a condição antes ausente (2ª hipótese);

III – **falta de justa causa para o exercício da ação penal** – existem várias situações em que se verifica ausência de justa causa, como atipicidade evidente da conduta descrita na denúncia ou queixa, falta de indícios suficientes de autoria ou materialidade em relação ao crime narrado, ocorrência de prescrição ou outra causa extintiva da punibilidade etc.

Da decisão que rejeita a denúncia ou queixa cabe recurso em sentido estrito (art. 581, I, do CPP). Uma vez interposto tal recurso, o denunciado deve ser intimado para oferecer contrarrazões, sob pena de nulidade. Nesse sentido, a Súmula 707 do Supremo Tribunal Federal, que assim dispõe: "constitui nulidade a falta de intimação do denunciado para oferecer contrarrazões ao recurso interposto da rejeição da denúncia, não a suprindo a nomeação de defensor dativo".

Não estando presente qualquer das hipóteses de rejeição da denúncia ou queixa, o juiz deve recebê-la e adotar as providências seguintes do rito processual, que serão a seguir estudadas.

É o recebimento da denúncia ou queixa que dá início efetivo à ação penal e constitui causa interruptiva do prazo prescricional (art. 117, I, do CP).

Com o julgamento do mérito das ADIs 6.298, 6.299, 6.300 e 6.305, finalizado em 24-8-2023, estabeleceu-se o prazo de 12 meses, a contar da publicação da ata de julgamento da Corte Suprema, para que sejam adotadas as medidas legislativas e administrativas necessárias à efetiva implantação e atuação, em todos o país, do juiz das garantias. Previu-se, ainda, a possibilidade de prorrogação desse prazo, uma única vez e por no máximo 12 meses, mediante justificativa do tribunal interessado perante o Conselho Nacional de Justiça.

Assim, considerando que a ata do julgamento das referidas ações foi publicada em 25-8-2023, deverão os tribunais federais, estaduais e do Distrito Federal providenciar, a partir de 26-8-2024, a efetiva atuação do juiz das garantias, salvo se houver justos motivos para prorrogação mencionada.

Salienta-se que, até que haja efetiva implantação do juiz das garantias no prazo fixado pela Corte Suprema, as competências atribuídas por lei a este e ao juiz da instrução e julgamento continuarão sendo exercidas por um único magistrado.

2.2. CITAÇÃO, RESPOSTA ESCRITA DO ACUSADO, REVELIA E SUSPENSÃO DO PROCESSO

Citação. Estabelece o art. 396 do Código de Processo Penal que o juiz, ao receber a denúncia ou queixa, ordenará a citação do acusado para responder à acusação, por escrito, no prazo de 10 dias.

Citação é o ato processual que tem por finalidade dar conhecimento ao réu da existência da ação penal, do teor da acusação, bem como cientificá-lo do prazo para apresentação de resposta escrita.

Nos termos do art. 363, *caput*, do Código de Processo Penal, efetuada a citação, estará completa a relação jurídico-processual, envolvendo o trinômio juiz, acusação e defesa.

A falta de citação constitui causa de nulidade absoluta do processo (art. 564, III, *e*).

A citação pode ser real ou ficta. A real pode ser efetivada através de mandado, carta precatória, carta rogatória ou carta de ordem. A ficta é a realizada por intermédio de edital. Existe, ainda, a citação com hora certa, admitida no âmbito processual penal somente após o advento da Lei n. 11.719/2008.

A citação por mandado é a regra no processo penal e tem vez quando o réu reside no território sujeito à jurisdição do juiz por onde tramita a ação penal, ou seja, quando o réu mora na mesma comarca (art. 351). É feita por oficial de justiça. Trata-se de forma de citação pessoal e, por isso, o oficial deve procurar o acusado nos endereços constantes dos autos e, ao encontrá-lo, ler o mandado e entregar-lhe a contrafé, na qual devem constar o dia e a hora da citação. Em seguida, o oficial elabora uma certidão declarando a efetivação da citação e a entrega da contrafé (ou a recusa do réu em recebê-la). É essa certidão que faz prova da citação, sendo desnecessário que o citando tenha colocado o "ciente" ou que tenha assinado o mandado.

A citação pode ser feita em qualquer dia, inclusive fins de semana e feriados, e a qualquer hora, do dia ou da noite.

Se o oficial de justiça não encontrar o réu nos endereços constantes dos autos, fará uma certidão declarando que ele se encontra em local incerto e não sabido. Com base nessa certidão, o juiz determinará a citação por edital.

Nos termos do art. 352 do Código de Processo Penal, o mandado conterá os seguintes requisitos: o nome do juiz e seu cargo; o nome do querelante ou o Ministério Público (quando a ação for pública); o nome do réu, ou, quando não conhecido seu nome, os seus sinais característicos; o endereço do réu, se for conhecido; a finalidade da citação (refere-se ao teor da acusação – em regra, o acusado recebe uma cópia da denúncia ou queixa); a assinatura do escrivão e a rubrica do juiz. O art. 352 dispõe também que, no mandado de citação, devem

Processo penal – Procedimentos, nulidades e recursos

constar a data e o juízo onde se dará o interrogatório, porém, após o advento da Lei n. 11.719/2008, o interrogatório só é determinado em momento processual posterior, de forma que, no atual sistema, o que deve também constar do mandado de citação é o prazo de 10 dias para a resposta escrita e o juízo onde ela deve ser apresentada.

Se o acusado for militar, a citação será feita por intermédio do seu chefe de serviço. O juiz remete um ofício ao chefe de serviço e este executa o ato de citação (art. 358).

O funcionário público deve ser citado por mandado. O art. 359 do Código de Processo Penal exige que o chefe da repartição seja cientificado da data do interrogatório para que possa providenciar sua substituição no cargo no dia e hora marcados. Com a alteração trazida pela Lei n. 11.719/2008, todavia, o interrogatório passou a ser o último ato do procedimento, realizado ao término da própria audiência de instrução, de modo que só quando designada a data de sua realização é que deverá ser dada ciência ao chefe da repartição.

A citação é feita por intermédio de carta precatória quando o réu reside em comarca diversa daquela em que tramita o processo (art. 353). Expedida a carta pelo juízo deprecante, e sendo ela recebida no deprecado, será determinada a citação, para que o réu seja cientificado da acusação e do prazo para a resposta escrita. Será, então, expedido mandado para que o oficial de justiça proceda à citação do réu. Cumprida a precatória, será ela devolvida ao juízo de origem. Todavia, se no juízo deprecado verificar-se que o réu se mudou para uma terceira localidade, a precatória será remetida diretamente a tal juízo, comunicando-se o fato ao juízo deprecante. Esta é a chamada carta precatória itinerante. Após o cumprimento dessa primeira precatória para a citação do réu, e depois de ouvidas as testemunhas, será expedida nova precatória para que o acusado seja interrogado no juízo deprecado, pois, no atual sistema, o interrogatório passou a ser o último ato do procedimento. É claro, todavia, que o acusado pode optar por comparecer à audiência de instrução no juízo de origem, deslocando-se até o juízo deprecante na data designada, oportunidade em que será interrogado nessa mesma data.

Por sua vez, a citação por carta rogatória dá-se quando o réu está no exterior em lugar sabido (art. 368), qualquer que seja a espécie de infração penal, ou quando a citação houver de ser feita em legações estrangeiras (art. 369). Expedida a carta rogatória, ficará suspenso o curso do lapso prescricional até o seu cumprimento. Se o acusado reside no exterior e está em lugar não sabido, será citado por edital.

O termo final da suspensão do prazo prescricional pela expedição de carta rogatória para citação do acusado no exterior é a data da efetivação da comunicação processual no estrangeiro, ainda que haja demora para a juntada da carta rogatória cumprida aos autos (STJ, REsp 1.882.330/PR, 5ª Turma, rel. Min. Ribeiro Dantas, j. 6-4-2021, DJe 9-4-2021).

A citação por carta de ordem é feita nas hipóteses de julgamento originário pelo tribunal, quando o acusado goza de foro por prerrogativa de função. Carta de ordem significa que o tribunal determina ao juízo de 1ª instância da comarca onde reside o réu que providencie a citação.

A nova redação do art. 360 do Código de Processo Penal, dada pela Lei n. 10.792/2003, estabelece que o réu preso deverá ser citado pessoalmente no local em que estiver. Trata-se também de hipótese de citação por mandado.

A citação com hora certa foi admitida no âmbito processual penal pela Lei n. 11.719/2008, pois, até então, tratava-se de instituto exclusivo do processo civil. De acordo com o art. 362 do Código de Processo Penal, verificando que o réu se oculta para não ser citado, o oficial de justiça certificará a ocorrência e procederá à citação com hora certa nos termos dos arts. 252 a 254 do Código de Processo Civil. De acordo com esses dispositivos, é necessário, inicialmente, que o oficial de justiça tenha procurado o réu em seu domicílio ou residência por pelo menos duas vezes, sem o encontrar. Em tal hipótese, o oficial, **se suspeitar que o réu está se ocultando,**

SINOPSES JURÍDICAS

deverá intimar qualquer pessoa da família do acusado, ou, em sua falta, qualquer vizinho, de que no dia imediato voltará a fim de concretizar a citação, em uma determinada hora. Nos condomínios edilícios e nos loteamentos com controle de acesso, a intimação poderá recair sobre funcionário da portaria responsável pelo recebimento de correspondência. Assim, no dia e hora designados, o oficial de justiça comparecerá novamente ao local a fim de realizar a citação. Se o réu estiver presente, será citado pessoalmente. Se não estiver, o oficial procurará informar-se das razões da ausência, dando por feita a citação, ainda que o citando se tenha ocultado em outra comarca, seção ou subseção judiciárias. A citação com hora certa será aperfeiçoada mesmo que o familiar ou vizinho anteriormente intimado esteja ausente ou se, embora presente, recusar-se a receber o mandado. Da certidão da ocorrência, o oficial de justiça deixará contrafé com pessoa da família ou vizinho, conforme o caso, declarando-lhe o nome. Após a efetivação da citação com hora certa, o escrivão enviará ao réu, no prazo de 10 dias, carta, telegrama ou correspondência eletrônica, dando-lhe de tudo ciência. Veja-se que houve significativa alteração da disciplina dessa modalidade de citação, pois, de acordo com o Código de Processo Civil de 1973, a realização da citação com hora certa pressupunha que três diligências de tentativa de localização do acusado restassem frustradas.

Muito importante salientar que o art. 362, parágrafo único, do Código de Processo Penal dispõe que, completada a citação com hora certa, se o acusado não comparecer, ser-lhe-á nomeado defensor dativo. Em outras palavras, a ação penal não ficará suspensa. No regime processual anterior à edição da Lei n. 11.719/2008, o réu que estivesse se ocultando seria citado por edital e, por consequência, a ação penal seria suspensa se ele não comparecesse em juízo.

O Plenário do Supremo Tribunal Federal, no julgamento do RE 635.145/RS (em 1º de agosto de 2016), julgou constitucional a citação com hora certa no processo penal.

A citação por edital dar-se-á nas seguintes hipóteses:

a) Quando o réu não for encontrado para citação pessoal (art. 363, § 1º), apesar de procurado em todos os locais constantes dos autos (inclusive locais de trabalho), sob pena de nulidade da citação editalícia. A prova de que o réu está em local desconhecido, conforme já mencionado, é a certidão elaborada pelo oficial de justiça.

Mesmo que o acusado não tenha sido encontrado na fase do inquérito, é necessário que se tente sua citação pessoal antes de ser realizada a citação via edital.

Se o réu está apenas viajando, não é cabível a citação por edital, devendo ser aguardado o seu retorno.

A Súmula 351 do Supremo Tribunal Federal estabelece que "é nula a citação por edital de réu preso na mesma unidade da Federação em que o juiz exerce sua jurisdição". Assim, antes de o juiz determinar a citação por edital, deve ele providenciar a expedição dos ofícios competentes para descobrir se o acusado se encontra em qualquer dos estabelecimentos prisionais do Estado no qual se desenrola o processo.

O prazo do edital é de 15 dias.

b) Quando inacessível o lugar em que o réu se encontra. Ex.: epidemia, guerra, enchente etc. Apesar de ter sido revogado o art. 363, I, do Código de Processo Penal, que tratava desta hipótese, entende-se que ele continua aplicável porque permanece em vigor o art. 364, que regulamenta o prazo do edital em tal situação e, principalmente, por aplicação analógica ao Código de Processo Civil, que, em seu art. 256, II, prevê a citação por edital quando inacessível o local em que se encontra o réu.

O prazo do edital será fixado pelo juiz entre 15 e 90 dias, dependendo do caso (art. 364).

Do edital. O edital será afixado à porta do edifício onde funcionar o juízo (fórum) e será publicado pela imprensa, onde houver, devendo a afixação ser certificada pelo oficial que a

Processo penal – Procedimentos, nulidades e recursos

tiver feito, e a publicação, provada por exemplar do jornal ou certidão do escrivão, da qual conste a página do jornal com a data da publicação (art. 365, parágrafo único).

Requisitos do edital. São os mesmos do mandado de citação já estudados, devendo constar, ainda, o prazo do edital, que será contado do dia da publicação na imprensa, se houver, ou da sua afixação (art. 365, V). De acordo com a Súmula 366 do Supremo Tribunal Federal, não é nula a citação por edital que indica o dispositivo da lei penal infringido, embora não transcreva a denúncia ou queixa, ou não resuma os fatos em que se baseia.

Resposta escrita. Uma vez citado o réu, ele terá 10 dias para apresentar resposta por escrito aos termos da acusação. Nessa resposta ele poderá arguir preliminares (prescrição, p. ex.) e alegar tudo o que interessa à sua defesa, podendo, inclusive, oferecer documentos e justificações, além de requerer as provas que pretende produzir e arrolar até 8 testemunhas, qualificando-as e requerendo sua intimação quando necessário. As testemunhas de acusação, cujo número máximo é o mesmo, devem ser arroladas juntamente com a denúncia ou queixa. A defesa, ao arrolar suas testemunhas na resposta escrita, pode indicar que elas comparecerão à audiência independentemente de intimação, hipótese em que elas não serão intimadas.

Se, na resposta escrita, a defesa opuser alguma exceção (de suspeição ou impedimento, incompetência do juízo, ilegitimidade de parte, litispendência ou de coisa julgada), será ela processada em apartado, e o procedimento observará as regras a respeito do tema descritas nos arts. 95 a 112 do Código de Processo Penal.

Considerando que no atual sistema mostra-se possível a absolvição sumária logo após a fase da resposta escrita, constata-se a importância de o acusado, desde logo, argumentar e demonstrar a existência de alguma circunstância que possa levar o juiz a absolvê-lo de imediato, evitando, com isso, todo o gravame da instrução criminal.

Se o réu, citado **pessoalmente**, não apresentar resposta ou não constituir defensor, o juiz nomeará defensor para oferecê-la, concedendo-lhe vista dos autos por 10 dias (art. 396-A, § 2º).

Observação: Inovou o legislador ao estabelecer a resposta escrita após o recebimento da denúncia. O tema, aliás, foi amplamente debatido na Câmara dos Deputados, última Casa Legislativa a apreciar o Projeto de Lei n. 4.207/2001, na medida em que, no texto original nela aprovado, constava efetivamente que a resposta escrita ocorreria depois do recebimento da denúncia, porém, essa ordem foi alterada por substitutivo do Senado Federal. Assim, ao retornar à Câmara, foi necessário discutir novamente o assunto, tendo, então, sido decidido que a alteração proposta pelo Senado seria rejeitada, retomando-se o texto inicial, que prevê o recebimento da denúncia antes da resposta escrita do réu. Do voto do Relator, o Deputado Régis de Oliveira, pode ser extraída a seguinte passagem: "o instrumento que é o processo, não pode ser mais importante do que a própria relação material que se discute nos autos. Sendo inepta de plano a denúncia ou queixa, razão não há para se mandar citar o réu e, somente após a apresentação de defesa deste, extinguir o feito. Melhor se mostra que o juiz ao analisar a denúncia ou queixa ofertada fulmine relação processual infrutífera. Rejeita-se a alteração proposta pelo Senado".

Revelia. Estabelece o art. 367 do Código de Processo Penal que será decretada a revelia do acusado que, citado ou intimado **pessoalmente** para qualquer ato processual, deixar de comparecer sem motivo justificado ou mudar de residência sem comunicar o novo endereço ao juízo.

Ao contrário do que ocorre no processo civil, a revelia penal não implica presunção de veracidade dos fatos contidos na peça inicial acusatória (denúncia ou queixa). Assim, como decorrência do princípio da verdade real, a acusação continua a ter o ônus da prova em relação ao fato imputado ao réu.

A revelia não impede que o acusado produza normalmente sua defesa, sendo seu único efeito fazer com que o réu não mais seja intimado dos atos processuais posteriores. Seu defensor, entretanto, será intimado da realização de todo e qualquer ato. Apesar da revelia, o réu sempre deverá ser intimado da sentença.

A revelia será levantada (revogada) se o réu, posteriormente, voltar a acompanhar os atos processuais.

Suspensão do processo. Se o réu, citado por edital, não comparecer (não apresentar resposta) e não constituir defensor, ficarão suspensos o curso do processo – qualquer que seja o crime apurado e o procedimento – e o decurso do lapso prescricional (art. 366, *caput*).

Uma vez decretada a suspensão do processo, o juiz deverá verificar se é conveniente a decretação da prisão preventiva (para assegurar a aplicação da lei penal), nos termos dos arts. 312 e 313 do Código de Processo Penal.

Durante o período de suspensão, o juiz poderá determinar a produção antecipada das provas consideradas urgentes, assim entendidas aquelas que, pelo decurso do tempo, possam desaparecer ou tornar-se inócuas. Apesar de o art. 366, § 1º, do Código de Processo Penal ter sido revogado pela Lei n. 11.719/2008, é intuitivo que essa produção antecipada de provas deve ser produzida na presença do Ministério Público e do defensor dativo, já que isso decorre do princípio constitucional do contraditório.

A Súmula 455 do STJ diz que a decisão que determinar a produção antecipada de provas com base no art. 366 do CPP deve ser concretamente fundamentada, não a justificando unicamente o mero decurso do tempo.

Sendo decretada a suspensão do processo, ficará também suspenso o decurso do prazo prescricional (art. 366, *caput*). Se, posteriormente, o acusado comparecer de forma espontânea ou em razão de prisão, revoga-se a suspensão do processo para que este prossiga até seu final. Veja-se, portanto, que tal suspensão somente será revogada se o réu comparecer em juízo, pessoalmente ou por meio de advogado nomeado, hipótese em que será considerado citado pessoalmente ou, ainda, se for preso e procedida a sua citação pessoal.

Questão mais intrigante é saber quanto deve durar a suspensão do prazo prescricional. O Superior Tribunal de Justiça adotou o entendimento segundo o qual a suspensão deve durar exatamente o tempo do prazo prescricional pelo máximo da pena em abstrato (art. 109 do CP). É exatamente o que diz a Súmula 415 do referido tribunal: "o período de suspensão do prazo prescricional é regulado pelo máximo da pena cominada". Assim, suponha-se um delito que tenha pena máxima de 2 anos. Tal delito prescreve em 4 anos. Ora, sendo decretada a suspensão do processo e da prescrição, ficará esta última suspensa exatamente por 4 anos. Findo esse período, voltará a correr o prazo prescricional pelo período restante, continuando suspenso o processo. Imagine-se que a suspensão tenha sido decretada 6 meses após o recebimento da denúncia. A prescrição ficará suspensa por 4 anos. Depois disso, voltará a correr por 3 anos e 6 meses. Ao término desse prazo, se o réu não for encontrado, será decretada extinta a punibilidade do agente pela prescrição da pretensão punitiva. Saliente-se que, apesar de a lei não estabelecer qualquer prazo para a suspensão da prescrição, entendeu o STJ, acompanhado da grande maioria dos doutrinadores, que tal prazo não pode ficar suspenso indefinidamente, uma vez que as hipóteses de imprescritibilidade estão todas previstas na Constituição Federal, que não menciona a situação em análise. Em 7 de dezembro de 2020, o Plenário do Supremo Tribunal Federal, no julgamento do RE 600.851/DF, confirmou tal entendimento, aprovando a seguinte tese: "Em caso de inatividade processual decorrente de citação por edital, ressalvados os crimes previstos na Constituição Federal como imprescritíveis, é constitucional limitar o período de suspensão do prazo prescricional ao tempo de prescrição da pena máxima em abstrato cominada ao crime, a despeito de o processo permanecer suspenso" (Tema 438 – Repercussão Geral).

O recurso cabível contra a sentença que decreta a suspensão do processo com base no dispositivo em análise é o sentido estrito, aplicando-se analogicamente o art. 581, XVI, do

Processo penal – Procedimentos, nulidades e recursos

Código de Processo Penal, que admite tal espécie recursal contra decisão que suspende o processo para aguardar o desfecho de questão prejudicial. Há, porém, entendimento de que o recurso correto é o de apelação, por se tratar de decisão com força de definitiva. De qualquer modo, sendo o recurso interposto no prazo legal, que é de 5 dias para qualquer deles, os tribunais o têm admitido com qualquer denominação em face do princípio da fungibilidade dos recursos (*vide* tópico 1.5.1 do tema *Dos Recursos*).

No caso de citação por edital em que tenha sido decretada a suspensão do processo, o prazo para a resposta escrita começará a fluir da data do comparecimento pessoal do acusado ou do defensor constituído em juízo (art. 396, parágrafo único). Caso seja ele preso, todavia, deverá ser determinada sua citação pessoal, a partir da qual correrá o prazo para a resposta escrita.

2.3. ABSOLVIÇÃO SUMÁRIA

Apresentada a resposta escrita, caso tenha sido arguida alguma preliminar ou apresentado documento, o juiz dará vista dos autos ao Ministério Público para manifestação. Do mesmo modo, deverá o juiz ouvir o Ministério Público (e também o querelante, se for o caso) sobre tese veiculada na peça defensiva em relação à qual não tenha o acusador se manifestado e, ainda, sobre matéria não debatida pela defesa, mas passível de reconhecimento *ex officio*, em atenção à proibição de decisões-surpresa (arts. 9º e 10 do CPC). Concluso o processo ao juiz para decisão, o magistrado, com base nas provas existentes, absolverá sumariamente o réu ou determinará o prosseguimento do feito.

A absolvição sumária será decretada, nos termos do art. 397 do Código de Processo Penal, quando o juiz verificar:

I – a existência manifesta de causa excludente da ilicitude do fato;

II – a existência manifesta de causa excludente da culpabilidade do agente, exceto inimputabilidade;

III – que o fato narrado evidentemente não constitui crime;

IV – que ocorreu causa extintiva da punibilidade do agente.

A possibilidade de absolvição sumária nesse momento processual constitui importante inovação trazida pela Lei n. 11.719/2008. Houve, entretanto, equívoco do legislador quando estabeleceu que o reconhecimento de causa extintiva da punibilidade constitui hipótese de absolvição, pois, nesse caso, não há análise de mérito – e sim de causa impeditiva –, e tanto é assim que o art. 61 do Código de Processo Penal permite que o juiz, em qualquer fase do processo, reconheça a extinção da punibilidade, agindo, inclusive, de ofício.

Em razão disso, o recurso cabível contra a absolvição sumária, nos casos do art. 397, I, II e III, é a apelação, enquanto na hipótese do inciso IV é cabível o recurso em sentido estrito (art. 581, VIII).

2.4. AUDIÊNCIA DE INSTRUÇÃO, INTERROGATÓRIO, DEBATES E JULGAMENTO

Se o juiz não absolver sumariamente o acusado, designará audiência, a ser realizada no prazo máximo de 60 dias (art. 400), e ordenará a intimação do Ministério Público, do acusado, de seu defensor e, se for o caso, do querelante e do assistente de acusação (art. 399).

Em tal audiência será feita toda a instrução, ouvindo-se o ofendido, as testemunhas de acusação e as de defesa, nesta ordem.

Se tiver sido expedida carta precatória para oitiva de testemunha (de acusação ou de defesa), ela poderá ser juntada aos autos, ainda que após a audiência.

O número máximo de testemunhas no rito ordinário é 8 (para a acusação e para a defesa). Nesse número não se compreendem as que não prestam compromisso e as referidas (art.

SINOPSES JURÍDICAS

401, § 1º), nem aquelas que nada souberem que interesse à decisão da causa (art. 209, § 2º, do CPP). Também não se incluem na contagem a vítima e os assistentes técnicos arrolados pelas partes para serem ouvidos, pois não são tecnicamente testemunhas do fato criminoso.

Permite-se, por sua vez, a substituição, por outras, das testemunhas não localizadas, falecidas ou enfermas, nos termos do disposto no art. 451 do Código de Processo Civil, combinado com o art. 3º do Código de Processo Penal (STF, AP 470-AgR/MG).

As partes podem desistir do depoimento de qualquer das testemunhas por elas arroladas se já considerarem suficientes as provas produzidas. Essa desistência, porém, deverá ser homologada pelo juiz, pois, na busca da verdade real, é possível que o magistrado entenda relevante a oitiva da testemunha em relação à qual houve a desistência (arts. 401, § 2º, e 209).

As testemunhas serão inquiridas cada uma *de per si*, de modo que umas não saibam nem ouçam os depoimentos das outras, devendo o juiz adverti-las das penas cominadas ao falso testemunho. Antes do início da audiência e durante sua realização, serão reservados espaços separados no Fórum para garantir a incomunicabilidade das testemunhas (art. 210).

Se o juiz verificar que a presença do réu poderá causar humilhação, temor ou sério constrangimento à testemunha ou ao ofendido, de modo que prejudique a verdade do depoimento, fará a inquirição por videoconferência e, somente na impossibilidade dessa forma, determinará a retirada do réu da sala, prosseguindo-se na inquirição na presença do defensor (art. 217).

Importantes inovações foram trazidas pela Lei n. 11.690/2008, que deu nova redação ao art. 212 do Código de Processo Penal. Pelo novo sistema, as perguntas serão feitas pelas partes diretamente às testemunhas (*cross examination*), e não mais por intermédio do juiz. Se não tiver sido adotado processo de estenotipia ou de gravação magnética dos depoimentos, caberá ao juiz ditar as respostas ao escrevente de sala, ou seja, as partes endereçam os questionamentos diretamente às testemunhas, mas as respostas são consignadas nos autos pelo juiz. Cabe, ainda, ao magistrado indeferir as perguntas que puderem induzir a resposta, não tiverem relação com a causa ou importarem repetição de outra pergunta já respondida.

Após as perguntas das partes, o juiz poderá complementar a inquirição sobre os pontos que entenda que ainda não foram esclarecidos (art. 212, parágrafo único, do CPP). A inversão dessa ordem, por meio da inquirição iniciada pelo juiz, constitui nulidade de natureza relativa, cujo reconhecimento pressupõe a arguição oportuna e a demonstração de prejuízo. Nesse sentido: STF: Rcl 46.765 AgR, 1ª Turma, rel. Dias Toffoli, j. 23-8-2021, *DJe*-200, public. 7-10-2021; STJ: AgRg no AREsp 2.176.259/RJ, 5ª Turma, rel. Min. Reynaldo Soares da Fonseca, j. 9-5-2023, *DJe* 15-5-2023; AgRg no REsp 1.998.007/SP, 5ª Turma, rel. Min. Ribeiro Dantas, j. 8-5-2023, *DJe* 12-5-2023; AgRg no HC 769.054/SP, 6ª Turma, rel. Min. Antonio Saldanha Palheiro, j. 27-3-2023, *DJe* 30-3-2023; AgRg no HC 708.908/RS, 6ª Turma, rel. Min. Laurita Vaz, j. 20-9-2022, *DJe* 3-10-2022. Há, todavia, julgados do Supremo Tribunal Federal no sentido de que a nulidade é absoluta, tendo sido declarada insubsistente a oitiva de testemunhas em que houve inobservância da ordem de indagação prevista no art. 212 do CPP, por se identificar prejuízo, nos casos em questão, ao acusado (HC 111.815, 1ª Turma, rel. Min. Marco Aurélio, rel. p/ acórdão Min. Luiz Fux, j. 14-11-2017, *DJe*-025 14-2-2018; HC 187.035, 1ª Turma, rel. Min. Marco Aurélio, j. 6-4-2021, *DJe*-113 14-6-2021).

O Superior Tribunal de Justiça possui também julgado no qual proclamou que é presumido o prejuízo suportado pelo acusado quando o magistrado, violando a ordem do art. 212 do CPP, assume protagonismo na inquirição de testemunhas (HC 735.519/SP, 6ª Turma, rel. Min. Sebastião Reis Júnior, j. 16-8-2022, *DJe* 22-8-2022).

Em seguida, se tiver havido prévio requerimento das partes, o perito prestará os esclarecimentos solicitados (art. 400, § 2º).

Processo penal – Procedimentos, nulidades e recursos

Na sequência, serão efetuadas acareações, se requeridas pelas partes e deferidas pelo juiz, e efetuados reconhecimentos de pessoas ou coisas.

Dispõe o art. 400, § 1º, que as provas serão produzidas em uma só audiência, devendo o juiz indeferir aquelas que considerar irrelevantes, impertinentes ou protelatórias. É evidente, entretanto, que haverá necessidade de designação de dia e hora para continuação da audiência se faltar alguma testemunha considerada imprescindível. Assim, suponha-se que tenham sido arroladas 4 testemunhas pela acusação e 4 pela defesa e, na data designada, compareçam apenas 3 testemunhas de acusação. Após serem colhidos os depoimentos destas, caso o promotor insista na oitiva da testemunha faltante, o juiz deverá redesignar a audiência e determinar nova intimação da testemunha ausente. As 4 testemunhas de defesa que estavam presentes não poderão ser ouvidas – para que não haja inversão na ordem das provas –, de modo que sairão já cientes do dia e hora designados para continuação da audiência, para serem ouvidas logo após a oitiva da testemunha de acusação que havia faltado.

A audiência poderá também ser adiada se, por motivo justificado, o defensor não puder comparecer (art. 265, § 1º). Incumbe ao defensor provar seu impedimento até a abertura da audiência. Se não o fizer, o juiz não determinará o adiamento, devendo nomear defensor substituto, ainda que provisoriamente, ou só para o efeito do ato (art. 265, § 2º).

O último ato instrutório é o interrogatório, ato em que o juiz ouve o réu/querelado acerca de sua versão sobre os fatos descritos na denúncia ou queixa, bem como a respeito de sua vida pessoal.

Após o advento da Lei n. 10.792/2003, que alterou diversos artigos do Código em relação a esse tema, o interrogatório passou a ser feito obrigatoriamente na presença do defensor, constituído ou dativo. Além disso, antes do interrogatório, será assegurado ao réu o direito de entrevistar-se reservadamente com seu defensor (art. 185, § 2º). Como o interrogatório ocorre na mesma audiência, após a oitiva da vítima e das testemunhas, tem sido comum os juízes conferirem nova oportunidade de o réu entrevistar-se com seu defensor após referidos depoimentos (antes do interrogatório).

Outra inovação da Lei n. 10.792/2003 é permitir que as partes façam reperguntas ao final do interrogatório (art. 188). Essas reperguntas serão feitas por intermédio do juiz, que as indeferirá se entender impertinentes ou irrelevantes. O Supremo Tribunal Federal entendeu que, se houver corréu, seu defensor deverá ter oportunidade de endereçar perguntas no interrogatório do outro acusado, devendo ele ser intimado quando a oitiva se der por precatória.

Em se tratando de réu preso, o juiz deverá realizar o interrogatório no estabelecimento prisional em que ele se encontrar, salvo se não houver segurança suficiente no local, hipótese em que o ato se dará em juízo. Em tal hipótese, o réu deverá ser requisitado junto ao estabelecimento em que esteja preso, para que seja providenciada sua remoção no dia do interrogatório (art. 399, § 1º).

O interrogatório é constituído de duas partes. A primeira diz respeito à pessoa do acusado e a segunda, aos fatos criminosos que lhe foram imputados na denúncia ou queixa.

Terminado o interrogatório, o Ministério Público, o querelante e o assistente e, a seguir, o acusado poderão requerer diligências cuja necessidade se origine de circunstâncias ou fatos apurados na instrução (art. 402). O próprio juiz pode também determinar, de ofício, a realização de diligência que entenda necessária. Com efeito, diz o art. 156, II, do Código de Processo Penal que é facultado ao juiz, de ofício, determinar, durante a instrução, ou **antes de proferir sentença**, a realização de diligências para dirimir dúvida sobre ponto relevante. A Lei n. 13.964/2019 alterou o art. 3º-A do CPP e vedou ao juiz determinar diligência, de ofício, apenas na fase de investigação.

Ordenada a diligência, a audiência será declarada encerrada sem o oferecimento de alegações finais orais. Realizada a diligência determinada, as partes oferecerão suas alegações finais por memoriais (por escrito), no prazo sucessivo de 5 dias. Em seguida, no prazo de 10 dias, o juiz proferirá sentença.

Por outro lado, caso não haja requerimento de diligência ao término da audiência, ou caso seja ele indeferido, serão oferecidas alegações finais orais por 20 minutos, respectivamente, pela acusação e pela defesa, prorrogáveis por mais 10 minutos, proferindo o juiz, a seguir, a sentença (art. 403).

Se houver mais de um acusado, o tempo para alegações orais de cada defensor será individual (art. 403, § 1º).

Ao assistente de acusação é reservado o tempo de 10 minutos para manifestação oral, após a manifestação do Ministério Público, hipótese em que será acrescido igual tempo para a defesa. Se houver réu colaborador (Lei n. 12.850/13, Seção I), a defesa dos demais acusados tem a prerrogativa de apresentar alegações após a manifestação da defesa do colaborador (STF, HC 166.373, Tribunal Pleno, public. 18-5-2023).

A lei prevê, por sua vez, que, se os fatos forem muito complexos ou se o número de réus for elevado, dificultando que as alegações e a sentença sejam apresentadas verbalmente na audiência, poderá o juiz conceder 5 dias para que as partes, sucessivamente, apresentem memoriais por escrito e, em seguida, proferirá sentença no prazo de 10 dias (art. 403, § 3º).

Nas alegações finais, as partes devem inicialmente – e se for o caso – alegar as chamadas **preliminares**, que são matérias que impedem o julgamento imediato do mérito da causa pelo juiz, tais como nulidades ou causas extintivas da punibilidade. Na sequência, devem analisar o mérito, isto é, as provas colhidas e os fundamentos de fato e de direito nos quais se fundará o pedido. Essa análise deve abranger o fato principal (autoria e materialidade), as qualificadoras, as causas de aumento e de diminuição da pena, as agravantes e atenuantes genéricas, a consumação do delito, as excludentes de ilicitude ou culpabilidade, bem como o regime inicial a ser fixado, o cabimento de substituição da pena privativa de liberdade aplicada por *sursis*, por pena restritiva de direitos ou por multa.

Prevalece o entendimento de que a não apresentação das alegações finais pela defesa é causa de nulidade absoluta do processo.

Se o Ministério Público pede a absolvição do réu em crime de ação pública, o juiz, discordando do promotor de justiça, poderá condenar o acusado (art. 385). Embora alguns apregoem a inconstitucionalidade da disposição do art. 385 do CPP, por pretenso conflito com a matriz acusatória do processo, o STF e o STJ têm proclamado a constitucionalidade da norma em questão, assinalando, no entanto, que, na hipótese de o Ministério Público formular pedido de improcedência da ação penal, impõe-se "ao julgador que decidir pela condenação um ônus de fundamentação elevado, para justificar a excepcionalidade de decidir contra o titular da ação penal" (STF, AP 976/PE, 1ª Turma, rel. Roberto Barroso, public. 13-4-2020). No mesmo sentido: STJ, REsp 2.022.413/PA, 6ª Turma, rel. Min. Sebastião Reis Júnior, rel. p/ acórdão Min. Rogerio Schietti Cruz, j. 14-2-2023, *DJe* 7-3-2023.

Na ação exclusivamente privada, entretanto, se o querelante não pede a condenação do réu nas alegações finais, ocorre a perempção, que é causa extintiva da punibilidade (art. 60, III, do CPP e art. 107, IV, do CP). O mesmo acontece se o querelante não apresenta as alegações finais no prazo.

Por outro lado, a defesa não pode pedir a condenação do acusado, conforme se pode verificar pela Súmula 523 do Supremo Tribunal Federal.

Do ocorrido em audiência será lavrado termo em livro próprio, assinado pelo juiz e pelas partes, contendo breve resumo dos fatos relevantes nela ocorridos (art. 405, *caput*). Sempre que possível, o registro dos depoimentos do investigado, indiciado, ofendido e testemunhas será feito pelos meios ou recursos de gravação magnética, estenotipia, digital ou técnica similar, inclusive audiovisual, destinado a obter maior fidelidade das informações

Processo penal – Procedimentos, nulidades e recursos

(art. 405, § 1º). No caso de registro por meio audiovisual, será encaminhada às partes cópia do registro original, sem necessidade de transcrição (art. 405, § 2º).

2.5. SENTENÇA

Terminada a fase das alegações finais, o juiz profere sentença verbalmente na própria audiência (que será reduzida a termo pelo serventuário) ou o faz por escrito no prazo de 10 dias.

Para uma sentença estar formalmente perfeita, o juiz deve passar por três fases:

1ª) Relatório. A sentença deve conter os nomes das partes e uma exposição resumida das alegações da acusação e da defesa, além de apontar os atos processuais e quaisquer incidentes que tenham ocorrido durante o tramitar da ação.

2ª) Motivação ou fundamentação. É a fase em que o juiz aponta as razões que o levarão a condenar ou absolver o acusado. É o momento em que o juiz expõe o seu raciocínio.

Deve o magistrado analisar todas as teses e argumentos levantados pela acusação e pela defesa, sob pena de nulidade.

Nos termos do art. 315, § 2º, do Código de Processo Penal, com a redação dada pela Lei n. 13.964/2019, não se considera fundamentada qualquer decisão judicial, seja ela interlocutória, sentença ou acórdão, que:

I – limitar-se à indicação, à reprodução ou à paráfrase de ato normativo, sem explicar sua relação com a causa ou a questão decidida;

II – empregar conceitos jurídicos indeterminados, sem explicar o motivo concreto de sua incidência no caso;

III – invocar motivos que se prestariam a justificar qualquer outra decisão;

IV – não enfrentar todos os argumentos deduzidos no processo capazes de, em tese, infirmar a conclusão adotada pelo julgador;

V – limitar-se a invocar precedente ou enunciado de súmula, sem identificar seus fundamentos determinantes nem demonstrar que o caso sob julgamento se ajusta àqueles fundamentos;

VI – deixar de seguir enunciado de súmula, jurisprudência ou precedente invocado pela parte, sem demonstrar a existência de distinção no caso em julgamento ou a superação do entendimento.

Esse dispositivo é praticamente cópia do art. 489, § 1º, do Código de Processo Civil, que já era aplicável à legislação processual penal por analogia. A falta de fundamentação é causa de nulidade da sentença, nos termos do art. 564, parágrafo único, V, do Código de Processo Penal.

3ª) Conclusão. Trata-se da fase do dispositivo em que o juiz declara a procedência ou improcedência da ação penal, indicando os artigos de lei aplicados e, finalmente, colocando a data e sua assinatura.

A sentença pode ser manuscrita ou datilografada (impressa), sendo que, na última hipótese, o juiz deverá rubricar todas as folhas.

Sentença condenatória. Sendo condenatória a sentença, o juiz, após declarar a procedência da ação, deverá estabelecer a pena aplicável dentre as cominadas (privativa de liberdade, multa etc.), fixar o seu montante, o regime inicial e, finalmente, verificar a possibilidade de substituição de eventual pena privativa de liberdade aplicada por outra espécie de pena (multa, restritiva de direitos ou *sursis*).

Importante inovação em relação à sentença condenatória foi trazida pela Lei n. 11.719/2008, ao acrescentar, no art. 387, IV, do Código de Processo Penal, que o juiz deverá fixar um valor mínimo para a reparação dos danos causados pela infração penal, considerando os prejuízos sofridos pelo ofendido. A finalidade do dispositivo é tornar mais célere a definição dos limites da obrigação de o réu indenizar a vítima do crime, pois, sem a fixação de um valor mínimo, a vítima, necessariamente, deveria pleitear no cível a liquidação da obrigação para, só depois, no mesmo juízo cível, executar a sentença criminal. É claro que, em muitos casos, haverá dificuldade de o juiz desvendar esse valor mínimo, devendo o ofendido trazer ao juízo criminal as provas necessárias. Em grande parte dos fatos criminosos, todavia, o valor do prejuízo consta expressamente do inquérito policial, como em delitos de furto e roubo em que é realizada uma avaliação dos bens subtraídos. Não há dúvida, por sua vez, de que, se, além de subtrair os bens, o acusado tiver arrombado um vidro ou uma porta, caberá ao ofendido apresentar no juízo criminal documento comprovando o valor despendido no conserto.

Saliente-se que, de acordo com o texto legal, o juiz criminal fixa apenas um valor *mínimo* de reparação, sem prejuízo da apuração integral no juízo cível do valor do dano sofrido, caso a vítima entenda que seu prejuízo excedeu ao valor mencionado pelo juiz criminal (art. 63, parágrafo único). De acordo com o entendimento do STJ, a fixação de valor mínimo de reparação depende de pedido expresso na denúncia: "Nos termos do entendimento desta Corte Superior a reparação civil dos danos sofridos pela vítima do fato criminoso, prevista no art. 387, IV, do Código de Processo Penal, inclui também os danos de natureza moral, e para que haja a fixação na sentença do valor mínimo devido a título de indenização, é necessário pedido expresso, sob pena de afronta à ampla defesa" (AgRg no AREsp 720.055/RJ, 6ª Turma, rel. Min. Rogerio Schietti Cruz, j. 26-6-2018, *DJe* 2-8-2018). No mesmo sentido: STJ, AgRg no REsp 1.688.156/MS, 6ª Turma, rel. Min. Antonio Saldanha Palheiro, j. 5-6-2018, *DJe* 15-6-2018.

Efeitos da sentença condenatória. Além da imposição da pena, são também efeitos da sentença condenatória a obrigação de reparar o dano decorrente do ilícito, a perda dos instrumentos e produtos do crime, do cargo ou função pública em algumas hipóteses, o lançamento do nome deste no rol dos culpados após o trânsito em julgado da sentença etc. O art. 15, III, da Constituição Federal determina ainda que, com o trânsito em julgado, ocorrerá a suspensão dos direitos políticos do condenado, enquanto durarem os efeitos da condenação.

Outra inovação importante trazida pela Lei n. 11.719/2008, e contida no art. 387, parágrafo único, do Código de Processo Penal, é a que estabelece que o juiz, ao proferir sentença condenatória, deve decidir, de forma fundamentada, sobre a manutenção ou decretação da prisão preventiva ou outra medida cautelar. Em outras palavras, sempre que o juiz condenar alguém, deverá verificar se estão ou não presentes os requisitos da prisão preventiva, e expressamente fazer constar essa análise do corpo da sentença. O dispositivo, aliás, deixa claro que, caso o juiz, por ocasião da sentença, decrete a prisão preventiva do réu, o recurso de apelação por ele interposto deverá ser conhecido e julgado pela superior instância, ainda que o mandado de prisão contra ele expedido não tenha sido cumprido. Deixou legalmente de existir, portanto, a antiga regra, que já vinha sendo repelida pela jurisprudência (Súmula 347 do STJ), de que o réu não poderia apelar sem recolher-se à prisão, salvo se primário e de bons antecedentes. O art. 594 do Código de Processo Penal, que continha essa regra, foi expressamente revogado pela Lei n. 11.719/2008.

Sentença absolutória. O art. 386 do Código de Processo Penal enumera as hipóteses em que o réu deve ser absolvido. Assim, o juiz deve fundamentar sua decisão e declarar a improcedência da ação fundado em um desses dispositivos:

I – Quando estiver provada a inexistência do fato. Ex.: a vítima de um pretenso homicídio reaparece viva; a vítima de um furto afirma que havia perdido os objetos que teriam sido furtados pelo réu etc.

Processo penal – Procedimentos, nulidades e recursos

II – Quando não houver prova da existência do fato. Ex.: quando não se consegue saber se o bem foi mesmo furtado ou se o dono quis aplicar um golpe na seguradora.

Os incisos I e II não se confundem. No caso do inciso I, o juiz absolve por ter certeza de que o fato criminoso não ocorreu, enquanto na hipótese do inciso II o juiz fica na dúvida por não haver prova suficiente da existência material do delito. Percebe-se, pois, que para a condenação deve haver, necessariamente, prova cabal da existência do fato (materialidade).

III – Quando o juiz reconhece que o fato é atípico. Ex.: que a vítima do crime de corrupção de menores (art. 244-B da Lei n. 8.069/90) era maior de 18 anos.

IV – Por estar provado que o réu não concorreu para a infração penal. Nessa hipótese, o juiz declara a existência do delito, mas diz haver prova de que foram outras pessoas as autoras do crime.

V – Quando não existir prova de ter o réu concorrido para a infração penal. Nesse caso, o juiz também declara a ocorrência do crime, mas argumenta que não há prova de que o réu tenha tomado parte na empreitada criminosa.

VI – Se existir circunstância que exclua o crime ou que isente o réu de pena, ou mesmo se houver fundada dúvida sobre sua existência. As circunstâncias que excluem o crime são as chamadas excludentes de ilicitude ou antijuridicidade (legítima defesa, estado de necessidade, estrito cumprimento do dever legal, exercício regular de direito, aborto legal etc.). As circunstâncias que isentam o réu de pena são as excludentes de culpabilidade e as escusas absolutórias. Em se tratando de absolvição em virtude do reconhecimento de inimputabilidade completa em razão de doença mental ou desenvolvimento mental incompleto ou retardado, o juiz aplicará medida de segurança consistente em internação ou tratamento ambulatorial (art. 386, parágrafo único, III). Por se tratar de sentença absolutória na qual se aplica um gravame, é denominada **absolutória imprópria**.

Inovação decorrente da Lei n. 11.690/2008 é o decreto de absolvição quando o juiz tiver fundada dúvida a respeito da existência dos requisitos que embasam a absolvição por excludente de ilicitude ou de culpabilidade.

VII – Quando não houver prova suficiente para a condenação. Trata-se de formulação genérica a ser utilizada quando não for possível a aplicação dos dispositivos anteriores. Ex.: o juiz reconhece que o réu comprou um carro roubado, mas alega não haver prova suficiente de que ele sabia da procedência criminosa, o que inviabiliza a condenação pela receptação dolosa de que era acusado. Existe prova de que o fato existiu (aquisição do veículo roubado) e, ao mesmo tempo, não existe prova cabal da atipicidade (a hipótese é de dúvida), por isso a absolvição não pode se fundar nos incisos I, II e III, restando ao juiz a aplicação deste inciso VII.

O réu absolvido por determinado fundamento pode apelar para ver reconhecida pelo tribunal a absolvição com base em outro?

Prevalece a posição que entende ser cabível o recurso, desde que o réu possa com ele obter alguma vantagem. Ex.: ver reconhecido fundamento absolutório que torne incabível a propositura de ação civil *ex delicto*.

Efeitos da sentença absolutória. Há que se destacar que o réu necessariamente deve ser colocado em liberdade, ainda que haja recurso da acusação, e que o valor da fiança eventualmente prestada deve ser devolvido com o trânsito em julgado da sentença. Além disso, será levantado o sequestro ou a hipoteca legal. Por fim, eventuais medidas cautelares decretadas deverão cessar por ordem judicial, como aquelas decretadas nos crimes que apuram violência doméstica ou familiar contra mulher, por exemplo, suspensão de visitas aos filhos, suspensão do porte de arma etc. (Lei n. 11.340/2006).

2.5.1. IDENTIDADE FÍSICA DO JUIZ

O princípio da identidade física do juiz, que só era aplicado ao processo civil, foi adotado no âmbito do processo penal pela Lei n. 11.719/2008, ao estabelecer, no art. 399, § 2º, do Código de Processo Penal, que o juiz que presidir a audiência deverá proferir a sentença. Tal dispositivo é de óbvia relevância, já que as impressões daquele que colheu pessoalmente a prova são relevantíssimas no processo decisório. A audiência de instrução é considerada una, ainda que seja desmembrada em dois atos em razão da ausência de alguma testemunha. Na hipótese de mais de um juiz ter colhido a prova, em decorrência de fracionamento dos atos instrutórios, a vinculação para o julgamento recai sobre o magistrado que *concluir* a instrução. Como o Código de Processo Penal não disciplina as hipóteses de desvinculação do juiz, aplicavam-se, por analogia, as disposições do art. 132 do Código de Processo Civil de 1973, segundo as quais cessaria a vinculação quando o magistrado fosse convocado para exercer outra função jurisdicional, quando estivesse licenciado ou afastado por qualquer motivo ou, ainda, quando aposentado, casos em que passaria a seu sucessor a incumbência de sentenciar o feito (art. 132). Como o Código de Processo Civil de 2015 não trouxe qualquer disposição relativa à regra da identidade física do juiz, os tribunais superiores continuam a aplicar as exceções previstas na legislação revogada, considerando legítima a prolação de sentença por outro magistrado nas hipóteses de promoção, remoção, convocação ou outros casos de afastamento justificado.

"O princípio da identidade física do juiz não se reveste de caráter absoluto, sofrendo as limitações nos casos versados no artigo 132 do Código de Processo Civil de 1973 – aplicável subsidiariamente ao processo penal" (STF, HC 170.629, 1ª Turma, rel. Min. Marco Aurélio, j. 28-4-2020, *DJe*-119 14-5-2020). No mesmo sentido: STF, RHC 224.599 AgR, 2ª Turma, rel. Min. Edson Fachin, j. 5-6-2023, public. 16-6-2023.

Presente uma das exceções mencionadas, não haverá desrespeito à regra da identidade física do juiz quando a sentença for prolatada por magistrado diverso do que colheu a prova. A inobservância da identidade física, por si só, ademais, não dá ensejo ao reconhecimento de nulidade da sentença, para cuja invalidação há necessidade de demonstração da ocorrência de prejuízo: "O princípio da identidade física do juiz, previsto no art. 399, § 2º, do Código de Processo Penal, a encerrar a premissa segundo a qual aquele que instrui o processo-crime deve proferir a sentença, não possui caráter absoluto, de modo que eventual decisão a ele contraposta só deverá ser anulada nos casos em que houver um flagrante prejuízo para o réu ou uma incompatibilidade entre aquilo que foi colhido na instrução e o que foi decidido. Precedentes" (STF, HC 184.041 AgR, 2ª Turma, rel. Min. André Mendonça, j. 5-12-2022, public. 10-1-2023).

2.5.2. EMBARGOS DE DECLARAÇÃO

O art. 382 do Código de Processo Penal permite que qualquer das partes requeira ao juiz que declare a sentença se nela existir:

a) obscuridade – falta de clareza que impeça o entendimento acerca daquilo que o magistrado quis dizer;

b) ambiguidade – quando alguma parte da sentença permitir duas ou mais interpretações;

c) contradição – quando o juiz, em certa parte da sentença, diz alguma coisa e, mais adiante, diz algo em sentido contrário (ex.: contradição entre a fundamentação e a conclusão – sentença suicida);

d) omissão – quando o juiz se esquece de mencionar algo indispensável na sentença (ex.: o artigo de lei em que o acusado se acha incurso; o regime inicial para o cumprimento da pena etc.).

Processo penal – Procedimentos, nulidades e recursos

O prazo para a interposição é de dois dias, contados da intimação da sentença. Como o Código de Processo Penal não fez menção expressa à hipótese, entende-se que a interposição dos embargos interrompe o prazo para outros recursos, aplicando-se analogicamente a regra do art. 1.026 do Código de Processo Civil.

É o próprio juízo prolator da decisão quem julga os embargos. Se os julgar procedentes, fará as devidas correções.

A Lei n. 13.964/2019 inseriu no art. 116, III, do Código Penal regra no sentido de que a prescrição fica suspensa enquanto pendentes embargos de declaração, ou seja, a prescrição não corre da data da interposição até o julgamento.

Os embargos declaratórios são facultativos, ou seja, a parte interessada, em vez de usá-los, pode optar pelo recurso de apelação. Os embargos, contudo, constituem uma medida mais rápida de corrigir eventuais equívocos do magistrado.

Apesar de a lei somente fazer previsão de cabimento dos embargos de declaração contra sentença (art. 382) e acórdão (art. 619), entende-se que tais embargos são cabíveis contra toda decisão judicial em que haja obscuridade, ambiguidade, contradição ou omissão, enquanto não tenha ocorrido a preclusão. Nesse sentido, a Súmula 152 das Mesas de Processo Penal da Faculdade de Direito da Universidade de São Paulo.

Além disso, qualquer erro material ou pequenas omissões podem ser corrigidas de ofício pelo juiz, devendo as partes ser cientificadas quando isso ocorrer.

2.5.3. PRINCÍPIO DA CORRELAÇÃO

Significa que a sentença deve guardar plena consonância com o fato descrito na denúncia ou queixa. Por esse princípio, o juiz só pode julgar aquilo que está sendo submetido à sua apreciação, estando, portanto, vedados os julgamentos *ultra* e *extra petita*.

Esse princípio se submete a algumas regras de suma importância, que estão nos arts. 383 e 384 do Código de Processo Penal.

Emendatio libelli (art. 383). Ao oferecer a denúncia ou a queixa, o acusador deve, necessariamente, descrever um fato ilícito e, ao final, dar a ele uma classificação jurídica. O réu, evidentemente, defende-se da descrição fática e não da classificação dada. Pode acontecer, dessa forma, que o juiz entenda estar efetivamente provado o fato descrito na peça inicial, mas que a classificação dada pelo acusador está errada. Nessa hipótese, o magistrado pode condenar o réu diretamente na classificação que entenda ser a correta, dispensando-se o aditamento da denúncia.

É necessário, porém, para garantir o contraditório em sua plenitude, que se observem as regras previstas nos arts. 9º e 10 do CPC, que proíbem ao magistrado proferir decisões sem que as partes tenham tido *prévia* oportunidade de influenciar no julgamento, motivo pelo qual o órgão acusador e, notadamente, a defesa deverão ser instados a manifestar-se sobre a classificação jurídica que o juiz vislumbra aplicar por meio da *emendatio*.

A atribuição ao fato de definição jurídica diversa é admitida ainda que com a nova classificação tenha o juiz de fixar pena mais grave. Ex.: o promotor de justiça descreve certo fato e o classifica na denúncia como estelionato. O juiz, ao sentenciar, entende que o fato descrito na denúncia foi efetivamente provado em juízo, mas que tal conduta constitui furto mediante fraude e não estelionato. Assim, pode diretamente condenar o réu por furto mediante fraude, mesmo sendo esse crime mais grave.

Esse dispositivo faculta ao juiz, também, reconhecer qualificadoras e causas de aumento de pena descritas na denúncia ou queixa e que, por equívoco, não constaram da classificação jurídica.

SINOPSES JURÍDICAS

Por sua vez, nos crimes de ação pública, as agravantes genéricas podem ser reconhecidas mesmo que não tenham constado da descrição fática, uma vez que o art. 385 do Código de Processo Penal admite essa providência.

A regra da *emendatio libelli* pode ser aplicada inclusive pelos tribunais em grau de recurso, desde que respeitado o princípio que veda a *reformatio in pejus* (*vide* item 1.9, no tema *Dos Recursos*).

Se, em consequência da definição jurídica diversa dada pelo juiz, houver a possibilidade de suspensão condicional do processo, o juiz dará vista dos autos ao promotor de justiça para que efetue a proposta (art. 383, § 1º). Com efeito, suponha-se que o promotor tenha descrito o fato corretamente na denúncia e o classificado como furto mediante fraude, delito que tem pena mínima de 2 anos. O juiz, todavia, entende que o fato narrado constitui estelionato e considera o réu incurso neste crime na sentença. Assim, o magistrado deve intimar o Ministério Público dessa decisão para que faça a proposta de suspensão ou fundamentadamente a recuse (se entender que o réu tem maus antecedentes, por exemplo).

Feita a proposta, o acusado e seu defensor devem ser notificados para dizer se a aceitam. Se o fizerem, será iniciado o período de prova que suspende o processo no estágio em que está. Dessa forma, se for revogada posteriormente a suspensão, por exemplo, pelo descumprimento das condições impostas, o acusado e seu defensor poderão, ainda, recorrer oportunamente do mérito da sentença condenatória. Pode o réu, todavia, recusar a proposta de suspensão, hipótese em que o feito terá prosseguimento. Saliente-se, por fim, que, se o acusado aceitar a suspensão condicional e cumprir as condições impostas, sem dar causa à revogação do benefício, o juiz, ao término do período de prova, decretará a extinção da punibilidade.

Se, em razão da nova definição jurídica dada pelo juiz, entender ele que o fato narrado na denúncia é de competência de outro juízo, a ele encaminhará os autos para prosseguimento (art. 383, § 2º).

Mutatio libelli (art. 384). O instituto da *mutatio libelli* pressupõe que, durante a instrução em juízo, surja prova de elementar ou circunstância não descrita explícita ou implicitamente na denúncia ou queixa. Assim, enquanto na *emendatio libelli* a descrição fática contida na denúncia ou queixa coincide com as provas colhidas durante a instrução, na *mutatio* há descrição de determinado fato, mas as provas apontam que o fato delituoso praticado é diverso. Nesta última hipótese, a atual redação do art. 384, *caput*, do Código de Processo Penal, com a redação dada pela Lei n. 11.719/2008, estabelece que o promotor deverá aditar a denúncia ou a queixa (na ação privada subsidiária da pública) para que seja efetuada a correção. Vejamos as seguintes situações: **a)** a denúncia descreve uma receptação dolosa e a prova colhida na audiência demonstra que ocorreu uma receptação culposa. Como a modalidade (espécie) de culpa não está descrita na denúncia, torna-se necessário o aditamento, mesmo sendo menor a pena da receptação culposa; **b)** a denúncia descreve uma subtração praticada sem violência ou grave ameaça, ou seja, um crime de furto. Durante a instrução, todavia, a vítima e as testemunhas dizem que houve agressão como meio para a rapina. Essa circunstância não descrita na inicial deve ser objeto de aditamento. No caso, a nova definição torna o crime mais grave (roubo).

Deverá também ser feito aditamento se a denúncia descrevia crime simples e durante a instrução ficou provada alguma qualificadora ou causa de aumento de pena.

Quando a denúncia descreve crime tentado e fica demonstrado que o crime se consumou, faz-se necessário o aditamento, porque a denúncia não descreve o momento consumativo. Por outro lado, se a denúncia descreve todo o *iter criminis* de um delito consumado e a prova colhida demonstra que o crime não passou da esfera da tentativa, não se faz necessário aditamento.

Processo penal – Procedimentos, nulidades e recursos

Procedimento da *mutatio libelli*. Se o aditamento tiver sido feito de forma oral, ao término da audiência, será reduzido a termo. O defensor terá, então, prazo de 5 dias para se manifestar a respeito (salvo se preferir se manifestar de imediato na audiência) e, em seguida, os autos irão conclusos para o juiz receber ou rejeitar o aditamento. Igual prazo será concedido se, porventura, o aditamento for apresentado por escrito. Caso seja recebido o aditamento, o juiz designará nova audiência em continuação para a inquirição de testemunhas, novo interrogatório do réu e realização de debates e julgamento. O art. 384, § 4º, do Código de Processo Penal, com a redação dada pela Lei n. 11.719/2008, estabelece que na hipótese em estudo cada uma das partes pode arrolar até três novas testemunhas (o Ministério Público no próprio aditamento e a defesa dentro do prazo de 5 dias a ela conferido).

O mesmo § 4º determina que, ao sentenciar o feito, o juiz ficará adstrito aos termos do aditamento recebido.

O procedimento supramencionado não precisa ser adotado, e tampouco há a possibilidade de novas testemunhas serem arroladas, quando o aditamento é feito com base na regra do art. 569 do Código de Processo Penal, a fim de serem corrigidas eventuais omissões da denúncia ou queixa, que não impliquem alteração na acusação. Ex.: aditamento para corrigir a data ou o local do crime.

A fase do art. 384 está prevista dentro do Código de Processo Penal, no capítulo da sentença, pois, em sua redação originária, a iniciativa de baixar os autos para o Ministério Público realizar o aditamento era do juiz. A Lei n. 11.719/2008, que alterou o dispositivo, não mais menciona que a iniciativa seja do juiz, dispondo que é o Ministério Público que deve verificar a existência de elementar ou circunstância não descrita na denúncia e tomar a iniciativa de proceder ao aditamento. Na prática, entretanto, caso o promotor não tenha se manifestado a respeito por iniciativa própria, nada obsta que o juiz provoque tal manifestação, apontando as provas que entende capazes de gerar a alteração da acusação. Nesse caso, se o promotor efetuar o aditamento, o processo seguirá na forma já estudada. Caso, porém, o promotor deixe de fazê-lo e o juiz discorde da manifestação, aplicará a regra do art. 28 do Código de Processo Penal, encaminhando os autos ao órgão revisor do Ministério Público, a quem incumbirá dar a palavra final quanto à necessidade de aditamento. É o que expressamente dispõe o art. 384, § 1º, do mesmo Código. Esse dispositivo não sofreu alteração pela Lei n. 13.964/2019.

Nos crimes de ação privada exclusiva é também possível o aditamento por parte do querelante, mas, caso este não o faça de forma espontânea, não pode o magistrado provocar essa manifestação.

Se, em razão do aditamento, passar a ser possível a suspensão condicional do processo (art. 89 da Lei n. 9.099/95), o próprio representante do Ministério Público deverá efetuar a proposta que, uma vez aceita pelo réu e homologada pelo juiz, obstará o prosseguimento da instrução, que só será retomada caso a suspensão seja revogada.

A Súmula 453 do Supremo Tribunal Federal veda a adoção da *mutatio libelli* durante pendência de recurso no tribunal, pois é evidente que não é mais possível o aditamento da denúncia após a prolação da sentença de 1ª instância.

Caso o Ministério Público tenha aditado a denúncia, mas o juiz tenha rejeitado o aditamento, diz o art. 384, § 5º, que o processo prosseguirá. O prosseguimento, todavia, pressupõe que a rejeição do aditamento tenha transitado em julgado. Com efeito, a doutrina e a jurisprudência apontam que, por analogia ao art. 581, I, do Código de Processo Penal, é cabível recurso em sentido estrito contra a decisão que rejeita o aditamento. Assim, se, após a rejeição, o Ministério Público tiver recorrido, deve-se aguardar a solução do recurso para se saber em que termos a ação penal prosseguirá.

SINOPSES JURÍDICAS

2.5.4. PUBLICAÇÃO DA SENTENÇA

Nos termos do art. 389 do Código de Processo Penal, a sentença considera-se publicada no instante em que é entregue pelo juiz ao escrivão. Este, então, lavrará nos autos um termo de publicação da sentença, certificando a data em que ocorreu. Antes da entrega ao escrivão, os escritos do juiz podem ser por ele modificados, mas, após a publicação, a sentença torna-se imutável em relação ao magistrado que a prolatou, ressalvadas as hipóteses de modificação decorrentes de interposição de embargos de declaração ou correção de erros materiais perceptíveis *ictu oculi*, como erro no nome do réu, operação aritmética equivocada na fixação da pena etc.

Após a publicação, as partes devem ser intimadas, instante a partir do qual passará a correr o prazo para eventuais recursos. Ressalve-se que as sentenças prolatadas em audiência ou em plenário do Júri consideram-se publicadas no ato, e que, de acordo com o art. 798, § 5º, *b*, do Código de Processo Penal, os prazos recursais fluem a partir de tal data em relação às partes que estejam presentes. Tal regra tem aplicação plena para os defensores (constituídos ou dativos), querelantes e assistentes de acusação, bem como para o réu. Apesar da clareza do dispositivo, no que se refere ao Ministério Público e à Defensoria Pública, a 2ª Turma do Supremo Tribunal Federal já decidiu, em mais de uma ocasião, que, por seus integrantes terem, nas respectivas Leis orgânicas (Lei Complementar n. 80/94 e Lei n. 8.625/93), a prerrogativa de intimação pessoal mediante o recebimento dos autos com vista, o prazo recursal só terá início a partir da data da entrada dos autos na Instituição – pouco importando a presença do representante na data anterior em que proferida e publicada a sentença. Em agosto de 2017, a 3ª Seção do Superior Tribunal de Justiça, ao analisar o tema 959, em sede de recursos repetitivos, aprovou tese no mesmo sentido: "O termo inicial da contagem do prazo para impugnar decisão judicial é, para o Ministério Público, a data da entrega dos autos na repartição administrativa do órgão, sendo irrelevante que a intimação pessoal tenha se dado em audiência, em cartório ou por mandado". Em tal julgamento, a Corte fez menção à aplicação da mesma regra para os defensores públicos.

2.5.5. INTIMAÇÃO DA SENTENÇA

O Ministério Público é sempre intimado pessoalmente (art. 390). Isso não significa que um oficial de justiça faça a intimação do promotor de justiça, mas que os autos são remetidos ao seu gabinete para que o Ministério Público seja cientificado do teor da sentença. De acordo com o Supremo Tribunal Federal, o prazo para o Ministério Público recorrer é contado da data de entrada do processo nas dependências da instituição e não daquela em que seu representante coloca a sua "ciência" nos autos. A partir da publicação da sentença, o escrivão tem 3 dias para providenciar a remessa dos autos para a intimação do Ministério Público, sob pena de ser suspenso por 5 dias. É válida, no entanto, a intimação pessoal realizada de forma eletrônica, nos termos do art. 5º, §§ 1º e 3º, da Lei n. 11.419/2006, que regula o processo judicial eletrônico.

O querelante ou o assistente de acusação será intimado da sentença pessoalmente ou na pessoa de seu advogado, este através da imprensa (*Diário Oficial*). Se nenhum deles for encontrado, a intimação será feita por edital com prazo de 10 dias (art. 391).

O art. 392 do Código de Processo Penal estabelece em relação ao réu uma série de regras para sua intimação da sentença, dependendo da espécie de infração penal. Atualmente, entretanto, em virtude do princípio constitucional da ampla defesa, entende-se que, qualquer que seja o delito, deverá sempre ser tentada sua intimação pessoal (ainda que tenha sido decretada a revelia no transcorrer da ação). Caso ele não seja encontrado, será intimado por edital com prazo de 90 dias, se tiver sido imposta pena privativa de liberdade por tempo igual

Processo penal – Procedimentos, nulidades e recursos

ou superior a um ano, e de 60 dias, nas demais hipóteses. O prazo para recurso somente correrá após o término do prazo do edital (art. 392, § 2º).

O defensor dativo deve ser intimado pessoalmente e o constituído, pela imprensa.

Na hipótese de o réu e seu defensor serem intimados, o prazo para recorrer somente começará a ser contado a partir da última intimação.

Em hipóteses de réu menor de 21 anos, o curador também deveria ser intimado da sentença. Ocorre que o Código Civil (Lei n. 10.406/2002) reduziu a maioridade civil para 18 anos, de modo que a assistência por curador deixou de existir no processo penal.

A ausência de intimação da sentença é causa de nulidade expressa no art. 564, III, *o*, do Código de Processo Penal (a sentença, portanto, não transita em julgado).

2.5.6. COISA JULGADA

Não havendo recurso contra a sentença ou sendo negado provimento ao recurso contra ela interposto, diz-se que a sentença transita em julgado. Significa que a sentença se torna imutável, não podendo ser novamente discutida a matéria nela tratada, seja ela condenatória ou absolutória. Apenas o fato principal, que tiver sido objeto da sentença estará acobertado pela coisa julgada (art. 110, § 2º, do CPP).

Há, entretanto, algumas exceções em que a lei admite a modificação posterior da sentença:

a) Revisão criminal. Quando, após a sentença condenatória, surgirem novas provas a favor do condenado. É vedada, entretanto, a revisão criminal *pro societate*, ou seja, contra o sentenciado.

b) Nas hipóteses de anistia, indulto ou unificação de penas quando a sentença é condenatória.

É possível, ainda, rescindir a sentença penal transitada em julgado por via de *habeas corpus*. Ex.: quando houver nulidade absoluta no processo.

3 A INCIDÊNCIA DE REGRAS DO RITO ORDINÁRIO AOS DEMAIS RITOS

O art. 394, § 4º, do Código de Processo Penal estabelece que as regras de seus arts. 395 a 398 aplicam-se "a todos os procedimentos penais de primeiro grau, ainda que não regulados neste Código". Os dispositivos citados são os que disciplinam a resposta escrita do réu após o recebimento da denúncia ou queixa e a possibilidade de absolvição sumária na sequência.

Há de se ressalvar, porém, que tal regra não se aplica ao rito do Júri em razão de previsão expressa nesse sentido no próprio art. 394, mais especificamente em seu § 3º. Igualmente, não se impõem tais ditames ao rito sumaríssimo das infrações de menor potencial ofensivo em razão da ressalva do art. 394, § 1º, III, que estabelece que as regras procedimentais a estes referentes são aquelas elencadas em lei própria (Lei n. 9.099/95). Em relação a estas últimas, aliás, a conclusão não poderia ser outra, já que a Constituição Federal determina que deve existir um rito abreviado para as infrações de menor potencial ofensivo, que, portanto, não podem submeter-se às mesmas regras do rito ordinário.

Por haver previsão expressa no art. 394, § 4º, com a redação que lhe foi dada pela Lei n. 11.719/2008, as fases da resposta escrita e absolvição sumária logo após o recebimento da denúncia passam a ser aplicáveis a procedimentos previstos em leis especiais, por exemplo, para crimes falimentares e eleitorais (desde que não se trate de infração de menor potencial ofensivo). O dispositivo em tela, entretanto, não criou um novo rito integral em substituição aos ritos especiais, tendo apenas acrescentado fases que devem ser observadas, sem prejuízo da manutenção das peculiaridades de cada rito especial. Há de se ver, ainda, que alguns ritos

SINOPSES JURÍDICAS

especiais, tal como aquele previsto na Lei n. 11.343/2006 (Lei Antidrogas), já preveem uma fase de resposta preliminar com as mesmas características, porém mais benéfica ao réu, pois anterior ao recebimento da denúncia. Nesse caso, não faz sentido permitir-lhe nova resposta escrita logo após o recebimento da inicial, pois, se isso acontecesse, o réu teria duas oportunidades para arrolar testemunhas, opor exceções etc.

Por fim, ressalve-se que o art. 398 do Código de Processo Penal foi revogado, de modo que o dispositivo em análise (art. 394, § 4º) diz respeito somente à aplicação dos arts. 395 a 397 do Código a outros ritos.

Quadro sinótico – Procedimentos

Definição	Procedimento é a sequência de atos que devem ser realizados durante o tramitar da ação penal.
Procedimentos comuns	**a)** ordinário: adotado para apuração de crimes cuja pena máxima seja igual ou superior a 4 anos de privação de liberdade; **b)** sumário: adotado para apuração de crimes cuja pena máxima seja inferior a 4 e superior a 2 anos de privação de liberdade; **c)** sumaríssimo: adotado para apuração das infrações penais de menor potencial ofensivo, ou seja, todas as contravenções e crimes cuja pena máxima não exceda a 2 anos.
Procedimentos especiais previstos no Código de Processo Penal	**a)** crimes de competência do júri; **b)** crimes contra a honra; **c)** crimes funcionais; **d)** crimes contra a propriedade imaterial.
Procedimentos especiais previstos em leis especiais	**a)** crimes relativos a entorpecentes; **b)** crimes praticados com violência doméstica contra a mulher; **c)** crimes eleitorais etc.

Processo penal – Procedimentos, nulidades e recursos

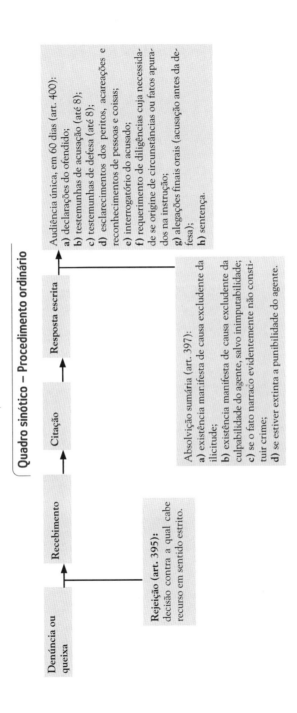

Quadro sinótico – Procedimento ordinário

Denúncia ou queixa → **Recebimento** → **Citação** → **Resposta escrita** → **Audiência única, em 60 dias (art. 400):**
a) declarações do ofendido;
b) testemunhas de acusação (até 8);
c) testemunhas de defesa (até 8);
d) esclarecimentos dos peritos, acareações e reconhecimentos de pessoas e coisas;
e) interrogatório do acusado;
f) requerimento de diligências cuja necessidade se origine de circunstâncias ou fatos apurados na instrução;
g) alegações finais orais (acusação antes da defesa);
h) sentença.

Rejeição (art. 395): decisão contra a qual cabe recurso em sentido estrito.

Absolvição sumária (art. 397):
a) existência manifesta de causa excludente da ilicitude;
b) existência manifesta de causa excludente da culpabilidade do agente, salvo inimputabilidade;
c) se o fato narrado evidentemente não constituir crime;
d) se estiver extinta a punibilidade do agente.

PROCEDIMENTO SUMÁRIO

É adotado para os crimes que tenham pena máxima superior a 2 anos e inferior a 4 (ex.: embriaguez ao volante, lesão leve qualificada pela violência doméstica, dano qualificado, tentativa de furto etc.).

As fases procedimentais são praticamente as mesmas do rito ordinário e estão regulamentadas nos arts. 531 a 538 do CPP:

a) recebimento da denúncia ou queixa;

b) citação do réu;

c) resposta escrita;

d) análise em torno de eventual absolvição sumária ou designação de audiência;

e) oitiva de testemunhas, interrogatório, debates e julgamento.

As principais diferenças que se pode elencar entre os dois procedimentos são as seguintes: no rito sumário, o prazo máximo para a realização de audiência é de 30 dias, enquanto que no ordinário é de 60 dias; no sumário, o número máximo de testemunhas é de 5, e no ordinário é de 8; no rito sumário, a lei não prevê requerimento oral de novas diligências ao término da audiência, ao contrário do que se dá no rito ordinário; no sumário, a lei não prevê de forma expressa a possibilidade de conversão dos debates em memoriais e a possibilidade de o juiz determinar que os autos lhe venham conclusos para proferir sentença por escrito em 10 dias (não haverá, todavia, qualquer nulidade na adoção de tais providências).

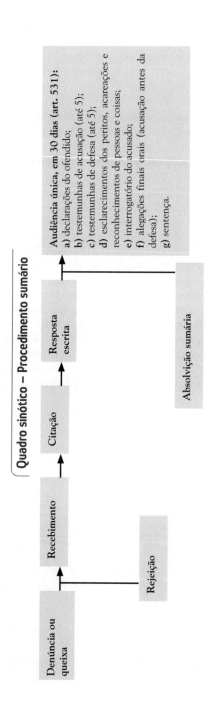

PROCEDIMENTO SUMARÍSSIMO
(Juizados Especiais Criminais)

O art. 98, I, da Constituição Federal estabelece que a União, no Distrito Federal e nos Territórios, e os Estados devem criar juizados especiais, providos por juízes togados, ou togados e leigos, competentes para a conciliação, o julgamento e a execução de infrações penais de menor potencial ofensivo, mediante os procedimentos oral e sumaríssimo, permitidos, nas hipóteses previstas em lei, a transação e o julgamento de recursos por turmas de juízes de primeiro grau. O art. 98, parágrafo único, permite a criação dos juizados na esfera federal.

Para regulamentar esse preceito constitucional, foi promulgada, em 26 de setembro de 1995, a Lei n. 9.099, que definiu infração de menor potencial ofensivo e estabeleceu as regras para a transação penal e para o procedimento sumaríssimo, dentre várias outras providências.

O art. 61 da referida lei inicialmente considerou como infrações de menor potencial ofensivo as contravenções penais e os crimes com pena máxima até 1 ano, exceto aqueles para os quais existisse rito especial. Posteriormente, a Lei n. 10.259/2001, que regulamenta os Juizados Especiais Criminais na esfera federal, definiu que, em seu âmbito, consideram-se de menor potencial os crimes com pena máxima não superior a 2 anos. Essa lei fez nascer controvérsia em torno da aplicação desse novo patamar à esfera estadual. Para pacificar a questão, foi posteriormente aprovada a Lei n. 11.313/2006, que alterou o art. 61 da Lei n. 9.099/95, de modo que, atualmente, consideram-se infrações de menor potencial ofensivo, no âmbito estadual, todas as contravenções penais e os crimes cuja pena máxima não exceda 2 anos (com ou sem previsão de multa cumulativa). Essa nova redação, além de aumentar a pena máxima para 2 anos, passou, também, a admitir o julgamento no Juizado Especial Criminal de delitos para os quais a lei previa rito especial, como os crimes contra a honra e alguns crimes contra a administração pública, como a prevaricação.

Por sua vez, a Lei n. 10.259, de 12 de julho de 2001, com a redação também alterada pela Lei n. 11.313/2006, estabelece que os Juizados Especiais Criminais Federais julgam as infrações de menor potencial ofensivo atinentes a tal esfera. O Juizado Federal, todavia, não julga contravenções penais porque o art. 109, IV, da Constituição Federal excluiu a possibilidade de a Justiça Federal julgar essa espécie de infração penal, que, assim, são todas julgadas pela Justiça Estadual.

Observações:

1) Quanto ao montante da pena, há de se ressalvar que a existência de causa de aumento que torne a pena máxima superior a 2 anos exclui a competência do juizado. Ex.: crime de lesões corporais culposas na direção de veículo automotor (art. 303 do CTB), em que o agente não presta socorro à vítima. A pena máxima do crime é de 2 anos, mas haverá acréscimo máximo de metade da pena em razão da omissão de socorro, perfazendo um total de 3 anos. Assim, fica afastada a competência do juizado. O mesmo não ocorre em relação às agravantes genéricas, uma vez que o reconhecimento destas não permite a aplicação da pena acima do máximo legal.

O Superior Tribunal de Justiça entende que, se o agente comete duas infrações de menor potencial ofensivo e a soma das penas, ou o aumento decorrente do concurso formal ou da continuidade delitiva, faz com que a pena máxima extrapole o limite de 2 anos, a competência não é do Juizado Especial Criminal: "Pacificou-se a jurisprudência desta Corte no sentido de que, no concurso de infrações de menor potencial ofensivo, a pena considerada para fins de fixação da competência do Juizado Especial Criminal será o resultado da soma, no caso de concurso material, ou da exasperação, na hipótese de concurso formal ou crime continuado, das penas máximas cominadas aos delitos. Se desse somatório resultar um apenamento superior a 02 (dois) anos, fica afastada a competência do Juizado Especial. Precedentes" (Rcl 27.315/SP, 3ª Seção, rel. Min. Reynaldo Soares da Fonseca, j. 9-12-2015, *DJe* 15-12-2015). No mesmo sentido: CC 101.274/PR, 3ª Seção, rel. Min. Napoleão Nunes Maia, j. 16-2-2009, *DJe* 20-3-2009.

No julgamento da ADI 5.264, realizado em 7 de dezembro de 2020, o órgão pleno do Supremo Tribunal Federal adotou os seguintes entendimentos: (i) é relativa a competência dos Juizados Especiais para o julgamento das infrações de menor potencial ofensivo, razão pela qual se permite que essas infrações sejam julgadas por outro juízo com *vis atractiva* para o crime de maior gravidade, pela conexão ou continência, observados, quanto àqueles, os institutos despenalizadores (transação penal e composição civil de danos), quando cabíveis; (ii) não é devida a soma da pena máxima da infração de menor potencial ofensivo com a da infração conexa (de maior gravidade) para excluir a incidência da fase consensual e interditar a transação penal ou composição civil dos danos.

2) São também aplicáveis os institutos da Lei n. 9.099/95 às autoridades que gozam de foro por prerrogativa de função que venham a cometer infração de menor potencial ofensivo. Nesse caso, a aplicação dos dispositivos legais será feita diretamente pelo tribunal competente.

3) O art. 94 do Estatuto do Idoso (Lei n. 10.741/2003) determinou a aplicação do procedimento da Lei n. 9.099/95 aos crimes nele previstos, cuja pena máxima não ultrapasse quatro anos. Esse dispositivo simplesmente permite a aplicação do rito sumaríssimo, após o recebimento da denúncia, nos crimes contra os idosos, e não da transação penal, já que tal texto não trouxe nova definição de infração de menor potencial ofensivo. A intenção do dispositivo é apenas a de dar maior celeridade ao procedimento judicial, em face da peculiaridade da vítima idosa, e não de tornar menos gravosos tais delitos. O STF, ao julgar a Ação Direta de Inconstitucionalidade 3.096, em junho de 2010, confirmou tal entendimento e deu "interpretação conforme à Constituição" ao dispositivo, declarando que, nos crimes do Estatuto do Idoso com pena superior a 2 anos e não superior a 4, aplica-se o rito sumaríssimo da Lei n. 9.099/95, mas não suas medidas despenalizadoras.

4) A Lei n. 11.340/2006, que trata da questão da violência doméstica e familiar contra a mulher, estabelece, em seu art. 41, que, independentemente da pena, não se aplica a Lei n. 9.099/95 às infrações penais dessa natureza. Por não haver, todavia, regra semelhante para as hipóteses em que a vítima da violência é homem – pai, filho, marido –, existem algumas pessoas que argumentam que o dispositivo é inconstitucional, por ferir o art. 5º, I, da Constituição Federal, que estabelece que homens e mulheres são iguais perante a Lei e, na hipótese em análise, o sexo da vítima do delito altera a possibilidade de incidência de benefícios ao sujeito ativo. Acontece que o Supremo Tribunal Federal, por seu Plenário, ao julgar a Ação Declaratória de Constitucionalidade (ADC) 19, em fevereiro de 2012, decidiu que o referido art. 41 da Lei Maria da Penha é constitucional com o argumento de que o grande número de agressões no âmbito doméstico e familiar contra as mulheres justifica o tratamento mais gravoso ao agressor – que, inclusive, pode ser homem ou outra mulher.

5) O art. 90-A da Lei n. 9.099/95, introduzido pela Lei n. 9.839/99, estabelece que suas disposições não se aplicam no âmbito da Justiça Militar.

6) O art. 226, § 1º, do ECA, introduzido pela Lei n. 14.344/2022, que dispõe sobre os mecanismos para prevenção e enfrentamento da violência doméstica e familiar contra me-

Processo penal – Procedimentos, nulidades e recursos

nores, proíbe a aplicação dos institutos da Lei n. 9.099/95 aos crimes cometidos contra a criança e o adolescente, independentemente da pena aplicada.

Do termo circunstanciado. O art. 69 da Lei n. 9.099/95, visando dar maior celeridade ao procedimento investigatório, dispensou a instauração do inquérito policial para apurar as infrações de menor potencial ofensivo.

Em seu lugar foi instituído o termo circunstanciado que a autoridade policial deve lavrar assim que tomar conhecimento da ocorrência do ilícito penal.

A finalidade do termo circunstanciado é a mesma do inquérito policial, mas realizado de maneira menos formal e sem a necessidade de colheita minuciosa de provas.

Malgrado, em regra, o delegado de polícia seja o responsável pela lavratura do termo circunstanciado, o órgão pleno do Supremo Tribunal Federal decidiu, no julgamento da ADI 5.637/MG, que é possível, por meio de previsão em leis estaduais ou distrital, conferir essa atribuição a outras autoridades, como policial militar, bombeiro militar ou policial civil que não integre a carreira de delegado de polícia (ADI 5.637, Tribunal Pleno, rel. Min. Edson Fachin, j. 14-3-2022, *DJe*-070 11-4-2022). No julgamento da ADI 6.245, o plenário do STF reafirmou que o termo circunstanciado não tem natureza investigativa, motivo pelo qual pode ser lavrado por integrantes de polícia judiciária ou de polícia administrativa (ADI 6.245, Tribunal Pleno, rel. Min. Roberto Barroso, j. 22-2-2023, *DJe* 2-5-2023).

O referido termo, portanto, deve apontar as circunstâncias do fato criminoso e os elementos colhidos quanto à autoria, para que o titular da ação possa formar a *opinio delicti*.

O termo, sempre que possível, deverá conter:

a) a qualificação (dados pessoais, endereço etc.) do pretenso autor da infração;

b) a qualificação da vítima;

c) a maneira como os fatos se deram, com a versão das partes envolvidas;

d) a qualificação das testemunhas, bem como o resumo do que presenciaram;

e) os exames que foram requisitados (não é necessário o resultado dos exames, mas tão somente que conste quais foram requisitados); nos crimes de lesões corporais deverá constar ao menos um boletim médico acerca das lesões (art. 77, § 1º, da Lei n. 9.099/95);

f) assinatura de todos os que participaram da elaboração do termo circunstanciado.

A autoridade responsável pela lavratura do termo também fará constar todos os dados que entender relevantes para o desfecho da causa, como os objetos que foram apreendidos, se o autor da infração resistiu ao ser conduzido ao Distrito Policial, o *croquis* em caso de acidente de veículos etc.

Ao termo circunstanciado deverá ser anexada a folha de antecedentes do autor da infração.

Concluída a lavratura do termo circunstanciado, a autoridade deverá encaminhá-lo ao Juizado. O art. 69, *caput*, dessa lei determina que o termo seja encaminhado juntamente com o autor do fato e vítima. Isso, todavia, nem sempre é possível e, quando o encaminhamento imediato não ocorrer, a Secretaria do Juizado, já de posse do termo, providenciará a intimação para a audiência então agendada.

O parágrafo único do citado art. 69, por sua vez, estabelece que, sempre que o autor da infração for encaminhado de imediato ao Juizado ou assumir o compromisso de fazê-lo, não poderá ser lavrado auto de prisão em flagrante ou exigida fiança.

O juiz, ao receber o termo circunstanciado, caso verifique tratar-se de violência doméstica, pode, cautelarmente, afastar o agressor do convívio familiar, para evitar que novas agressões ocorram. Essa regra encontra-se na parte final do parágrafo único do art. 69 e foi acrescentada pela Lei n. 10.455/2002. Acontece que o art. 41 da Lei n. 11.340/2006 estabe-

SINOPSES JURÍDICAS

lece que, nos crimes em que haja violência doméstica ou familiar contra mulher, independentemente da pena, não se aplicam as regras da Lei n. 9.099/95, havendo, naquela lei, medidas protetivas específicas para as vítimas do sexo feminino. Para os crimes de tal natureza, todavia, deverá ser instaurado inquérito policial e não lavrado termo circunstanciado, já que para eles não incide a Lei n. 9.099/95.

Da audiência preliminar. Nos termos da Lei n. 9.099/95, devem estar presentes à audiência o juiz e o conciliador, o representante do Ministério Público, o autor da infração e seu defensor (constituído ou nomeado pelo juiz para o ato) e a vítima.

Desse modo, instalada a audiência, o procedimento seguirá fases específicas, de acordo com o tipo de ação penal prevista para o delito:

a) **Ação pública incondicionada**. O juiz inicialmente esclarecerá sobre a possibilidade de composição dos danos civis e da proposta de aplicação imediata de pena através do instituto da transação. Deverá também alertar que a composição acerca dos danos civis não impedirá a propositura da ação penal por se tratar de delito de ação pública incondicionada. Dessa forma, dará início à tentativa de conciliação, que será conduzida por ele próprio ou por conciliador sob sua orientação. Efetivada a composição civil e sendo ela homologada pelo magistrado, será reduzida a termo e valerá como título executivo judicial. Em seguida, o Ministério Público terá oportunidade de se manifestar, podendo promover o arquivamento do feito, se entender que não existem indícios suficientes de autoria e materialidade, ou propor a imediata aplicação da pena de multa ou restritiva de direitos (transação penal), caso presentes os requisitos legais, que são os seguintes:

1) Não ter o agente sido condenado em definitivo pela prática de crime à pena privativa de liberdade.

Como a lei não faz qualquer ressalva, fica a impressão de que não há limitação temporal, ou seja, que a pessoa condenada à pena de prisão nunca mais terá direito à transação. Contudo, em virtude do princípio de que as penas não podem ter efeitos perpétuos, prevalece o entendimento de que a transação, em tese, volta a ser cabível após o decurso do prazo de 5 anos, a contar do cumprimento da pena privativa de liberdade, nos termos da regra do art. 64, I, do Código Penal.

A condenação anterior à pena privativa de liberdade pela prática de contravenção penal não impede o benefício.

2) Não ter o agente sido contemplado com outra transação penal no prazo de 5 anos. O prazo conta-se da data em que foi realizada a primeira transação até a audiência preliminar referente ao segundo delito.

3) Terem a personalidade, a conduta social do agente, os seus antecedentes, os motivos e as circunstâncias do delito indicado que a medida é suficiente para a repressão e prevenção do delito.

Se o órgão do Ministério Público fizer a proposta, deve especificar quais serão as penas impostas (que espécie de pena restritiva de direitos ou qual o valor da multa). Por outro lado, se o Ministério Público entender que não estão presentes os requisitos legais e não fizer a proposta, o juiz não poderá fazê-la em seu lugar, uma vez que a titularidade do Ministério Público é exclusiva nos crimes de ação pública (art. 129, I, da CF), não podendo o magistrado obstar o oferecimento de denúncia em razão de proposta de transação por ele mesmo feita. Em tal hipótese, por aplicação analógica do art. 28-A, § 14, o autor da infração poderá requerer a remessa dos autos ao órgão revisor do Ministério Público, a quem incumbirá dar a última palavra: oferecendo ou não a proposta de transação penal. Poderá, ainda, o juiz, mesmo sem provocação do autor do fato, proceder na forma do art. 28 do CPP.

Caso o autor da infração aceite a proposta feita pelo Ministério Público, será ela submetida à homologação do juiz. Este não poderá alterar o acordo avençado pelas partes, exceto

Processo penal – Procedimentos, nulidades e recursos

se a pena de multa for a única cominada em abstrato para a infração penal, hipótese em que o magistrado poderá reduzi-la pela metade (art. 76, § 1º, da Lei n. 9.099/95).

Se houver divergência entre o autor da infração e seu defensor, a proposta será tida como não aceita e o procedimento prosseguirá.

Homologado o acordo, o juiz aplicará a pena restritiva de direitos ou multa. Caso, entretanto, não homologue o acordo, por entender incabível a transação, caberá recurso em sentido estrito por interpretação extensiva do art. 581, XXV, do CPP, com a redação dada pela Lei n. 13.964/2019.

O aperfeiçoamento da transação, sem que tenha havido anteriormente o acordo civil, não implicará reconhecimento de culpa por parte do autor da infração e, dessa forma, não terá efeitos civis, cabendo ao interessado ingressar com a ação cível competente.

De outro lado, se o autor da infração não tiver comparecido à audiência, se não estiverem presentes os requisitos da proposta de transação ou se o autor do delito tiver recusado a proposta apresentada, o Ministério Público deverá oferecer denúncia oral, prosseguindo-se na instrução criminal de acordo com o rito sumaríssimo, previsto nos arts. 77 e s. da lei, que serão adiante estudados.

Observação: o art. 60, parágrafo único, da Lei n. 9.099/95, com a redação dada pela Lei n. 11.313/2006, estabelece que, caso haja conexão ou continência entre infração de menor potencial ofensivo e outra, de competência do juízo comum ou do tribunal do júri, prevalecerá a competência desses últimos para a apuração de ambos os delitos, devendo ser observada a possibilidade de composição civil e da transação penal em relação à infração menor. Saliente-se que tal dispositivo passa a impressão de que, mesmo que o sujeito tenha cometido infração de menor potencial ofensivo em concurso material com crime comum, faria jus à transação penal. Ocorre que está pacificado no Superior Tribunal de Justiça que o acusado sequer tem direito a tal benefício quando comete duas infrações penais de menor potencial ofensivo, cuja soma (ou exasperação decorrente do concurso formal ou continuidade delitiva) faça a pena máxima exceder o montante de 2 anos: "No caso, a Recorrente foi até mesmo beneficiada pela proposta de transação penal realizada no Termo Circunstanciado n. 12/2010, tendo em vista que, segundo jurisprudência pacífica desta Corte Superior, tal benesse não seria cabível na hipótese, pois a soma das penas máximas dos delitos imputados superam o critério objetivo de 02 (dois) anos. Precedentes" (STJ, RHC 41.036/PR, 5ª Turma, rel. Min. Laurita Vaz, j. 24-4-2014, DJe 8-5-2014); e "Penal. Agravo regimental em agravo em recurso especial. Transação penal. Concurso material de crimes. Instituto que deve ser avaliado mediante o somatório das penas. Acórdão a quo em consonância com a orientação jurisprudencial desta corte" (STJ, AgRg no AREsp 756.828/PR, 6ª Turma, rel. Min. Sebastião Reis Júnior, j. 1º-10-2015, DJe 26-10-2015). Nesse contexto, é preciso lembrar que esse art. 60, parágrafo único, da Lei n. 9.099/95 não existia em sua redação originária, tendo sido incluído pela Lei n. 11.313/2006. A intenção do legislador certamente foi a de pacificar divergência que até então existia, pois parte da doutrina e jurisprudência defendia que, em casos de conexão entre crime comum e menor potencial ofensivo, deveria haver a cisão de processos. Com a inserção de tal dispositivo, ficou claro que ambos os delitos devem ser julgados no juízo comum (ou no júri, se for o caso). Ocorre que, se ambos os crimes tiverem sido cometidos pela mesma pessoa, é óbvio que não fará ela jus à transação penal. A parte final do dispositivo – que diz que deverão ser observadas as regras atinentes à transação penal e composição civil no juízo comum –, em nosso entendimento, serve para as hipóteses de crimes conexos cometidos por pessoas diversas. Suponha-se que uma pessoa tenha cometido roubo conexo com delito de desacato cometido por outra. Ambos os delitos devem ser apurados no juízo comum, onde deverá ser analisado o cabimento de transação exclusivamente em relação àquele acusado pelo crime de desacato (de menor potencial ofensivo).

b) Ação pública condicionada à representação. Inicialmente, será também tentada a composição dos danos civis decorrentes da prática da infração. Se essa composição for feita e homologada pelo juiz, automaticamente haverá renúncia ao direito de representação, com a consequente extinção da punibilidade do agente (art. 74, parágrafo único, da Lei n. 9.099/95). Esta é uma importantíssima inovação dessa lei, pois, até então, o instituto da renúncia como causa extintiva da punibilidade era exclusivo da ação penal privada.

Se forem dois os autores do crime e apenas um deles se compuser com a vítima quanto aos danos provocados, apenas em relação a ele haverá a renúncia ao direito de representação. Não se aplica, nessa hipótese, a regra do art. 49 do Código de Processo Penal, que estabelece que a renúncia em relação a um dos autores do crime a todos se estende.

Ressalte-se, ainda, que, nos termos da lei, é a homologação do acordo de composição civil que gera a extinção da punibilidade do autor da infração e não seu efetivo cumprimento. Assim, se o autor da infração, posteriormente, não honrar o acordo, nada mais poderá ser feito em matéria criminal, restando à vítima o consolo de executá-lo na esfera cível, uma vez que o art. 74, *caput*, da Lei n. 9.099/95 lhe confere eficácia de título executivo judicial.

Por outro lado, se resultar infrutífera a tentativa de composição dos danos civis ou se não houver dano a ser indenizado, o procedimento terá andamento, estabelecendo o art. 75, *caput*, da Lei n. 9.099/95 que a vítima ou seu representante legal poderá exercer o direito de representação oralmente na própria audiência.

Se isso for feito, a representação será reduzida a termo e assinada pela vítima, dando-se prosseguimento ao rito, com a verificação da possibilidade de transação criminal entre o Ministério Público e o autor da infração.

De outro lado, se a vítima estiver na dúvida quanto ao interesse em oferecer a representação, poderá optar por não o fazer de imediato na audiência, sem que isso implique renúncia ou decadência de seu direito, desde que o exerça posteriormente no prazo de 6 meses a contar da data em que descobriu a autoria do crime, conforme preceitua o art. 75, parágrafo único, da Lei n. 9.099/95, combinado com o art. 38 do Código de Processo Penal.

Há, ainda, uma terceira hipótese não prevista pela lei, ou seja, aquela em que a vítima, após a tentativa frustrada de composição civil, expressamente declara não ter interesse em representar contra o autor da infração. Teria ela, nesse caso, a possibilidade de voltar atrás, dentro do prazo de 6 meses, e oferecer a representação, da mesma forma como ocorre na legislação processual comum?

A resposta deve ser negativa.

A Lei n. 9.099/95 criou, como já mencionado, uma hipótese de renúncia tácita ao direito de representação que opera automaticamente com a homologação da composição civil. Ora, criado o instituto da renúncia tácita, parece-nos que, quando a vítima declara não querer representar, deverá ser reconhecida uma renúncia expressa ao direito. Possibilitar que ela volte atrás dentro do prazo decadencial de 6 meses foge aos princípios basilares da lei, como o da celeridade, o da economia processual e o da informalidade.

Voltando ao procedimento, caso seja oferecida a representação, o Ministério Público deverá analisar o termo circunstanciado. Não havendo indícios suficientes de autoria ou materialidade, deverá promover o arquivamento do feito. Havendo indícios, o Ministério Público, antes de oferecer denúncia, deve analisar a possibilidade de oferecer proposta de imediata aplicação de pena de multa ou restritiva de direitos (transação). Feita a proposta, sendo ela aceita pelo autor da infração e havendo homologação pelo juiz, será imposta a pena avençada, que, uma vez cumprida, implicará a sua extinção. Por outro lado, se o autor da infração não fizer jus à transação, se não estiver presente ou se não aceitar os termos da proposta feita, o Ministério Público deverá oferecer denúncia oral, que será reduzida a termo, prosseguindo-se com o rito sumaríssimo, nos termos dos arts. 77 e s. da lei.

Processo penal – Procedimentos, nulidades e recursos

Observação: O art. 88 da Lei n. 9.099/95 passou a exigir representação para os crimes de lesão corporal culposa e lesão corporal dolosa de natureza leve.

Em se tratando de crime de lesão leve cometido mediante violência doméstica, a pena máxima passou a ser de 3 anos de detenção, nos termos do art. 129, § 9º, do Código Penal, com a redação dada pela Lei n. 11.340/2006, de forma que tal delito deixou de compor o rol de crimes de competência dos Juizados Especiais Criminais. Na hipótese de lesão praticada contra **mulher**, por razões da condição do sexo feminino, a pena máxima é de 4 anos de reclusão, como prevê o art. 129, § 13, do Código Penal.

c) **Ação penal privada**. Na audiência preliminar, caso seja feita a composição dos danos civis e sendo ela homologada pelo juiz, haverá renúncia ao direito de queixa, que implicará extinção da punibilidade do agente (art. 74, parágrafo único, da lei).

Esse dispositivo revogou em parte o art. 104, parágrafo único, do Código Penal, que estabelece não implicar renúncia tácita ao direito de queixa o recebimento de indenização pelo dano decorrente do crime. O dispositivo do Código Penal continua tendo aplicação apenas para os crimes de ação privada não incluídos na competência do Juizado Especial Criminal.

Caso não seja feita a composição de danos civis, a queixa poderá ser oferecida, oralmente, na própria audiência preliminar ou, se o ofendido preferir, poderá apresentá-la por escrito, no prazo decadencial de 6 meses.

Na ação penal privada, a lei não previu a possibilidade de transação criminal. Apesar disso, renomados autores entendem ser possível sua aplicação porque a Constituição Federal fez menção ao cabimento da transação às infrações de menor potencial ofensivo, não estabelecendo qualquer distinção entre os crimes de ação pública ou privada.

Observação: Nos Juizados Especiais, as causas extintivas da punibilidade referentes à renúncia, perdão do ofendido e sua aceitação, peremição e decadência têm aplicação à ação privada naquilo que não forem incompatíveis com o texto da nova lei.

Rito sumaríssimo. Este rito está previsto nos arts. 77 a 81 da Lei n. 9.099/95 e só terá vez caso não tenha sido realizada a transação na audiência preliminar, pela ausência do autor da infração, pela ausência dos requisitos para a sua propositura ou por não ter o autor da infração aceitado a proposta.

Nessas hipóteses, o Ministério Público oferecerá, de imediato, denúncia oral, exceto se houver necessidade de realização de novas diligências imprescindíveis. Se a ação for privada, poderá ser oferecida queixa oral ou, se a vítima preferir, por escrito, dentro do prazo decadencial (art. 77, § 3º, da Lei n. 9.099/95).

Oferecida denúncia ou queixa oral, elas serão reduzidas a termo na própria audiência preliminar e o autor da infração receberá cópia de seu teor, hipótese em que estará automaticamente citado. O autor da infração já sairá também ciente da data da nova audiência (instrução e julgamento). Sairão igualmente cientes o Ministério Público, o ofendido e os defensores. Caso estes últimos não estejam presentes, deverão ser intimados na forma do art. 67 da lei.

Note-se que a citação no Juizado ocorre sempre antes do recebimento da denúncia ou queixa.

Se o autor da infração não estiver presente na audiência preliminar, será tentada sua citação pessoal por mandado, do qual constará que ele deve comparecer em juízo acompanhado de advogado, com a advertência de que, em sua falta, será nomeado defensor dativo (art. 68 da Lei n. 9.099/95). Caso seja feita a citação, o procedimento terá prosseguimento no Juizado. Porém, se o autor da infração não for localizado para citação pessoal, o procedimento será enviado à justiça criminal comum, nos termos do art. 66, parágrafo único, da lei, uma vez que é incabível a citação por edital no Juizado. Em tal hipótese será adotado o rito sumário, conforme expressa disposição do art. 538 do CPP.

No início da audiência de instrução e julgamento será tentada a composição de danos civis e a transação penal, caso não tenham estas sido tentadas anteriormente pelo não comparecimento do autor da infração na audiência preliminar. Havendo acordo quanto aos danos e homologação pelo juiz, será declarada extinta a punibilidade do agente, desde que se trate de crime de ação privada ou pública condicionada à representação. Por outro lado, se houver transação penal entre as partes e sendo esta homologada pelo juiz, será imposta a sanção convencionada, deixando o juiz de receber a denúncia.

Se não houver sucesso na tentativa de transação penal (ou se esta já tinha sido tentada frustradamente na audiência preliminar), o juiz declarará aberta a audiência e dará a palavra ao defensor para que este responda à acusação. Trata-se, em verdade, de sustentação oral do defensor, tendo em vista convencer o juiz a rejeitar a denúncia ou queixa.

Somente após essa sustentação oral é que o juiz as receberá ou rejeitará.

Sendo rejeitada a denúncia ou a queixa, poderá ser interposta apelação no prazo de 10 dias (art. 82, § 1º, da Lei n. 9.099/95).

Recebida a denúncia ou queixa, o juiz ouvirá inicialmente a vítima. Na sequência ouvirá as testemunhas de acusação arroladas na denúncia (número máximo de 3) e depois as de defesa (que o próprio réu deve trazer à audiência ou apresentar rol em cartório pelo menos 5 dias antes de sua realização para que sejam elas intimadas) e, finalmente, interrogará o réu ou o querelado. O juiz, nos termos da lei, poderá indeferir a produção de prova que for considerada excessiva, impertinente ou protelatória.

Em seguida serão realizados os debates orais. A acusação e depois a defesa terão 20 minutos, prorrogáveis por mais 10, para apresentar seus argumentos. Na sequência, o juiz prolatará a sentença na própria audiência, já saindo intimadas as partes. Ao contrário do que ocorre em relação aos outros procedimentos, na sentença o juiz estará dispensado de elaborar o relatório (art. 81, § 3º, da Lei n. 9.099/95).

Recursos. As inovações mais importantes trazidas pela Lei n. 9.099/95 quanto ao tema dos recursos foram as seguintes:

a) Da rejeição da denúncia ou queixa o recurso cabível para as infrações penais em geral é o recurso em sentido estrito (art. 581, I). A interposição desse recurso pode dar-se por petição ou por termo (art. 578). O prazo para a interposição é de 5 dias e, após o recebimento do recurso, as partes têm 2 dias para a juntada das razões e contrarrazões.

Para as infrações de menor potencial ofensivo, todavia, o recurso previsto passou a ser o de apelação, nos termos do art. 82, *caput*, da Lei n. 9.099/95. A interposição pode ser feita somente por petição (art. 82, § 1º, da lei). O prazo para a interposição é de 10 dias e as razões de apelação devem ser apresentadas juntamente com a petição. Posteriormente, a outra parte também terá 10 dias para contra-arrazoar (art. 82, § 2º, da lei).

b) Em relação às sentenças de mérito, o recurso cabível também é o de apelação (art. 82, *caput*, da Lei n. 9.099/95), mas com as diferenças anteriormente apontadas quanto ao prazo e forma de interposição e arrazoados. Além disso, o art. 600, § 4º, do estatuto processual comum permite que o apelante, querendo, apresente as razões recursais quando o processo já estiver na segunda instância, hipótese que não é possível nos Juizados.

c) O julgamento dos recursos poderá ser feito por turmas recursais compostas por 3 juízes em exercício no primeiro grau de jurisdição, de acordo com o que dispuser a legislação estadual do Estado-Membro respectivo (art. 98, I, da CF). Se a Turma confirmar a sentença de 1ª instância pelos próprios fundamentos, a súmula do julgamento servirá de acórdão (art. 82, § 5º, da Lei n. 9.099/95).

Processo penal – Procedimentos, nulidades e recursos

d) Com relação aos embargos de declaração, a Lei n. 9.099/95 aumentou o prazo de interposição para 5 dias a contar da ciência da decisão (pela legislação comum o prazo é de 2 dias) e estabeleceu que eles poderão ser opostos por escrito ou oralmente. A Lei n. 13.105/2015 (CPC) modificou a redação do art. 83, § 2º, da Lei n. 9.099/95, estabelecendo que a oposição dos embargos interrompe o prazo para outros recursos (pela redação originária, os embargos suspendiam o prazo para outros recursos).

Os embargos de declaração são cabíveis quando a sentença contém obscuridade (falta de clareza que impede que se entenda qual a intenção do magistrado), omissão (quando o juiz deixa de enfrentar questão que era indispensável) ou contradição (quando uma parte da sentença entra em conflito com outra).

e) Os erros materiais podem ser corrigidos de ofício pelo juiz (art. 83, § 3º, da lei).

f) Apesar de a Lei n. 9.099/95 somente fazer menção aos recursos de apelação e embargos de declaração, não fica excluída a possibilidade de outros recursos, uma vez que o Código de Processo Penal se aplica subsidiariamente à legislação especial.

Assim, nos termos do art. 581 do Código de Processo Penal, caberá recurso em sentido estrito da decisão "que concluir pela incompetência do juízo" (inciso II), "que julgar procedentes as exceções, salvo a de suspeição" (inciso III), "que conceder, negar, arbitrar, cassar ou julgar inidônea a fiança, indeferir requerimento de prisão preventiva ou relaxar a prisão em flagrante" (inciso V), "que julgar quebrada a fiança ou perdido o seu valor" (inciso VII), "que decretar a prescrição ou julgar, por outro modo, extinta a punibilidade" (inciso IX), "que anular o processo da instrução criminal, no todo ou em parte" (inciso XIII), "que denegar a apelação ou a julgar deserta" (inciso XV), "que ordenar a suspensão do processo, em virtude de questão prejudicial" (inciso XVI), "que decidir o incidente de falsidade" (inciso XVIII). O procedimento do recurso em sentido estrito seguirá as regras do Código de Processo Penal.

É cabível também o recurso extraordinário quando a decisão de primeira ou segunda instância contrariar dispositivo da Constituição Federal (Súmula 640 do STF). Já o recurso especial é incabível, visto que a Carta Magna somente o admite contra decisões de tribunais e não de turmas recursais. Nesse sentido, a Súmula 203 do STJ, segundo a qual "não cabe recurso especial contra decisão proferida por órgão de segundo grau dos Juizados Especiais".

A utilização do *habeas corpus* e do mandado de segurança também é admitida quando presentes os requisitos previstos na Constituição Federal. Nada obsta, por fim, a interposição de revisão criminal pela defesa se, após o trânsito em julgado de sentença prolatada no Juizado Especial, surgirem novas provas que demonstrem a inocência do acusado ou quando presente qualquer das outras hipóteses do art. 621 do Código de Processo Penal.

Execução. Em se tratando de pena de multa aplicada em sentença condenatória ou em virtude de transação, o réu terá prazo de 10 dias para efetuar o pagamento na própria Secretaria do Juizado. O juiz pode, por sua vez, parcelar o pagamento da pena pecuniária, aplicando subsidiariamente as regras do Código Penal (art. 50, §§ 1º e 2º) e da Lei de Execução Penal (arts. 168 e 169).

Uma vez efetuado o pagamento total da multa, diz a lei que o juiz declarará extinta a punibilidade (art. 84, parágrafo único, da Lei n. 9.099/95). Veja-se, entretanto, que o juiz, na realidade, deve declarar extinta a pena.

Por outro lado, se não for efetuado o pagamento da pena pecuniária, o art. 85 dessa lei determina a conversão em pena privativa de liberdade ou restritiva de direitos, **nos termos previstos em lei**. Em relação à conversão da multa em prisão, o art. 51 do Código Penal permitia tal providência de forma que cada dia-multa fosse convertido em 1 dia de detenção, caso o condenado fosse solvente. O mencionado art. 51 do Código Penal, entretanto, foi alterado pela Lei n. 9.268/96, não mais admitindo tal conversão. Assim, também está vedada a conversão no Juizado.

De outro lado, a conversão de multa em pena restritiva de direitos é inadmissível por não haver dispositivo legal regulamentando o assunto.

O que fazer, então, quando o acusado não paga a multa?

Em se tratando de multa imposta por sentença condenatória, como a redação atual do art. 51 do Código Penal considera a multa uma dívida de valor, deverá ela ser executada.

No caso de multa imposta em decorrência de transação penal, parte da jurisprudência exige a sua execução, nos moldes supramencionados, uma vez que sobre a decisão que a homologou pesa a força do trânsito em julgado. De outro lado, há entendimento no sentido de que o Ministério Público deve oferecer denúncia, prosseguindo-se na ação penal até a prolação da sentença final, uma vez que, com o descumprimento da obrigação pela parte, o Ministério Público, titular da ação, pode também voltar atrás na decisão de abrir mão da ação penal. No âmbito do Supremo Tribunal Federal, pacificou-se o entendimento de que o Ministério Público deve oferecer denúncia no caso de descumprimento da transação penal, com o fundamento de que a homologação da transação não faz coisa julgada material. Em outubro de 2014, o Supremo Tribunal Federal aprovou a Súmula Vinculante 35, adotando expressamente a última orientação. De acordo com tal súmula, "a homologação da transação penal não faz coisa julgada material e, descumpridas suas cláusulas, retoma-se a situação anterior, possibilitando-se ao Ministério Público a continuidade da persecução penal mediante o oferecimento da denúncia".

Por fim, a execução das penas privativas de liberdade e restritivas de direito ou de multa aplicadas cumulativamente com estas será processada perante o órgão competente, nos termos do art. 86 da Lei n. 9.099/95. Assim, a matéria deve ficar a cargo da lei de organização judiciária local, podendo-se concluir que tais penas não serão executadas perante o Juizado Especial, salvo se houver previsão legal nesse sentido.

Processo penal – Procedimentos, nulidades e recursos

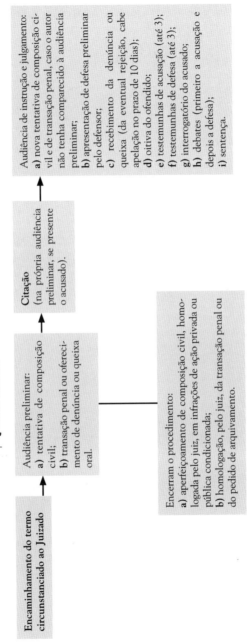

PROCEDIMENTO DOS CRIMES DE COMPETÊNCIA DO JÚRI

Mereceu especial atenção do constituinte a regulamentação do Tribunal do Júri como órgão jurisdicional. Assim é que, criando verdadeiro instrumento de tutela do direito de liberdade, previu-se o julgamento do acusado por seus pares (Tribunal Popular) no capítulo "Dos Direitos e Garantias Individuais" (art. 5º, XXXVIII, da CF).

Uma vez que se cuida de garantia fundamental da pessoa humana a quem se imputa a prática de crime doloso contra a vida, não se pode suprimir a jurisdição do Tribunal do Júri sequer por via de emenda constitucional, pois se trata de núcleo constitucional intangível, ou seja, de cláusula pétrea (art. 60, § 4º, IV, da CF).

Aos processos de competência do tribunal do júri não se aplicam, de acordo com a decisão proferida pelo STF nas ADIs 6.298, 6.299, 6.300 e 6.305, as regras relativas ao juiz das garantias. A estruturação bifásica do júri e a circunstância de que os responsáveis pelo julgamento da pretensão punitiva – os jurados – não atuam na fase investigativa autorizaram a Corte Suprema a concluir pela desnecessidade da figura do juiz de garantias em tais processos.

1 PRINCÍPIOS BÁSICOS

Os princípios que informam o Tribunal do Júri também foram delineados pelo constituinte. São eles:

a) Plenitude de defesa. Como em todos os processos criminais, o réu tem assegurado o exercício irrestrito de sua defesa (autodefesa e defesa técnica). Em virtude das peculiaridades do procedimento do júri, no entanto, tal garantia é exercida em sua plenitude, uma vez que a inexigência de motivação da decisão enseja a apreciação, pelos jurados, de argumentos de natureza moral, religiosa, de política criminal etc., estranhos aos demais procedimentos, nos quais se prioriza o julgamento técnico-jurídico e, ainda, em razão da estrita observância do princípio da oralidade e de seus consectários (concentração e imediatidade).

Ao juiz, ademais, a quem incumbe zelar pelo efetivo exercício da defesa técnica, é conferido o poder-dever de declarar o réu indefeso e dissolver o Conselho de Sentença, caso entenda insuficiente o desempenho do defensor (art. 497, V).

b) Sigilo das votações. Os jurados devem votar em segredo, para que fiquem imunes a qualquer tipo de influência. É inaplicável, pois, em relação às decisões do conselho de sentença, o princípio da publicidade dos atos jurisdicionais (art. 93, IX, da CF), sem que haja inconstitucionalidade na previsão de utilização da sala secreta para o procedimento de votação (STF, RE 140.975 Agr/RJ, DJ 21-8-1992).

c) Soberania dos veredictos. Somente os jurados podem dizer se é procedente ou não a pretensão punitiva e essa decisão é, em regra, insuscetível de modificação pelos tribunais. Admite-se, entretanto, afora os casos de anulação do processo por vício procedimental, a cassação da decisão do Tribunal do Júri, quando manifestamente contrária à prova dos autos. Em tais casos, se houver recurso, a superior instância, analisando o mérito da causa, ordenará a realização de novo julgamento, por outro Conselho de Sentença. Em caso de haver cassação da decisão e a realização do novo julgamento redundar em veredicto

SINOPSES JURÍDICAS

que também se repute destituído de qualquer apoio nas provas produzidas, não se poderá, todavia, postular novamente sua invalidade, pois é inadmissível segunda apelação pelo mesmo motivo (art. 593, § 3º).

É possível, também, a postulação da invalidação da decisão em sede de revisão criminal (somente em favor do réu), após o trânsito em julgado da sentença condenatória ou absolutória imprópria, pois o princípio da soberania dos veredictos, devido à sua relatividade, não pode ensejar a perpetuação de decisões injustas.

d) **Competência mínima para o julgamento dos crimes dolosos contra a vida.** Diz-se **mínima**, pois a Constituição assegurou a competência para julgamento de tais delitos, não havendo proibição da ampliação do rol dos crimes que serão apreciados pelo Tribunal do Júri por via de norma infraconstitucional. Na prática, a lei já ampliou o elenco de crimes que são julgados pelo júri, pois ao tribunal popular incumbe apreciar também as infrações conexas (art. 78, I).

São da competência do Tribunal do Júri, pois, o homicídio doloso, inclusive o feminicídio, o infanticídio, o auxílio, o induzimento ou instigação ao suicídio e o aborto, em suas formas consumadas ou tentadas (art. 74, § 1º). Há infrações que, mesmo ostentando o resultado morte a título doloso, não são consideradas crimes dolosos contra a vida, sendo, portanto, apreciadas pelo juiz singular. Ex.: latrocínio, que é tratado no Código Penal como crime contra o patrimônio (Súmula 603 do STF). O crime de induzimento, instigação ou auxílio a **automutilação**, embora tipificado no capítulo que trata dos crimes dolosos contra a vida, não se caracteriza como tal por afetar o bem jurídico incolumidade física, razão pela qual não se incluiu na competência do Tribunal do Júri.

O Júri não julga pessoas que gozam de foro por prerrogativa de função previsto na Constituição Federal, ainda que pratiquem crime doloso contra a vida. Assim, se um promotor de justiça praticar um homicídio no desempenho da função, será julgado pelo Tribunal de Justiça do Estado e não pelo Júri. Saliente-se, porém, que, de acordo com a Súmula Vinculante 45 do STF, a competência constitucional do Júri prevalece sobre o foro por prerrogativa de função estabelecido exclusivamente em **Constituição Estadual**.

2 CARACTERÍSTICAS DO TRIBUNAL DO JÚRI

a) **órgão colegiado**: a decisão da causa é entregue a número plural de pessoas;

b) **heterogeneidade**: o Tribunal é composto por 1 juiz togado (juiz-presidente) e 25 juízes leigos (jurados), nos termos do art. 433 do Código de Processo Penal;

c) **horizontalidade**: o juiz-presidente e os jurados encontram-se no mesmo grau de jurisdição;

d) **decisão tomada por maioria de votos**;

e) **temporariedade (caráter não permanente)**: o Tribunal do Júri é constituído em certas épocas do ano para julgamento das causas que já se encontram preparadas.

Observação: Classifica-se a decisão do Tribunal do Júri como **subjetivamente complexa**, pois o órgão prolator é colegiado e heterogêneo. A decisão do juízo monocrático é dita **subjetivamente simples** e a dos órgãos colegiados homogêneos (tribunais), **subjetivamente plúrima**.

3 ORGANIZAÇÃO DO JÚRI

Ao sabor do disposto no art. 425, *caput*, do Código de Processo Penal, anualmente, o juiz-presidente organizará a lista geral dos jurados, que contemplará de 800 a 1.500 jurados

Processo penal – Procedimentos, nulidades e recursos

nas comarcas de mais de um milhão de habitantes, de 300 a 700 nas comarcas de mais de cem mil habitantes e de 80 a 400 nas comarcas de menor população. Onde houver necessidade, poderá haver alistamento de número maior de jurados e até mesmo a formação de lista de suplentes (art. 425, § 1º).

Para realizar o alistamento, o juiz-presidente, sem prejuízo da escolha por conhecimento pessoal, requisitará indicação de pessoas que reúnam condições para exercer a função de jurado às autoridades locais, associações de classe e de bairro, entidades associativas, instituições de ensino, universidades, sindicatos, repartições públicas e a outros núcleos comunitários (art. 425, § 2º).

A lista geral dos jurados, com indicação das respectivas profissões e destinada ao funcionamento do órgão no ano seguinte, publicar-se-á em duas oportunidades, por via da imprensa e de editais afixados à porta da sede do Tribunal do Júri: a primeira lista, que poderá ser alterada de ofício ou por força de reclamação de qualquer do povo até a publicação da lista definitiva, no dia 10 de outubro; a segunda (lista definitiva), no dia 10 de novembro, cabendo recurso em sentido estrito, no prazo de 20 dias, para a superior instância, a fim de incluir ou excluir algum nome (arts. 581, XIV, e 586, parágrafo único). Será excluído da lista geral, ainda, o jurado que tiver integrado o Conselho de Sentença nos doze meses que antecederem a publicação (art. 426, § 4º).

Composta a lista definitiva, os nomes e endereços dos jurados serão inscritos em cartões, que serão depositados, na presença do Ministério Público, de representante da seção local da Ordem dos Advogados do Brasil e de defensor indicado pela Defensoria Pública, na urna geral, cuja chave ficará em poder do juiz. Da urna geral é que serão sorteados os jurados que servirão em cada reunião periódica.

Entre o décimo quinto e o décimo dia que antecederem cada reunião periódica será realizado sorteio, pelo juiz, de 25 jurados. Esse sorteio será feito em sessão pública e com prévia intimação do Ministério Público, da Ordem dos Advogados do Brasil e da Defensoria Pública (arts. 432 e 433). Antes do advento da Lei n. 11.689/2008, eram 21 os jurados sorteados para servir em cada reunião periódica e seus nomes eram retirados da urna geral por um menor de 18 anos.

É muito importante explicar que esses 25 jurados sorteados serão convocados para todos os julgamentos da reunião periódica. Em cada Estado da Federação existem regras próprias estabelecendo em que época se dará a reunião periódica do Júri em cada Comarca. Vamos supor que, de acordo com essa regra estadual, na Comarca X as reuniões periódicas sejam nos meses de março, junho, setembro e dezembro. Imaginemos, então, que existam seis processos já preparados (prontos) para julgamento pelo Júri agendados para o mês de março em referida Comarca. Por consequência, os 25 jurados sorteados no fim de fevereiro serão convocados para comparecer nas seis datas referentes a esses julgamentos. É sabido, ainda, que apenas 7 jurados participarão efetivamente de cada julgamento, porém, é possível que um deles seja sorteado e aceito para os seis julgamentos, enquanto outro pode não ser sorteado para nenhum deles.

4 CAPACIDADE GERAL PARA O SERVIÇO DO JÚRI

4.1. REQUISITOS PARA SER JURADO

A lei exige o preenchimento de certas condições para que uma pessoa possa servir como jurado:

a) nacionalidade brasileira (originária ou derivada) e capacidade eleitoral ativa (alistamento eleitoral e pleno gozo dos direitos políticos);

SINOPSES JURÍDICAS

b) ser maior de 18 anos (art. 436): o exercício da função do júri é vedado ao incapaz, já que não tem maturidade suficiente para desincumbir-se da alta responsabilidade em questão;

c) notória idoneidade (art. 436): não se admite a seleção de pessoas com reprovável conduta social, com antecedentes criminais etc.;

d) alfabetização (capacidade de ler e escrever em língua portuguesa): embora o § 1º do art. 436 vede a exclusão dos trabalhos do Júri e o não alistamento em razão de cor ou etnia, raça, credo, sexo, profissão, classe social ou econômica, origem ou grau de instrução, não é possível que pessoa não alfabetizada sirva como jurado, na medida em que o julgamento será realizado por meio de resposta a quesitos;

e) gozo perfeito das faculdades mentais e dos sentidos.

Na medida em que a lei não estabelece a residência na comarca como requisito essencial para o serviço do júri, a jurisprudência tem admitido o alistamento de pessoas residentes em outro local.

5 OBRIGATORIEDADE DO SERVIÇO DO JÚRI

É compulsória a prestação de serviço no Júri (art. 436), visto que se constitui em dever a todos imposto, e não em direito ou faculdade. A recusa injustificada sujeita o recalcitrante ao pagamento de multa de um a dez salários mínimos, de acordo com sua condição econômica (art. 436, § 2º).

O art. 438 do Código de Processo Penal trata da escusa de consciência, ou seja, a recusa em servir como jurado mediante invocação de motivos de crença religiosa ou convicção filosófica ou política. Referido dispositivo, que espelha norma de natureza constitucional (art. 5º, VIII, da CF), preceitua que a escusa derivada de convicções religiosas, filosóficas ou políticas acarretará a suspensão dos direitos políticos por parte de quem a invocar, enquanto não houver prestação de serviço alternativo imposto pelo juiz. O serviço alternativo consiste na realização de tarefas de natureza administrativa, assistencial, filantrópica ou produtiva em órgãos do Poder Judiciário, do Ministério Público, da Defensoria Pública ou, ainda, em entidades conveniadas para esses fins (art. 438, § 1º). O juiz fixará o serviço alternativo atendendo aos princípios da razoabilidade e da proporcionalidade (art. 438, § 2º).

6 PESSOAS ISENTAS DO SERVIÇO DO JÚRI (ART. 437)

a) o Presidente da República e os Ministros de Estado;

b) os Governadores e seus respectivos Secretários;

c) membros do Poder Legislativo Federal, Estadual, Distrital ou Municipal;

d) os Prefeitos Municipais;

e) os Magistrados, membros do Ministério Público e da Defensoria Pública;

f) os servidores do Poder Judiciário, do Ministério Público e da Defensoria Pública;

g) as autoridades e os servidores da polícia e da segurança pública;

h) os militares em serviço ativo;

i) maiores de 70 anos que requeiram dispensa;

j) aqueles que, demonstrando justo impedimento por meio de requerimento apresentado até o momento da chamada dos jurados, ressalvados os casos de força maior, forem dispensados por ato motivado do juiz-presidente (arts. 443 e 444).

Processo penal – Procedimentos, nulidades e recursos

7 DIREITOS, VANTAGENS E RESPONSABILIDADE DOS JURADOS

Ao jurado que tenha servido efetivamente em julgamento são conferidos os seguintes direitos e vantagens:

a) prisão processual especial, em caso de crime comum, até o julgamento definitivo (art. 295, X);

b) preferência, em igualdade de condições, nas licitações públicas, bem como no provimento, mediante concurso, de cargo ou função pública e, ainda, nos casos de promoção funcional ou remoção voluntária (art. 440);

c) presunção de idoneidade (art. 439);

d) garantia da inocorrência de descontos nos vencimentos quando de seu comparecimento para sessão de julgamento (art. 441).

Os jurados, por outro lado, são considerados funcionários públicos para fins penais (art. 327, *caput*, do CP), motivo pelo qual são responsáveis, no exercício da função ou a pretexto de exercê-la, nos mesmos termos em que o são os juízes togados (art. 445), podendo responder por eventuais crimes de concussão, corrupção passiva, prevaricação etc.

8 PROCEDIMENTO

O procedimento dos crimes de competência do júri desenvolve-se em duas etapas bem distintas, daí por que se diz que seu caráter é escalonado ou bifásico.

A existência de uma primeira fase, anterior ao julgamento do mérito da lide penal pelos jurados, assim se justifica, de acordo com Vicente Greco Filho: "Em sendo o veredicto do júri qualificado pela soberania, que se consubstancia em sua irreformabilidade em determinadas circunstâncias, e tendo em vista a ausência de fundamentação da decisão, a função, às vezes esquecida, da pronúncia é a de impedir que um inocente seja submetido aos riscos do julgamento social irrestrito e incensurável" (Questões polêmicas sobre a pronúncia, in *Tribunal do Júri*: estudo sobre a mais democrática instituição jurídica brasileira, Revista dos Tribunais, 1999, p. 118).

A primeira fase, denominada sumário da culpa (ou *judicium accusationis*), tem início com o recebimento da denúncia e encerra-se com a preclusão da decisão de pronúncia. Tal etapa traduz atividade processual voltada para a formação de juízo de admissibilidade da acusação (juízo de prelibação).

Na segunda fase, denominada juízo da causa (ou *judicium causae*), que se inicia com a intimação das partes para indicação das provas que pretendem produzir em plenário e tem fim com o trânsito em julgado da decisão do Tribunal do Júri, haverá o julgamento do mérito da pretensão punitiva (juízo de delibação).

Para todos os crimes de competência do júri, sejam eles apenados com reclusão ou detenção, observar-se-á o mesmo rito procedimental, independentemente do montante da pena máxima prevista em abstrato.

8.1. SUMÁRIO DA CULPA

A fase do *judicium accusationis* foi significativamente alterada pela Reforma do Júri, uma vez que, até sua eclosão, a instrução era feita em três audiências distintas: na primeira, o réu era interrogado; na segunda, ouviam-se as testemunhas de acusação; e na terceira, as testemunhas de defesa. No atual sistema, conforme se verá a seguir, a audiência é única.

Com efeito, visando imprimir maior celeridade ao procedimento, a nova redação estabeleceu que, ao receber a denúncia ou queixa, o juiz ordenará a citação do acusado para oferecer resposta escrita, no prazo de 10 dias (art. 406).

SINOPSES JURÍDICAS

O prazo para o réu apresentar resposta será contado a partir da data do cumprimento do mandado ou, no caso de citação inválida ou por edital, a partir do comparecimento em juízo do acusado ou de defensor constituído (art. 406, § 1º).

Em caso de não apresentação da resposta pelo réu citado pessoalmente, o juiz nomeará defensor para fazê-lo no prazo de 10 dias (art. 408). Se o réu, citado por edital, não oferecer resposta, não comparecer em juízo e não nomear defensor, será decretada a suspensão do processo e do prazo prescricional, nos termos do art. 366 do Código de Processo Penal (ver item 2.2 no tópico "Dos Procedimentos"). A jurisprudência tem proclamado que, diversamente do que ocorre nos procedimentos em geral, a apresentação da resposta escrita não é obrigatória nos processos do júri, já que a omissão pode decorrer de estratégia defensiva.

Na resposta, o réu poderá, além de arguir preliminares e de alegar o que entender útil à sua defesa, apresentar documentos e justificações, requerer a produção de provas e arrolar até 8 testemunhas (art. 406, § 3º). Esse também é o número de testemunhas que a acusação pode arrolar na denúncia ou na queixa (art. 406, § 2º).

De acordo com o art. 409, logo que apresentada a resposta, será ouvido, em 5 dias, o Ministério Público ou querelante sobre preliminares e documentos juntados. A redação desse dispositivo autoriza a conclusão de que, acaso não haja arguição de matérias preliminares nem oferecimento de documentos, a manifestação do órgão acusador é desnecessária.

No prazo máximo de 10 dias, o juiz determinará, então, a inquirição das testemunhas e a produção de outras provas requeridas (art. 410).

Em audiência única, serão ouvidos, nesta ordem, o ofendido, bem como as testemunhas arroladas pela acusação e pela defesa, para, em seguida, obterem-se os esclarecimentos de peritos cuja oitiva tenha sido deferida pelo juiz, realizarem-se acareações e reconhecimento de pessoas ou coisas, interrogar-se o acusado e, por último, proceder-se aos debates orais (art. 411).

Nos termos do art. 212 do Código de Processo Penal, as partes inquirirão diretamente as testemunhas (sistema denominado *direct and cross examination*), após o que o juiz poderá inquiri-las sobre os pontos não esclarecidos.

Anote-se que a estipulação do interrogatório como último ato probatório da audiência e a apresentação de alegações orais em audiência representam relevantes inovações introduzidas pela Reforma do Júri. O interrogatório é realizado de acordo com o sistema presidencialista, ou seja, depois da inquirição do réu pelo juiz, as partes podem formular perguntas, por intermédio do magistrado, ao acusado.

Se o registro dos depoimentos das testemunhas, do ofendido e do acusado for realizado pelos meios ou recursos de gravação magnética, estenotipia, digital ou técnica similar, deverá o juiz zelar pela transcrição do teor dessas declarações (degravação), na medida em que a providência é necessária para permitir que os jurados possam analisar o material probatório colhido na primeira fase do procedimento.

Os debates orais são os argumentos verbais oferecidos pelas partes em audiência, após a colheita dos depoimentos, a fim de convencer o juiz. De acordo com o art. 411, § 4º, a acusação e, em seguida, a defesa terão 20 minutos cada uma para apresentar alegações orais, permitida a prorrogação por 10 minutos do tempo destinado a cada parte. Na hipótese de haver mais de um acusado, o tempo previsto para a acusação e a defesa de cada um será individual.

A manifestação do assistente do Ministério Público, que poderá usar da palavra por 10 minutos, precederá a da defesa e ensejará a prorrogação do prazo do acusado por igual período (art. 411, § 6º).

Demonstrou o legislador especial preocupação em imprimir celeridade ao procedimento, ao estabelecer, expressamente, que o juiz deve indeferir as provas consideradas irrelevan-

Processo penal – Procedimentos, nulidades e recursos

tes, impertinentes ou protelatórias (art. 411, § 2º). Também proibiu o adiamento de ato da audiência, salvo quando imprescindível à prova faltante, devendo o juiz determinar a condução coercitiva de quem deixar de comparecer (art. 411, § 7º).

Por fim, estabeleceu o prazo máximo de 90 dias para conclusão do procedimento. Na prática, porém, a consequência do descumprimento desse prazo será a libertação do réu, se estiver preso, e desde que a demora seja injustificada e não atribuível ao acusado, pois, se, decorrido esse interregno, não tiver sido possível o encerramento da instrução, a solução será aguardar a oportunidade para que isso ocorra.

Uma vez terminada a instrução probatória, o juiz, se reconhecer a possibilidade de nova definição jurídica do fato em decorrência de comprovação de circunstância ou elementar não contida na denúncia ou queixa, procederá na forma do art. 384 do Código de Processo Penal (art. 411, § 3º), remetendo-se os autos ao Ministério Público para aditamento da denúncia.

Terminados os debates orais em audiência, passa-se à etapa decisória do sumário da culpa (ou **fase da pronúncia**), em que o juiz, na própria audiência, profere sua decisão ou determina que os autos lhe venham conclusos para decidir no prazo de 10 dias.

8.1.1. ETAPA DECISÓRIA DO SUMÁRIO DA CULPA

Alcançada essa etapa, o juiz pode encerrar o *judicium accusationis* com quatro espécies de decisão:

a) pronúncia (art. 413);

b) impronúncia (art. 414);

c) absolvição sumária (art. 415); e

d) desclassificação (art. 419).

8.1.1.1. Pronúncia

Conceito. Pronúncia é uma decisão **interlocutória mista não terminativa** (não há julgamento do mérito e não se põe fim ao processo) por meio da qual o juiz, convencido da existência material do fato criminoso e de haver indícios suficientes de que o acusado foi seu autor ou partícipe, **encaminha o processo para julgamento perante o Tribunal do Júri**.

Em virtude de a decisão de pronúncia encerrar mero juízo de admissibilidade da acusação, é desnecessária, para sua prolação, a certeza jurídica que se exige para uma condenação. Em caso de dúvida, portanto, deve o juiz pronunciar o réu, para não subtrair a apreciação da causa do Tribunal do Júri, juiz natural dos crimes dolosos contra a vida. Diz-se, pois, que nessa etapa vigora o princípio *in dubio pro societate*, ou seja, na dúvida, o juiz deve permitir que se prossiga na persecução penal.

Como todo ato decisório, a decisão de pronúncia deve ser fundamentada e registrar a indicação dos caminhos intelectuais percorridos pelo prolator. A decisão, no entanto, não deve encerrar análise minuciosa das provas a ponto de influir no ânimo dos jurados, já que será nula se estiver permeada por excesso de eloquência acusatória. Veja-se a esse respeito o seguinte julgado do Supremo Tribunal Federal: "A sentença de pronúncia é nula quando extrapola os seus pressupostos legais, devendo abster-se o magistrado de realizar um exame aprofundado do acervo probatório. A pronúncia exige, tão somente, que esteja evidenciada a materialidade do delito e presentes indícios suficientes de autoria. A conciliação do preceito constitucional que, de um lado, obriga a fundamentação das decisões judiciais, com aquele que, de outro, afirma a soberania dos veredictos do Tribunal do Júri, exige que o magistrado não se pronuncie sobre o mérito das provas" (HC 92.825/SP, 1ª Turma, rel. Min. Ricardo Lewandowski, j. 8-4-2008, *DJe*-078, divulg. 30-4-2008, public. 2-5-2008).

SINOPSES JURÍDICAS

É imprescindível que da pronúncia conste o dispositivo legal em cuja sanção está sujeito o acusado, bem como que se indiquem quais as qualificadoras e causas de aumento de pena presentes (art. 413, § 1º).

Deve-se declarar, também, se o crime se aperfeiçoou na forma tentada ou consumada. A decisão de pronúncia, no entanto, não deve ostentar qualquer outra referência a causas especiais de diminuição de pena (art. 7º da Lei de Introdução ao CPP), agravantes ou atenuantes genéricas. Assim, em caso de concurso de crimes, o juiz deve apenas indicar em quais artigos está incurso o réu e por quantas vezes, deixando de mencionar se entende tratar-se de concurso material ou formal de crimes (arts. 69 e 70 do CP) ou, ainda, se se cuida de hipótese de continuidade delitiva (art. 71 do CP).

Na medida em que o acusado deve ter em conta, para o exercício da defesa, o fato que lhe foi imputado e não a tipificação indicada na denúncia, o juiz poderá dar-lhe definição jurídica diversa da constante da acusação (*emendatio libelli*), ainda que o réu fique sujeito a pena mais grave (art. 418), ouvindo as partes, no entanto, sobre os fundamentos que podem ensejar a alteração da capitulação do delito (arts. 9º e 10 do CPC).

Se, ao pronunciar o acusado, o juiz verificar a existência de indícios de autoria ou participação de pessoa não incluída na denúncia, remeterá os autos ao Ministério Público para que, em 15 dias, proceda ao aditamento ou, em se mostrando inviável a unidade de processamento e de julgamento (*simultaneus processus*), adote as providências para dedução da pretensão punitiva em ação autônoma (art. 417), tal como ocorre na hipótese de o réu já pronunciado estar preso, pois, nesse caso, o aditamento para a inclusão de corréu iria prolongar a sua prisão processual. De se ver que o Ministério Público pode, ainda, entender que não existem elementos para adoção dessas providências persecutórias contra esta outra pessoa e, em consequência, abster-se de praticá-las, devendo remeter os autos ao órgão revisor na forma do art. 28 do CPP, quando poderá ser mantida ou revista a decisão do promotor pelo órgão superior.

Efeitos da pronúncia:

a) A submissão do acusado a julgamento pelo Tribunal do Júri.

b) A interrupção da prescrição (art. 117, II, do CP).

De acordo com a Súmula 191 do Superior Tribunal de Justiça, prevalece a interrupção da prescrição ocasionada pela pronúncia, ainda que o Tribunal do Júri venha, futuramente, a desclassificar o crime.

c) A definição dos limites da acusação que será sustentada perante o tribunal popular.

Outras matérias que devem ser objeto de apreciação por ocasião da pronúncia:

a) Apreciação pelo juiz acerca da necessidade de manutenção, revogação ou substituição da prisão ou medida restritiva de liberdade anteriormente decretada ou, em se cuidando de réu solto, sobre o cabimento da prisão preventiva ou de outra medida cautelar.

b) Arbitramento de fiança, se a natureza do crime admitir a medida de contracautela, como condição para a concessão ou manutenção da liberdade provisória (art. 413, § 2º).

Intimação da pronúncia. Relevantes inovações, em relação ao tema, foram introduzidas pela Lei n. 11.689/2008, uma vez que anteriormente, em se tratando de crime inafiançável, era obrigatória a intimação pessoal do acusado acerca do teor da sentença de pronúncia, sob pena de invalidade da intimação e daqueles atos ulteriormente praticados.

De acordo com as regras então vigentes, se o pronunciado estivesse foragido ou em local desconhecido, o processo permaneceria suspenso, aguardando sua localização, até que se aperfeiçoasse a intimação pessoal. Essa paralisação denominava-se crise de instância e podia perdurar até a ocorrência da prescrição, embora fosse possível e comum a decretação da prisão preventiva do réu, para garantia da aplicação da lei penal. Cuidando-se de infração

Processo penal – Procedimentos, nulidades e recursos

afiançável, a intimação por via de edital era válida e autorizava o prosseguimento da ação penal e o julgamento em plenário.

Após a denominada Reforma do Júri, a intimação da pronúncia será feita da seguinte forma (art. 420):

a) em regra, o acusado será intimado pessoalmente, mas, se estiver solto e não for localizado, será intimado por edital, sem qualquer prejuízo para a realização dos atos ulteriores;

b) o defensor dativo ou público será sempre intimado pessoalmente;

c) o defensor constituído, o querelante e o assistente serão intimados pela imprensa;

d) o órgão do Ministério Público sempre será intimado pessoalmente.

Verifica-se, portanto, que a não localização pessoal do réu pronunciado não mais enseja a paralisação do processo, já que, nesta hipótese, poderá ser ele intimado por edital, independentemente da natureza da infração (afiançável ou inafiançável).

Tratando-se de disposição de natureza processual, aplica-se a nova norma, nos termos do art. 2º do Código de Processo Penal, às ações que estavam suspensas no regime anterior em decorrência da falta de intimação pessoal do acusado.

Recurso. Contra a decisão de pronúncia é interponível recurso em sentido estrito (art. 581, IV).

Despronúncia. Diz-se que há despronúncia, cujos efeitos são idênticos ao da impronúncia, quando ocorre uma das seguintes hipóteses:

a) o juiz se retrata em razão da interposição de recurso em sentido estrito contra a decisão de pronúncia. Esta modalidade de recurso tem como característica a possibilidade de o próprio prolator da decisão de 1º grau se retratar em face dos argumentos apresentados pelo recorrente e modificar o seu teor;

b) o tribunal dá provimento ao recurso em sentido estrito interposto contra a decisão que pronunciou o acusado, excluindo o julgamento pelo Tribunal do Júri.

Observação: A preclusão da decisão de pronúncia não impede a alteração da classificação dada ao delito se verificada a superveniência de circunstância que modifique a tipificação, como, p. ex., quando, em ação penal por tentativa de homicídio, a vítima falece após a pronúncia em razão dos ferimentos causados pelo réu. Nesse caso, o juiz remete os autos ao Ministério Público para a readequação da acusação e, em seguida, profere decisão (art. 421, §§ 1º e 2º).

8.1.1.2. Impronúncia

Se o juiz não se convencer da existência do crime ou de indício suficiente de autoria ou participação, proferirá decisão de impronúncia. Por via de tal decisão, o julgador reconhece inexistir justa causa para submeter o acusado a julgamento popular. O réu, portanto, não vai a Júri.

Essa decisão, de natureza interlocutória mista terminativa (não há julgamento do mérito, porém se põe fim ao processo), não faz coisa julgada material, apenas formal. Assim, se surgir nova prova, poderá a qualquer tempo ser proposta nova ação (art. 414, parágrafo único), desde que não se tenha operado causa extintiva da punibilidade (prescrição, morte do réu etc.).

Recurso. A decisão de impronúncia, que anteriormente era desafiada por recurso em sentido estrito, passou a sujeitar-se, a partir da edição da Lei n. 11.689/2008, a recurso de apelação (art. 416). A alteração teve por objetivo conferir uniformidade ao sistema recursal, de modo que sempre será cabível apelação contra decisões que, no rito do Júri, ponham fim ao processo, reservando-se o recurso em sentido estrito para atacar decisões não terminativas.

SINOPSES JURÍDICAS

No caso de impronunciar o acusado pelo crime contra a vida narrado na denúncia, o juiz não poderá julgar os crimes conexos ali descritos, devendo remeter o feito ao juízo competente ou, se também for competente para julgá-los, deverá aguardar a preclusão da decisão.

8.1.1.3. Absolvição sumária

É a sentença definitiva proferida pelo juiz, por meio da qual a pretensão punitiva é julgada improcedente. Trata-se, portanto, ao contrário do que ocorre com a impronúncia, de decisão de mérito, que tem lugar quando:

a) provada a inexistência do fato;

b) provado não ser o acusado autor ou partícipe do fato;

c) o fato não constituir infração penal; ou

d) demonstrada causa de exclusão do crime ou de isenção de pena, com exceção da inimputabilidade, salvo se esta for a única tese defensiva.

A Lei n. 11.689/2008 ampliou as hipóteses de absolvição sumária, que tinha lugar apenas no caso de reconhecimento de causa de exclusão da ilicitude da conduta ou da culpabilidade do agente.

Com as alterações introduzidas, passaram a ensejar a absolvição sumária três situações que, no sistema antigo, conduziam à impronúncia: comprovação da inexistência do fato; da ausência de vínculo de autoria ou participação do réu com a infração; e da inexistência de infração penal.

Se a circunstância dirimente em questão for a inimputabilidade por doença ou perturbação da saúde mental ou, ainda, por desenvolvimento incompleto ou retardado (art. 26 do CP), o juiz deverá absolver sumariamente o acusado apenas se não houver outra tese defensiva (art. 415, parágrafo único). Essa distinção justifica-se pela circunstância de que o reconhecimento da inimputabilidade sujeita o agente à medida de segurança (absolvição sumária imprópria). Assim, se o réu assume a autoria do crime e sua defesa se limita a alegar inimputabilidade por doença mental, o juiz, caso provada a inimputabilidade, absolverá sumariamente o réu e aplicará a medida de segurança. Se o acusado, todavia, tiver negado a autoria do crime, mas houver indícios de que ele cometeu o delito, o juiz deverá pronunciá-lo. Dessa forma, caso os jurados entendam que o réu não foi o autor do crime, ele obterá uma absolvição própria, plena, desacompanhada de medida de segurança. Caso reconheçam a autoria por parte do acusado, e, em seguida, sua inimputabilidade decorrente da doença mental, haverá absolvição imprópria, com aplicação de medida de segurança. Em suma, se o réu negar a autoria do crime, a apreciação incumbirá aos jurados em plenário e não ao juiz na fase da pronúncia.

Por tratar-se de sentença definitiva, a absolvição sumária produz coisa julgada material.

Constituindo decisão de caráter excepcional, já que impede a apreciação da causa pelo júri, só se decretará a absolvição sumária quando existir prova incontroversa, cabal, de uma de suas hipóteses de cabimento. Para que seja decretada a absolvição sumária, portanto, é necessário que não remanesça prova alguma que infirme a tese absolutória, na medida em que, sendo o julgamento em plenário o momento adequado para a valoração dos elementos de convicção, não é dado ao juiz optar pela tese defensiva, ainda que se apresente como de maior solidez, quando existir também elemento de prova a embasar a tese acusatória.

Recurso. Em virtude de alteração introduzida pela Lei n. 11.689/2008, a absolvição sumária, que até então era desafiada, no que tange aos recursos voluntários, por recurso em sentido estrito, passou a expor-se à apelação (art. 416), como ocorre com as demais decisões absolutórias definitivas.

Processo penal – Procedimentos, nulidades e recursos

No que se refere à sujeição da absolvição sumária ao duplo grau de jurisdição obrigatório ("recurso de ofício"), duas construções interpretativas são admissíveis: **a)** como o dispositivo que o prevê (art. 574, II) faz menção ao art. 411, cuja redação atual (posterior à reforma do Júri) não mais trata da absolvição sumária, sua aplicação estaria afastada; **b)** o recurso de ofício continua cabível porque o art. 574, II, o menciona de forma expressa. Ademais, a decisão que absolve sumariamente o réu possui caráter excepcional porque subtrai o julgamento do juiz natural (o Tribunal Popular), razão pela qual se justifica a subsistência do reexame necessário pela superior instância.

O Superior Tribunal de Justiça já se pronunciou no sentido de que a Lei n. 11.689/2008, "dentre outras inovações, suprimiu a exigência de recurso obrigatório, ou 'ex officio', nas hipóteses de absolvição sumária" (STJ, HC 141.887/ES, 5ª Turma, rel. Min. Felix Fischer, j. 17-11-2009, *DJe* 29-3-2010).

A jurisprudência do Tribunal de Justiça de São Paulo também é no sentido de que houve supressão do reexame obrigatório nas hipóteses de absolvição sumária.

Passando em julgado a sentença de absolvição sumária, a lide penal estará coberta pelo manto da coisa julgada, mostrando-se, pois, imutável.

Em havendo absolvição sumária, o juiz não apreciará os crimes conexos, devendo remeter o processo ao juízo competente para julgamento de tais infrações.

8.1.1.4. Desclassificação

Caso o juiz, ao analisar a prova dos autos, conclua que existiu exclusivamente crime que não é da competência do júri, deverá proferir a decisão de desclassificação.

Por via de tal decisão, de natureza interlocutória mista não terminativa, o julgador estará reconhecendo a inexistência de prova da ocorrência de crime doloso contra a vida e, concomitantemente, a existência de elementos que evidenciem a prática de infração estranha à competência do tribunal popular.

Verificando tal hipótese e não sendo competente para o julgamento, o juiz remeterá os autos ao órgão jurisdicional que o seja, à disposição de quem ficará o réu, se preso estiver (art. 419).

A desclassificação se pode dar tanto para crime menos grave (de tentativa de homicídio para lesão corporal de natureza grave, p. ex.) como para delito mais grave (de homicídio para latrocínio). O que importa é que o juiz, ao entender que não se trata de crime de competência do júri, determina a remessa dos autos ao juízo competente para prosseguimento.

Recurso. Da decisão de desclassificação cabe recurso em sentido estrito (art. 581, II).

Há dissídio sobre a possibilidade de o juízo que recebe os autos suscitar conflito de competência: afirma-se que a decisão de desclassificação, uma vez irrecorrida no juízo de origem, ou mantida pela superior instância, estaria preclusa, restando ao novo julgador absolver ou condenar o acusado; outra corrente sustenta que as questões relativas à competência *ratione materiae* não precluem, daí por que seria possível suscitar o conflito. Esse último entendimento já foi adotado pelo Supremo Tribunal Federal.

De acordo com o art. 74, § 3º, do Código de Processo Penal, o juiz que receber o processo deverá seguir o rito estabelecido em seu art. 410. Este último dispositivo foi alterado pela Lei n. 11.689/2008, passando a dispor que o juiz deverá determinar a inquirição das testemunhas e a realização de eventuais diligências requeridas pelas partes. É evidente, também, que deverá interrogar o réu. Em suma, a instrução deverá ser refeita, até mesmo em face da nova redação do art. 399, § 2º, do Código de Processo Penal, que diz que a sentença deve ser prolatada por juiz que tenha presidido a audiência.

SINOPSES JURÍDICAS

8.2. JUÍZO DA CAUSA

Preclusa a decisão de pronúncia, encerrada estará a primeira fase do procedimento do júri, o que determina o encaminhamento dos autos ao juiz presidente do Tribunal do Júri (art. 421).

Inicia-se, então, nova etapa procedimental da fase de conhecimento do processo do Júri.

A Reforma do Júri (Lei n. 11.689/2008) suprimiu a existência do libelo, peça escrita que inaugurava o juízo da causa e era oferecida pelo Ministério Público ou pelo querelante. Do libelo, que deveria espelhar a decisão de pronúncia e conter o nome do réu, bem como a exposição, deduzida por artigos, do fato criminoso e das circunstâncias que poderiam influir na fixação da pena, eram extraídos os quesitos da acusação que viriam a ser apresentados aos jurados.

A apresentação do libelo era, ainda, o momento oportuno para o requerimento de diligências e indicação de testemunhas para oitiva em plenário. Do recebimento de tal peça derivava o direito de o acusado apresentar resposta, denominada contrariedade.

A supressão do libelo, além de conferir maior celeridade ao procedimento – não somente a confecção da peça podia atrasar o desenvolvimento do feito, mas, sobretudo, a necessidade de entregar-se cópia ao acusado, mediante recibo de próprio punho ou de alguém a seu rogo –, eliminou significativa fonte de nulidades, contribuindo para a redução de formalidades não essenciais à descoberta da verdade. Não acarretou, por outro lado, qualquer possibilidade de restrição ao pleno exercício da defesa, uma vez que a acusação no juízo da causa, antes delimitada pelo libelo, passou a ser demarcada pela pronúncia.

De acordo com as novas regras, o juiz-presidente, ao receber os autos, determinará a intimação do órgão do Ministério Público ou do querelante e, ainda, do defensor, para que, no prazo de 5 dias, apresentem rol de testemunhas que pretendem ouvir em plenário, até o máximo de 5, requeiram diligências e juntem documentos (art. 422).

Manifestando-se as partes por meio dessas peças inominadas ou escoando-se o prazo, o juiz, depois de deliberar sobre o requerimento de provas a serem produzidas ou exibidas e de adotar as providências pertinentes para sua produção ou juntada, determinará a realização de diligências necessárias ao saneamento de eventuais nulidades e, em seguida, fará relatório sucinto do processo (art. 423). O relatório deve encerrar exposição comedida do procedimento, para que não haja influência sobre os jurados.

Efetivadas tais medidas, o juiz declarará o processo preparado, determinando sua inclusão na pauta de julgamento da próxima reunião periódica do Tribunal do Júri. Com essa decisão, supera-se a fase preparatória do juízo da causa.

Observação: Na hipótese de a lei local de organização judiciária não atribuir ao presidente do Tribunal do Júri o preparo para julgamento, o juiz competente deverá remeter os autos do processo preparado até 5 dias antes da data de sorteio dos jurados que servirão na reunião periódica seguinte (art. 424).

8.2.1. DESAFORAMENTO

A lei admite o desaforamento do julgamento pelo Júri, isto é, o deslocamento do processo de um foro para outro, em quatro hipóteses:

a) interesse da ordem pública (art. 427): nos casos em que a realização do julgamento importar risco para a paz social local ou para a incolumidade dos jurados;

b) dúvida sobre a imparcialidade do júri (art. 427): hipótese em que, por motivos de favoritismo ou perseguição, há elementos que indiquem que os jurados não apreciarão a causa com isenção;

Processo penal – Procedimentos, nulidades e recursos

c) dúvida sobre a segurança pessoal do réu (art. 427): quando houver prova de risco para incolumidade física do acusado;

d) não realização do julgamento, no período de seis meses a contar da preclusão da pronúncia, em virtude de comprovado excesso de serviço (art. 428): trata-se de medida destinada a fazer valer a garantia constitucional de duração razoável do processo (art. 5º, LXXVIII, da CF). Não serão computados, para fins de contagem do prazo, os períodos relativos a adiamentos, diligências e incidentes de interesse da defesa.

O desaforamento, causa de derrogação da competência do Tribunal do Júri do foro do delito, tem como efeito o deslocamento do julgamento para comarca da mesma região, preferencialmente as mais próximas.

Procedimento. Nas três primeiras hipóteses (itens *a*, *b* e *c*), o desaforamento pode ocorrer em virtude de requerimento das partes, inclusive do assistente, ou de representação do juiz. No último caso (item *d* – demora no julgamento em razão de comprovado excesso de serviço), só é admissível o desaforamento por provocação das partes.

Compete à segunda instância apreciar o pedido de desaforamento, que terá preferência de julgamento na Câmara ou Turma (art. 427, § 1º). Antes de decidir, o tribunal ouvirá o órgão do Ministério Público que oficiar em segundo grau.

Se o desaforamento não for proposto pela defesa, será obrigatória a manifestação desta. De acordo com a Súmula 712 do Supremo Tribunal Federal, "é nula a decisão que determina o desaforamento de processo da competência do Júri sem audiência da defesa".

O juiz sempre prestará informações, salvo no caso de ter ele próprio representado ao tribunal solicitando desaforamento.

Se o tribunal decidir pelo desaforamento do julgamento, indicará para qual comarca da região será deslocado, dentre aquelas nas quais não existam os mesmos motivos que ensejaram a medida derrogatória.

O pedido de desaforamento, em regra, não tem efeito suspensivo. Assim, se o julgamento pelo júri for realizado antes de apreciado o pedido pelo tribunal, a questão restará prejudicada. Pode o relator, contudo, determinar a suspensão do julgamento pelo júri até sua decisão, caso repute relevantes os motivos alegados (art. 427, § 2º).

Não é admissível requerer o desaforamento: **a)** na pendência de recurso contra a pronúncia; **b)** quando já realizado o julgamento, salvo se o fato que embasa o pedido tiver ocorrido durante ou após a realização de julgamento anulado (art. 427, § 4º).

Uma vez que são definitivos os efeitos do desaforamento, não se procederá ao reaforamento do julgamento (retorno ao foro do delito), ainda que não mais subsistam as causas que determinaram o deslocamento. Poderá a causa retornar ao foro original, no entanto, em caso de novo desaforamento (inversão completa da situação fática).

Indeferido o desaforamento pelo tribunal, só será admitido segundo pedido se fundado em novos motivos.

Observações:

1) Antes do advento da Lei n. 11.689/2008, o assistente de acusação não podia requerer o desaforamento, ao passo que a demora para julgamento só autorizava o desaforamento se perdurasse por um ano, a contar do recebimento do libelo.

2) A Reforma do Júri introduziu a possibilidade de a superior instância determinar a inclusão de processo para julgamento em determinada reunião periódica. A adoção de tal providência, que pressupõe a existência de requerimento do acusado, depende da inexistência de excesso de serviço e da compatibilidade com a pauta (art. 428, § 2º). Em tal hipótese, existe data disponível para julgamento dentro da reunião periódica seguinte, mas o juiz não o designa. O réu, então, requer ao tribunal a sua inclusão na pauta e a superior instância a determina.

SINOPSES JURÍDICAS

8.2.2. ORGANIZAÇÃO DA PAUTA DA SESSÃO PERIÓDICA

Salvo relevante motivo que autorize alteração na ordem de julgamento dos processos, terão preferência (art. 429):

1) os acusados presos;

2) dentre os presos, os mais antigos na prisão;

3) em igualdade de condições, os que tiverem sido pronunciados há mais tempo.

Antes da data designada para o primeiro julgamento da reunião periódica, será afixada na porta do edifício do Tribunal do Júri lista dos processos a serem julgados.

O juiz-presidente deverá reservar datas na mesma reunião periódica para inclusão de eventuais processos que venham a ter os julgamentos adiados (art. 429, § 2º).

O assistente que ainda não tiver sido admitido nos autos poderá requerer sua habilitação até 5 dias antes da data do julgamento no qual pretenda atuar (art. 430).

Estando o processo em ordem, serão realizadas as intimações para sessão de julgamento, de acordo com as seguintes regras:

a) intimação pessoal do acusado, do Ministério Público e do defensor, se nomeado, bem como do ofendido, testemunhas e peritos. Se o réu, todavia, não for encontrado para intimação pessoal, será intimado por edital;

b) intimação pela imprensa do defensor constituído, do querelante e do assistente do Ministério Público.

Os 25 jurados sorteados para a reunião periódica serão convocados pelo correio ou por qualquer outro meio hábil para comparecer nas datas dos julgamentos designados (art. 434, *caput*).

8.2.3. JULGAMENTO EM PLENÁRIO

A instalação da sessão e o julgamento pelo júri obedecerão às seguintes fases:

1ª) Até o momento da abertura dos trabalhos, o juiz decidirá sobre isenção ou dispensa de jurado que a tenha requerido e deliberará sobre eventual pedido de adiamento do julgamento.

2ª) Verificação da presença das partes e testemunhas: antes de instalar a sessão de julgamento, o juiz verificará se o Ministério Público (eventualmente, também o querelante), o defensor, o acusado e as testemunhas estão presentes.

A falta do membro do Ministério Público importará adiamento do julgamento para o primeiro dia útil desimpedido (art. 455, *caput*). Caso seja injustificada a ausência, deverá o juiz expedir ofício ao Procurador-Geral de Justiça, para que, a seu critério, adote as medidas administrativas cabíveis, nomeando outro órgão para participar do júri, se entender necessário (art. 455, parágrafo único).

A falta justificada do defensor também ensejará o adiamento. Se, todavia, o advogado do réu faltar sem justo motivo, o julgamento será adiado uma única vez, devendo o juiz comunicar a Defensoria Pública ou nomear defensor dativo para proceder à defesa na próxima data, observado o prazo de 10 dias, sem prejuízo do direito de o acusado comparecer nessa segunda oportunidade com defensor de sua confiança (art. 456).

Se faltar o acusado solto, o assistente ou o advogado do querelante, desde que intimados, não ocorrerá o adiamento do julgamento (art. 457).

Introduziu-se, é bom frisar, importante regra no tocante ao tema, já que, antes do advento da Reforma do Júri, apenas na hipótese de crime afiançável o julgamento poderia ser realizado sem a presença do acusado. Assim, passou a ser facultativa a presença do réu no

Processo penal – Procedimentos, nulidades e recursos

julgamento, medida, aliás, que melhor se afina com o princípio da plena defesa, pois é sabido que, em certos casos, a simples participação do acusado no julgamento pode prejudicar seus interesses.

Embora a lei não faça menção, é intuitivo que a demonstração, pelo réu, de justo motivo para o não comparecimento deve ensejar o adiamento.

A acusação pode, por outro lado, consignar a imprescindibilidade da presença do réu para eventual reconhecimento e para realização do interrogatório, caso em que a presença do acusado passa a ser compulsória.

Se o acusado preso não for conduzido, haverá adiamento para o primeiro dia desimpedido, salvo se houver pedido de dispensa da presença subscrito por ele e pelo defensor (art. 457, § 2º).

Ressalvado motivo de força maior, os pedidos de adiamento e as justificativas de não comparecimento devem ser submetidos ao juiz-presidente previamente.

Em não comparecendo o advogado do querelante (ação penal de iniciativa privada subsidiária da pública), o julgamento realizar-se-á, devolvendo-se a acusação ao Ministério Público. Se houver crime conexo de ação exclusivamente privada, a ausência injustificada do querelante acarreta a perempção em relação a tal ilícito. Se for justificada a ausência do procurador do querelante, haverá adiamento.

Apenas a ausência de testemunha arrolada em **caráter de imprescindibilidade** poderá adiar o julgamento, por uma única vez, e desde que haja indicação do endereço, assim como requerimento de intimação por mandado e, ainda, desde que não seja possível a imediata condução da testemunha à sessão. Assim, acaso não se tenha apontado o caráter imprescindível da testemunha, o julgamento será realizado sem seu comparecimento.

A falta não justificada da testemunha enseja a fixação de multa e responsabilização por crime de desobediência (art. 458).

As testemunhas residentes fora da comarca não estão obrigadas a deslocar-se até o local do julgamento para depor, mas poderão ser ouvidas por carta precatória, que deverá ser juntada aos autos para utilização em plenário.

É vedado o desconto no salário ou nos vencimentos das testemunhas a serviço do Tribunal do Júri (art. 459).

3ª) No dia do julgamento, as testemunhas que comparecerem serão recolhidas a lugar de onde não possam ouvir os debates, nem as respostas umas das outras (art. 460).

4ª) O juiz, depois de verificar se a urna contém as cédulas com os nomes dos 25 jurados sorteados, mandará que o escrivão proceda-lhes à chamada (art. 462).

5ª) Havendo o número mínimo de 15 jurados, o juiz-presidente declarará instalada a sessão e anunciará o processo a ser submetido a julgamento (art. 463). Computam-se, para esse cálculo, os jurados que posteriormente venham a ser excluídos por impedimento, suspeição ou incompatibilidade (art. 451). Não havendo o número mínimo, haverá sorteio de suplentes e será designada nova data para julgamento.

6ª) Em seguida, o oficial de justiça apregoará o representante do Ministério Público (e o querelante), o acusado e seu defensor, bem assim o assistente que tenha sido admitido no processo e as testemunhas.

Imediatamente após o pregão, devem ser arguidas as nulidades relativas que tenham ocorrido após a pronúncia, sob pena de preclusão, que acarretará a validade do ato (art. 571, V). Havendo arguição oportuna, o juiz deve apreciar a matéria referente ao vício alegado (art. 497, X).

Por entender que o uso de algemas no acusado durante o período em que permanecer em plenário pode influir para que os jurados predisponham-se a considerá-lo culpado, o legislador restringiu a possibilidade de utilização às hipóteses de absoluta necessidade para a ordem dos trabalhos, para a segurança das testemunhas ou para garantia da integridade física dos presentes (art. 474, § 3º). Assim, o uso de algemas durante sessão de julgamento pelo Tribunal do Júri, embora de natureza excepcional, é medida permitida pelo ordenamento, desde que haja decisão fundamentada da autoridade judicial para seu emprego: "O emprego de algemas durante a sessão plenária no Júri é medida excepcional, que exige fundamentação adequada. No caso, embora de maneira sucinta, a decisão que manteve o uso de algemas se embasou no pequeno número de policiais militares responsáveis pela segurança do local, no reduzido número de agentes responsáveis pela escolta e, por fim, tendo em vista o grande número de audiências que estavam designadas para aquela ocasião, de modo a garantir a segurança de todos os presentes não apenas na Sessão do Júri, mas também no Fórum" (HC 380.337/RJ, 5ª Turma, rel. Min. Felix Fischer, j. 10-10-2017, *DJe* 17-10-2017).

O Superior Tribunal de Justiça já proclamou que, por haver razoabilidade no pleito formulado por acusado preso, de substituição dos trajes habituais dos detentos (uniforme cedido pelo estabelecimento prisional) por roupas civis – em razão de seu legítimo interesse de apresentar-se da melhor forma ao júri –, não é dado ao juiz indeferir, de forma genérica, o pedido (STJ, RMS 60.575/MG, 5ª Turma, rel. Min. Ribeiro Dantas, j. 13-8-2019, *DJe* 19-8-2019). Nesse mesmo julgado, foi assentado, porém, que não caracteriza nulidade o simples comparecimento do acusado na sessão plenária com as vestimentas usuais dos presos, quando não houver pedido expresso em sentido contrário.

7ª) Antes do sorteio dos 7 jurados que comporão o Conselho de Sentença, o juiz os advertirá dos impedimentos constantes do art. 448 ("São impedidos de servir no mesmo Conselho marido e mulher; ascendente e descendente; sogro e genro ou nora; irmãos e cunhados, durante o cunhadio; tio e sobrinho; padrasto, madrasta ou enteado; e pessoas que mantenham união estável"), bem como das incompatibilidades legais por suspeição, em razão de parentesco com o juiz, com o promotor, com o advogado, com o réu ou com a vítima, nos moldes da regulamentação relativa aos juízes togados.

Estará, ainda, impedido de servir o jurado que (art. 449):

a) tiver funcionado em julgamento anterior do mesmo processo, independentemente do motivo que ensejou novo julgamento (Súmula 206 do STF);

b) em se cuidando de concurso de pessoas, houver participado de julgamento de outro acusado; e

c) tiver manifestado prévia disposição para condenar ou absolver o acusado.

Havendo impedimento por parentesco ou relação de convivência entre jurados, deve servir o que primeiro for sorteado (art. 450).

Nessa mesma oportunidade, os jurados serão advertidos, ainda, de que, uma vez sorteados, não poderão comunicar-se entre si nem com outrem e, tampouco, manifestar sua opinião sobre o processo, sob pena de exclusão e multa de 1 a 10 salários mínimos (art. 466, § 1º). A certificação nos autos de que a incomunicabilidade foi preservada, embora já fosse praxe, passou a ser obrigatoriedade (art. 466, § 2º). De se ver que a quebra do dever de incomunicabilidade enseja a nulidade do julgamento, desde que se trate de assunto referente ao processo ou à forma pela qual pretende decidir o jurado.

8ª) Segue-se o sorteio do Conselho de Sentença.

De urna contendo as cédulas com os nomes de todos os jurados presentes serão sorteados 7 para formação do Conselho de Sentença.

Ao retirar cada uma das cédulas da urna, o juiz a lerá, após o que a defesa e, depois dela, o Ministério Público poderão recusar, sem justificativa, até 3 jurados cada uma. Tal faculdade é denominada recusa peremptória. Além das recusas peremptórias (imotivadas), poderão

Processo penal – Procedimentos, nulidades e recursos

as partes recusar outros jurados, qualquer que seja a quantidade, desde que comprovem justo motivo (suspeição, impedimento ou incompatibilidade).

Se forem 2 ou mais réus, as recusas poderão ser feitas por um só defensor (art. 469).

Só haverá separação de julgamentos se, em razão das recusas, não for obtido o número mínimo de 7 jurados (art. 469, § 1º).

Se um jurado for recusado pela defesa de qualquer dos réus, estará automaticamente excluído da formação do Conselho, sem que seja necessário indagar aos defensores dos réus remanescentes e à acusação sobre a aceitação, mesmo que outro réu tenha aceitado anteriormente aquele jurado. Em outras palavras, a discrepância dos acusados no que diz respeito às recusas de jurados não mais enseja o desmembramento do julgamento. Essa importante inovação destinou-se a diminuir o desmembramento de processos em razão da falta de coincidência no tocante às recusas, ocorrência comum antes do advento da Lei n. 11.689/2008, já que a recusa de um jurado por parte de um réu e a aceitação por parte de outro ocasionavam a cisão do julgamento, salvo se a acusação também o recusasse.

Também com a finalidade de diminuir a probabilidade de o julgamento ser cindido na hipótese de multiplicidade de réus, ampliou-se para 25 o número de jurados convocados para cada reunião. Com isso, em não havendo ausência de jurados, mesmo que 5 réus e a acusação esgotem as recusas peremptórias a que têm direito, não haverá separação.

O art. 469, § 2º, cuida da definição de qual corréu será julgado em primeiro lugar no caso de eventual cisão do feito por incompatibilidade da escolha de jurados, prevendo que, se necessária a separação, terá preferência de julgamento o acusado a quem se atribua a autoria do fato ou, no caso de coautoria, aquele que estiver preso ou, dentre os presos, aquele há mais tempo encarcerado ou, ainda, em igualdade de condições, os precedentemente pronunciados.

Essa regra também constitui inovação em relação ao sistema anterior, que, em princípio, permitia que a acusação escolhesse o réu que seria julgado em primeiro lugar, fazendo coincidir com as dele as suas opções de aceitação e recusa de jurados.

Incumbe ao jurado, ao juiz-presidente, ao órgão do Ministério Público ou a qualquer funcionário declarar-se suspeito ou impedido. Caso isso não ocorra, as partes poderão arguir a suspeição ou impedimento.

O momento próprio para arguição de suspeição é aquele imediato ao do sorteio do jurado, sob pena de preclusão.

Se o jurado motivadamente recusado negar a existência de causa de suspeição ou incompatibilidade, caberá à parte comprová-la, após o que o juiz-presidente decidirá, de plano, a questão (art. 106). O não acolhimento de arguição de suspeição, impedimento ou incompatibilidade não suspenderá o julgamento, devendo, no entanto, constar dos autos seus fundamentos e o teor da decisão (art. 470).

Pode ocorrer que, devido às recusas peremptórias e arguições de suspeição, impedimento ou incompatibilidade, não exista número suficiente de jurados para formar o Conselho (estouro da urna). Nessa hipótese, o julgamento será adiado (art. 471).

9ª) Composto o Conselho, os jurados prestarão o compromisso de julgar a causa com imparcialidade (art. 472) e receberão cópia da pronúncia e de eventuais decisões posteriores que tenham admitido alteração da acusação, bem como do relatório do processo (art. 472, parágrafo único).

É permitido que o mesmo Conselho de Sentença conheça de mais de um processo no mesmo dia, desde que haja anuência das partes, hipótese em que novo compromisso será prestado (art. 452).

SINOPSES JURÍDICAS

10ª) **Atos de instrução probatória.**
Alterou-se a ordem de realização dos atos de instrução probatória, que antes se iniciavam pelo interrogatório do acusado e eram seguidos pela leitura de peças indicadas pelas partes. O interrogatório passou a ser o último ato de natureza probatória.

Iniciada a instrução, o ofendido e, em seguida, as testemunhas de acusação serão inquiridos sucessivamente pelo juiz, Ministério Público, assistente, querelante e defensor e, por fim, pelos jurados que desejarem, os quais arguirão por intermédio do juiz.

Passa-se, então, à inquirição das testemunhas arroladas pelo acusado, às quais o defensor perguntará logo após o juiz-presidente, mantendo-se, no mais, a ordem legal.

Ressalte-se que, também em plenário, as perguntas serão feitas pelas partes diretamente às testemunhas e ao ofendido, sem que haja intermediação por parte do juiz, o qual, no entanto, não admitirá as indagações impertinentes, repetidas ou que puderem induzir a resposta (art. 212, *caput*). No tocante às perguntas formuladas pelos jurados, vigora o sistema presidencialista de colheita de provas, em decorrência do qual as indagações são dirigidas ao juiz, que, por sua vez, as formula às testemunhas e ao ofendido.

Antes da realização do interrogatório, as partes e os jurados poderão requerer acareações, reconhecimento de pessoas e coisas e esclarecimentos dos peritos. Poderão, ainda, requerer leitura de peças relativas, exclusivamente, às provas colhidas por carta precatória e às provas cautelares, antecipadas ou não repetíveis (art. 473, § 3º). Em razão disso, as peças relativas aos atos processuais anteriores àqueles colhidos no dia do julgamento, tais como termos de testemunhos colhidos na fase do inquérito ou no sumário da culpa, só poderão ser lidas em voz alta por servidor do juízo, a pedido das partes, se estiver presente alguma das hipóteses citadas. Ex.: a leitura do depoimento da testemunha Mévio, prestado na fase do sumário da culpa, só poderá ser deferida se tal testemunha não prestou depoimento no dia do julgamento em plenário.

Pode-se concluir, por outro lado, que, malgrado tenha vedado a leitura de peças, com exceção daquelas relativas às provas que não poderiam ser produzidas em julgamento ou para cuja produção haveria grande dificuldade, a lei não proibiu as partes de, por ocasião dos debates, reproduzirem seu teor ou fazer menção a elas (art. 478). A intenção do legislador foi a de reduzir a leitura de peças durante o julgamento, restringindo as hipóteses em que tal leitura se mostra possível. Antes da Lei n. 11.689/2008, essa leitura era ilimitada e, em alguns julgamentos, chegava a durar muitas horas ou até dias, pois uma das partes havia solicitado a leitura do processo inteiro. Lembre-se de que essa leitura é feita por serventuário da justiça, sendo, em geral, monótona e repetitiva. Com a Reforma do Júri e a restrição das peças cuja leitura pode ser solicitada, pretendeu-se reduzir a duração do julgamento. De qualquer forma, durante o tempo reservado às partes para a sustentação oral (debates) em plenário, ficará a seu critério eventual leitura de peça, pois, nesse caso, existe limite máximo de tempo, cabendo à parte escolher como pretende utilizá-lo.

A instrução em plenário encerra-se com a realização do interrogatório do acusado, se estiver presente, oportunidade em que o direito de defesa poderá ser exercido pessoalmente (autodefesa).

As perguntas serão formuladas ao acusado diretamente, iniciando-se pelo Ministério Público. Em seguida, poderão inquirir o réu, na ordem, o assistente, o querelante e o defensor, e, ainda, os jurados que o desejarem, os quais formularão perguntas por intermédio do juiz (art. 474, §§ 1º e 2º).

Havendo mais de um réu, deverá o juiz interrogar cada qual em separado, de modo que aqueles que ainda serão ouvidos não ouçam os demais.

Com o intuito de imprimir maior celeridade na colheita da prova e de obter maior fidelidade, foram introduzidas inovações referentes à forma de registro dos depoimentos e do interrogatório, que poderá ser feito por meio de gravação magnética ou eletrônica, estenotipia ou técnica similar, cuja transcrição será posteriormente juntada aos autos (art. 475).

Processo penal – Procedimentos, nulidades e recursos

Provas novas. Preceitua o art. 479 do Código de Processo Penal que, durante o julgamento, não será permitida a leitura de documento ou a exibição de objeto que não tenha sido juntado aos autos com antecedência mínima de 3 dias, sob pena de ilegitimidade.

Está compreendida nessa proibição a leitura de jornais ou qualquer escrito, cujo conteúdo versar sobre a matéria de fato constante do processo, bem assim a exibição de vídeos, gravações, fotografias, laudos, quadros, croqui, armas ou instrumentos relacionados à infração, vestes da vítima etc.

Por outro lado, é permitida a leitura de jornais, revistas ou reportagens sobre fatos genéricos.

O desrespeito a essa norma caracteriza nulidade relativa.

11ª) **Debates**. Finda a instrução probatória, o Ministério Público disporá de 1h30 (uma hora e meia) para produzir a acusação, que deverá restringir-se aos termos da pronúncia ou de decisões posteriores que admitiram sua alteração, salvo no que respeita à arguição de circunstância agravante genérica, que poderá ser alegada a despeito de falta de menção na decisão de pronúncia. As agravantes genéricas são apreciadas e reconhecidas pelo juiz-presidente quando da prolação da sentença (art. 492, I, *b*), e não pelos jurados.

O Ministério Público, todavia, não está vinculado à imputação, podendo postular a desclassificação do delito e até mesmo a absolvição, mas nunca a condenação por outro crime mais grave.

Havendo assistente de acusação, que se pronunciará após o Ministério Público, deverá haver acordo em relação à distribuição do tempo para cada um se pronunciar.

Se não existir entendimento, deverá o juiz dividir o tempo entre eles, podendo aplicar analogicamente o art. 12, I, da Lei n. 8.038/90, que assegura ao assistente 1/4 do tempo destinado à acusação.

Na hipótese de ação penal de iniciativa privada subsidiária da pública, o Ministério Público manifestar-se-á após o querelante.

Concluída a acusação, a defesa terá 1h30 (uma hora e meia) para seu pronunciamento.

A defesa deve oferecer efetiva resistência à pretensão punitiva, não podendo concordar com a acusação em todos os seus termos. Nada impede, porém, que o defensor postule apenas o reconhecimento de circunstância favorável ao réu (privilégio, p. ex.), a desclassificação do crime etc.

A total insuficiência do desempenho do defensor acarretará, entretanto, a declaração de estar o réu indefeso, havendo, por consequência, a dissolução do Conselho de Sentença, hipótese em que outra data será designada para o julgamento, do qual participará novo defensor.

Após o término da exposição da defesa, a acusação terá a opção de ir à réplica, pelo prazo de 1 hora. A defesa, por sua vez, em havendo réplica, terá a faculdade da tréplica, por igual tempo.

Há corrente que entende ser proibido à defesa inovar na tréplica, apresentando tese até então não ventilada, pois haveria violação ao princípio do contraditório. Argumenta-se, em sentido contrário, que o princípio da ampla defesa faculta ao defensor lançar mão dessa estratégia para impedir a acusação de rebater seus argumentos.

Se houver mais de um acusado, será de 2h30 (duas horas e meia) o tempo para exposição de cada parte e de 2 horas o período destinado à réplica e à tréplica. Nessa hipótese, os defensores, se diversos, combinarão entre si a distribuição do tempo, que, na falta de entendimento, será dividido pelo juiz.

O art. 478 prevê restrições ao comportamento das partes durante os debates, vedando referência, sob pena de nulidade:

SINOPSES JURÍDICAS

a) à decisão de pronúncia, às decisões posteriores que julgaram admissível a acusação ou à determinação do uso de algemas como argumento de autoridade que beneficiem ou prejudiquem o acusado. Entende-se por argumento de autoridade (apelo ao respeito ou *argumentum ad verecundiam*) a defesa de uma tese por meio da invocação do peso do prestígio do emissor de uma opinião.

Essa regra deriva da percepção de que há grande suscetibilidade dos jurados aos argumentos utilizados por magistrado que julgou admissível a acusação ou que determinou que o réu permanecesse algemado durante o julgamento, o que poderia dificultar a imparcial apreciação dos fatos.

Assim, embora não seja vedada a referência aos termos das decisões em questão, haverá nulidade acaso o orador – acusação ou defesa – afirme aos jurados (ou insinue) que a condição do prolator é indicação do grau de acerto de determinada afirmação inserta no ato decisório. Sobre o tema, confira-se: STJ, REsp 1.190.757/DF, 6ª Turma, rel. Min. Maria Thereza de Assis Moura, *DJe* 14-6-2013.

A parte que houver dado causa a essa nulidade ou para ela concorrido não poderá dela valer-se para invalidar o julgamento (art. 565);

b) ao silêncio do acusado ou à ausência de interrogatório por falta de requerimento, em seu prejuízo. A lei também proíbe que se faça menção, em desfavor do réu, à circunstância de ter permanecido em silêncio por ocasião do interrogatório ou à sua ausência na sessão de julgamento.

Como os antecedentes criminais do acusado não foram mencionados nos incisos do art. 478 do Código, não há óbice à sua menção em plenário, por qualquer das partes.

Cabe ao juiz, por sua vez, disciplinar os apartes (intervenção de uma das partes durante a fala da outra), podendo conceder até 3 minutos para cada aparte, com o devido acréscimo do tempo ao orador que estiver com a palavra (art. 497, XII).

Observações:

1) A acusação, a defesa e os jurados, a qualquer momento, poderão pedir ao orador, por intermédio do juiz, que indique a folha dos autos em que se encontra a peça por ele lida ou citada. Aos jurados, pelo mesmo meio, é facultado pedir esclarecimento de fato alegado pelo orador (art. 480, *caput*).

2) O público não pode interferir no julgamento por meio de manifestações no plenário, cabendo ao juiz-presidente coibi-las.

3) As partes não poderão, nos debates, atestar a ocorrência ou inocorrência de fato que tenham presenciado, relacionado ao objeto do processo, pois esse depoimento implicaria produção de prova nova e surpresa para o oponente.

4) Em 12 de março de 2021, o Plenário da Corte Suprema, no julgamento da Arguição de Descumprimento de Preceito Fundamental (ADPF) 779, por votação unânime, reconheceu a inconstitucionalidade da tese da legítima defesa da honra e proibiu sua utilização em processos que versem sobre a agressão ou morte de mulheres por seus atuais ou ex-companheiros, por contrariar o preceito constitucional da dignidade da pessoa humana. Por essa razão, os defensores estão proibidos de sustentar mencionada tese em plenário, sob pena de nulidade.

12ª) Após a tréplica (fala final da defesa), poderá realizar-se diligência, inclusive a reinquirição de testemunhas, desde que essencial para o julgamento da causa e de que haja possibilidade de o ato praticar-se sem quebra da incomunicabilidade.

Acaso mostre-se impossível a realização de diligência considerada essencial pelo juiz, sem quebra da incomunicabilidade ou por se tratar de diligência de realização demorada, os

Processo penal – Procedimentos, nulidades e recursos

trabalhos serão interrompidos e o Conselho de Sentença, dissolvido, iniciando-se novo julgamento após a produção da prova (art. 481).

13ª) Os jurados, então, serão consultados pelo juiz se estão suficientemente informados para o julgamento da causa (art. 480, § 1º). Se houver dúvida sobre questão de fato, o juiz prestará esclarecimentos à vista dos autos (art. 480, § 2º). Os jurados poderão, ainda, ter acesso aos autos e aos instrumentos do crime se assim o solicitarem ao juiz-presidente (art. 480, § 3º).

14ª) **Formulação dos quesitos**.

Importantes alterações foram introduzidas em relação ao sistema de quesitação, com a finalidade de torná-lo mais simples e objetivo.

Os quesitos, que serão elaborados de forma congruente com os termos da pronúncia ou de decisões posteriores que admitiram alteração na acusação, e levarão também em conta as teses levantadas no interrogatório e nas alegações das partes, consistirão em proposições afirmativas que possam ser respondidas com clareza e precisão pelos jurados. É obrigatória a inclusão de quesito versando sobre a tese apresentada pelo acusado em seu interrogatório, ainda que não tenha o defensor feito menção a ela nos debates em plenário.

O juízo acerca da procedência ou improcedência da pretensão punitiva será feito pelos jurados por meio de respostas a três indagações básicas (materialidade, autoria e se o acusado deve ser absolvido). Se afirmada a condenação, os jurados serão ainda questionados a respeito de causas de diminuição de pena alegadas pela defesa, qualificadoras e causas de aumento de pena, e eventuais teses desclassificatórias do delito. De qualquer forma, pelo novo sistema eliminaram-se as complexas e extensas séries de quesitos que eram endereçadas aos jurados para decisão sobre teses defensivas. Anteriormente, a quesitação das excludentes de ilicitude, como a legítima defesa, era feita de forma desmembrada, ou seja, havia tantos quesitos quantos fossem os requisitos para configuração da excludente invocada. Dependendo do resultado da votação, o juiz devia, ainda, formular quesito sobre a presença de eventual excesso por parte do réu, o que tornava o tema extremamente técnico e complexo para os jurados, que são leigos. Conforme se verá a seguir, a quesitação aos jurados foi bastante simplificada pela Lei n. 11.689/2008.

Nos termos do art. 483 do Código de Processo Penal, a formulação dos quesitos pelo juiz obedecerá à seguinte ordem:

a) Indagação sobre a materialidade do crime (ex.: No dia 1º de janeiro de 2013, por volta de 8 horas, na Rua da Justiça, neste município, foram disparados projéteis de arma de fogo em direção a Tício, provocando-lhe as lesões corporais descritas no laudo necroscópico, que, por sua vez, foram a causa da morte do ofendido?).

b) Indagação sobre a autoria ou participação (ex.: O acusado foi autor desses disparos?).

c) Apresentação de quesito sobre a culpabilidade do acusado, cuja redação é prevista em lei: O jurado absolve o acusado? Trata-se de quesito obrigatório, cuja supressão acarreta a nulidade do julgamento (Súmula 156 do STF) e que deve ser formulado sempre que pelo menos 4 jurados responderem afirmativamente aos dois primeiros.

Esse quesito abarca todas as teses defensivas cujo acolhimento importe em absolvição do réu.

Caso, todavia, haja alegação de inimputabilidade por doença mental ou desenvolvimento mental incompleto ou retardado do réu (art. 26, *caput*, do CP), existirá necessidade de distinguir o fundamento de eventual absolvição, já que isso será essencial para definir se haverá aplicação de medida de segurança. Nessa hipótese, deverá o juiz, alertando os jurados de que o terceiro quesito (obrigatório) não contempla a tese de insanidade, dirigir aos jurados, logo em seguida, pergunta sobre a imputabilidade do réu (ex.: Era o acusado, ao tempo da ação, em razão de doença mental ou de desenvolvimento mental incompleto ou retar-

SINOPSES JURÍDICAS

60

dado, inteiramente incapaz de entender o caráter ilícito do fato ou de determinar-se de acordo com esse entendimento?).

d) Indagação sobre a existência de causa de diminuição de pena alegada pela defesa, como privilégio, semi-imputabilidade etc. (ex.: O réu agiu sob o domínio de violenta emoção logo em seguida a injusta provocação da vítima?).

e) Indagação sobre existência de circunstância qualificadora ou causa de aumento de pena reconhecidas na pronúncia ou em decisões posteriores que a admitiram (ex.: O réu praticou o crime por motivo torpe?).

Observações:

a) Se sustentada a desclassificação da infração para outra de competência do juiz singular, haverá formulação específica de quesito sobre a alegação em questão, que deverá ser apreciada após a 2ª ou 3ª indagação, conforme o caso (art. 483, § 4º).

Saliente-se que, no atual sistema, não mais é feita quesitação específica em torno das excludentes de ilicitude, como a legítima defesa. Indaga-se, genericamente, aos jurados se eles absolvem o réu. Por isso, se eles negarem tal quesito, o juiz só indagará a respeito do excesso culposo se essa tese tiver sido alegada por uma das partes ou pelo réu em plenário.

b) Se for sustentada tese de crime contra a vida na forma tentada ou se houver pedido de reconhecimento de capitulação diversa, mas também de competência do Júri – ex.: pedido de condenação por infanticídio de réu pronunciado por homicídio –, o quesito correspondente será formulado após o 2º (art. 483, § 5º).

c) Havendo mais de um acusado, deve-se formular um questionário para cada um. No caso de pluralidade de crimes, haverá uma série de quesitos para cada infração (art. 483, § 6º).

15ª) Os quesitos serão lidos em público pelo juiz, que indagará das partes se têm alguma reclamação ou requerimento em relação a eles. A ausência de impugnação gera a preclusão da faculdade de arguir deficiência dos quesitos. Em havendo impugnação, o juiz decidirá de imediato se efetua ou não alteração, devendo tudo constar da ata (art. 484, *caput*).

16ª) O juiz explicará o significado de cada um dos quesitos aos jurados e indagará se eles têm alguma dúvida que possa ser esclarecida (art. 484, parágrafo único).

17ª) O juiz, os jurados, o representante do Ministério Público, o assistente, o querelante, o defensor do acusado, o escrivão e o oficial de justiça passarão à sala especial (sala secreta), onde, sem a presença do réu, será realizada a votação (art. 485, *caput*).

Na falta de sala especial, o réu e o público em geral serão retirados do plenário, assim também outros servidores e policiais (art. 485, § 1º).

Em seguida, as partes serão advertidas, pelo juiz-presidente, de que qualquer intervenção que possa perturbar a livre manifestação dos jurados ocasionará a expulsão da sala (art. 485, § 2º).

18ª) Votação. Antes de proceder-se à votação dos quesitos, o juiz mandará distribuir aos jurados pequenas cédulas, feitas de papel opaco e facilmente dobráveis, contendo umas a palavra sim e outras a palavra não, a fim de, secretamente, serem recolhidos os votos.

Terá início, então, a votação, que ensejará a decisão por maioria de votos. O voto de cada jurado será depositado em uma urna e a cédula restante (descarte) em outra, após o que se verificará se há sete cédulas em cada um dos receptáculos.

Abertos os votos, o juiz determinará o registro do resultado de cada votação, conferindo, em seguida, as cédulas descartadas pelos jurados. A redação do § 1º do art. 483 ensejou o surgimento de corrente doutrinária que preconiza deva o juiz interromper a abertura das cédulas com os votos dos jurados sempre que constatar a existência de quatro votos favoráveis a determinada tese. Tal interpretação é equivocada, pois referido dispositivo diz que o juiz deve parar a própria votação (e não a contagem dos votos) se quatro ou mais jurados

Processo penal – Procedimentos, nulidades e recursos

refutarem a materialidade ou a autoria ou participação do réu no crime. Ademais, existe previsão expressa no sentido de que o juiz deve registrar nos autos o resultado da votação de cada quesito (art. 488, *caput*), e que também deve fazer constar do termo a conferência das cédulas não utilizadas (art. 488, parágrafo único), o que, por si só, leva à conclusão de que a apuração de todos os votos é necessária, mesmo que a maioria seja constatada antes da abertura da última cédula.

O Superior Tribunal de Justiça, todavia, já proclamou que o escrutínio de cada quesito deve ser interrompido quando já alcançado o resultado pela maioria de votos: "O procedimento adotado pelo Presidente do Tribunal do Júri, de interrupção na apuração dos votos de determinado quesito, quando já atingido *quorum* necessário para se alcançar o resultado final, não macula o feito, eis que dessa prática não decorre prejuízo ao acusado, não caracterizando, desse modo, nulidade sequer relativa (Precedentes). Outrossim, além de tal procedimento há muito ser chancelado por esta Corte, a Lei n. 11.698/2008, ao alterar o art. 483, do CPP, previu, expressamente, nos §§ 1º e 2º, que se adote esta orientação" (STJ, REsp 957.993/RN, 5ª Turma, rel. Min. Felix Fischer, *DJe* 22-6-2009). Decidiu, por outro lado, que não há nulidade caso o juiz continue a contagem de todos os votos: "Em que pese a previsão legal do encerramento do escrutínio quando atingida a maioria dos votos do Conselho de Sentença, mencionada nos §§ 1º e 2º do art. 483 do Código de Processo Penal, este Superior Tribunal de Justiça decidiu que o prosseguimento na apuração dos votos constitui mera irregularidade" (STJ, AgRg no AREsp 328.808/SP, 5ª Turma, rel. Min. Walter de Almeida Guilherme (Desembargador convocado do TJ/SP), j. 18-12-2014, *DJe* 2-2-2015).

Havendo contradição entre as respostas dos quesitos, o juiz fará explicação objetiva apontando a incongruência e procederá a nova votação (art. 490, *caput*), sob pena de nulidade. Ex.: réu acusado por crimes de homicídio e porte ilegal de arma. Os jurados afastam a autoria do homicídio e reconhecem a autoria no crime de porte ilegal, porém, em outro quesito, reconhecem que o crime de porte de arma fica absorvido pelo homicídio. Ora, se os jurados afastaram a autoria do homicídio, há contradição na decisão que diz que o porte de arma fica absorvido por aquele crime.

É importante ressaltar, no entanto, que "a contradição que se revela apta a gerar a nulidade processual é somente aquela que se manifesta nos votos proferidos pela maioria dos Jurados, não sendo possível inferi-la da eventual incoerência de um ou de alguns votos minoritários" (STF, HC 71.800/RS, 1ª Turma, rel. Min. Celso de Mello, j. 20-6-1995, *DJ* 3-5-1996, p. 13899).

Os quesitos cuja apreciação restar prejudicada por resposta anterior serão desconsiderados (art. 490, parágrafo único).

19ª) Sentença. A sentença deve espelhar o veredicto do Júri. Nela não constará motivação quanto ao mérito da decisão, já que os votos proferidos pelos jurados não são acompanhados de fundamentação. Assim, basta ao juiz fazer menção ao resultado da votação e declarar o réu condenado ou absolvido.

Já em relação à aplicação da pena ou da medida de segurança, no entanto, há necessidade de fundamentação.

Em caso de condenação, incumbirá ao juiz aplicar a pena e decidir pela existência ou inexistência das circunstâncias agravantes ou atenuantes genéricas alegadas nos debates (art. 492, I, *b*). As agravantes e atenuantes genéricas são aquelas previstas nos arts. 61, 62, 65 e 66 do Código Penal. Antes do advento da Lei n. 11.689/2008, eram os jurados que decidiam a esse respeito.

De acordo como art. 492, I, *e*, do Código de Processo Penal, com a redação dada pela Lei n. 13.964/2019, o juiz mandará o acusado recolher-se à prisão ou recomendá-lo-á à prisão em que se encontra, se presentes os requisitos da prisão preventiva.

Além disso, no caso de condenação a uma pena igual ou superior a 15 anos de reclusão, determinará a execução provisória das penas, com expedição do mandado de prisão, se for o caso, sem prejuízo do conhecimento de recursos que vierem a ser interpostos. Por lógica, o § 4º desse dispositivo dispõe que a apelação interposta contra decisão condenatória do Tribunal do Júri a pena igual ou superior a 15 (quinze) anos de reclusão não terá efeito suspensivo. O § 3º, por sua vez, prevê que o juiz-presidente poderá, excepcionalmente, deixar de autorizar a execução provisória da pena em tal hipótese, se houver questão substancial cuja resolução pelo tribunal ao qual competir o julgamento possa plausivelmente levar à revisão da condenação. Além disso, o § 5º estabelece que, excepcionalmente, poderá o tribunal atribuir efeito suspensivo à apelação de que trata o § 4º, quando verificado cumulativamente que o recurso: I – não tem propósito meramente protelatório; e II – levanta questão substancial e que pode resultar em absolvição, anulação da sentença, novo julgamento ou redução da pena para patamar inferior a 15 (quinze) anos de reclusão. A palavra absolvição evidentemente constou por equívoco deste dispositivo, pois o Tribunal ad quem não pode absolver pessoas condenadas pelo Tribunal do Júri em razão do princípio constitucional da soberania dos veredictos.

O pedido de concessão de efeito suspensivo poderá ser feito incidentemente na apelação ou por meio de petição em separado dirigida diretamente ao relator, instruída com cópias da sentença condenatória, das razões da apelação e de prova da tempestividade, das contrarrazões e das demais peças necessárias à compreensão da controvérsia (§ 6º).

Em relação ao assunto, existe, no Supremo Tribunal Federal, Recurso Extraordinário no qual foi reconhecida a repercussão geral, de modo que o Plenário da Corte Suprema apreciará o tema (n. 1.068) para decidir se a soberania dos veredictos do Júri autoriza a imediata execução da pena imposta após o julgamento pelo Conselho de Sentença, ou se a decretação imediata e automática da prisão fere o princípio da presunção de inocência.

É possível que o júri não condene o réu pela prática de crime doloso contra a vida e também não o absolva dessa imputação, desclassificando a infração para outra de competência do juízo singular, hipótese em que o juiz suspenderá a votação e proferirá sentença (art. 492, § 1º). Ex.: desclassificação de tentativa de homicídio para lesão corporal grave. Essa providência, ou seja, o julgamento da causa pelo juiz-presidente, também será adotada se a desclassificação for para infração de menor potencial ofensivo (p. ex., tentativa de homicídio para lesões leves), aplicando-se, nesse caso, as regras da Lei n. 9.099/95.

Se o réu estiver sendo julgado por crime doloso contra a vida e por outro conexo, de diversa natureza, e houver absolvição em relação ao primeiro, caberá aos jurados apreciar a responsabilidade do acusado em relação ao outro, uma vez que, ao julgarem o mérito da infração de competência do júri, entenderam-se competentes para a análise das demais.

Em caso de desclassificação do crime doloso contra a vida, porém, o crime conexo de natureza diversa será julgado pelo juiz-presidente (art. 492, § 2º).

No caso de sentença absolutória, o juiz mandará colocar o réu em liberdade, se por outro motivo não estiver preso.

Proferida a sentença, será esta publicada em plenário, mediante leitura na presença do réu e dos circunstantes, e, após, declarada encerrada a sessão.

20ª) Ata da sessão de julgamento. Em cada julgamento o escrivão lavrará ata, que levará a assinatura do juiz e das partes, na qual estarão registrados, obrigatoriamente, todos os acontecimentos da sessão, em especial: a data e hora da instalação dos trabalhos; o magistrado que presidiu a sessão e os jurados presentes; os jurados faltosos e informação sobre eventuais sanções aplicadas; a existência de requerimento de dispensa; o sorteio de jurados su-

Processo penal – Procedimentos, nulidades e recursos

plentes; eventual adiamento da sessão e os motivos que o determinaram; a abertura da sessão e a presença das partes; o pregão e a sanção imposta aos faltosos; as testemunhas dispensadas e a separação delas para que não ouçam os depoimentos umas das outras; a verificação das cédulas pelo juiz; a formação do Conselho de Sentença; o compromisso e a realização do interrogatório; os debates e as alegações das partes; os incidentes; o julgamento da causa; e a publicidade dos atos da instrução, das diligências e da sentença (art. 495).

8.3. ATRIBUIÇÕES DO JUIZ-PRESIDENTE

Dentre as atribuições do juiz-presidente, destacam-se (art. 497):

a) regular a polícia das sessões e mandar prender os desobedientes;

b) dirigir os debates, de modo a intervir em caso de abuso, assim como regulamentar os apartes.

Trata-se de importantíssima atuação cometida ao juiz-presidente, que deve evitar, ante abuso ou excesso das partes, a postura de mero expectador inerte do julgamento, intervindo, sempre que necessário e com a firmeza precisa para assegurar a regularidade dos trabalhos e a isenção na busca da verdade, sem que isso importe em violação do dever de imparcialidade;

c) decidir as questões incidentes que não dependam de pronunciamento do júri e as questões de direito suscitadas no curso do julgamento;

d) zelar pelo efetivo exercício do direito de defesa e, em verificando a insuficiência da atuação do defensor, declarar o réu indefeso e dissolver o Conselho;

e) interromper a sessão para refeição ou repouso dos jurados e, ainda, para prolação de sentença;

f) ordenar a retirada do acusado que embaraçar a realização do julgamento;

g) ordenar a realização de diligências que se mostrarem necessárias para o esclarecimento da verdade (poder instrutório) ou para sanar nulidade; e

h) decidir, de ofício ou a requerimento, a arguição de extinção de punibilidade.

8.4. PROTESTO POR NOVO JÚRI

A Lei n. 11.689/2008 suprimiu a existência do protesto por novo júri, que era um recurso exclusivo da defesa e passível de interposição quando ao acusado era aplicada, em primeira instância, pena igual ou superior a 20 anos referente a um único crime contra a vida.

Tal recurso, que era dirigido ao juiz presidente do Tribunal do Júri e podia ser utilizado uma única vez, tinha por finalidade submeter o réu a novo julgamento.

Para o provimento do recurso e consequente submissão do réu a novo julgamento, bastava a constatação de que ao acusado havia sido imposta pena no citado patamar, independentemente da existência de erro, injustiça ou nulidade na decisão impugnada.

A eliminação do protesto por novo júri, além de evitar a repetição injustificada do julgamento e proporcionar prestação jurisdicional definitiva mais célere, resgatou as condições para aplicação de pena justa, que muitas vezes era fixada aquém de 20 anos, mesmo em gravíssimos casos, somente para impedir que o réu pudesse valer-se do recurso.

Tendo em vista que a recorribilidade é regida pela lei em vigor na data em que a decisão foi publicada, é irrelevante se o fato foi praticado ou não antes da vigência da lei que suprimiu o recurso em questão.

O Superior Tribunal de Justiça já se manifestou nesse sentido, ou seja, afirmou que a recorribilidade se submete à legislação vigente na data em que a decisão foi publicada (*tem-*

pus regit actum), daí por que o que é relevante, para verificar a possibilidade de manejo de protesto por novo júri, é se o julgamento ocorreu antes ou depois da vigência da Lei n. 11.689/2008, que suprimiu o recurso em questão (HC 89.090/MS e REsp 1.094.482/RJ, ambos julgados pela 5ª Turma).

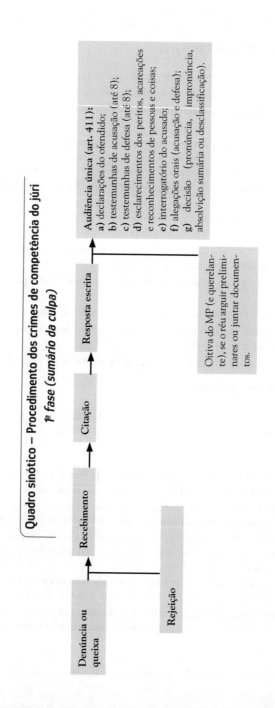

Quadro sinótico – Procedimento dos crimes de competência do júri
2ª fase (juízo da causa)

Recebimento dos autos, após a preclusão da pronúncia, pelo juiz-presidente do Tribunal do Júri.

→

Intimação das partes para, em 5 dias, apresentarem rol de testemunhas, requererem diligências e juntarem documentos.

→

Deliberação judicial acerca de requerimento de provas; saneamento de eventuais nulidades; elaboração de relatório do processo e determinação de inclusão do feito na pauta de julgamento pelo júri.

Fim da etapa preparatória

→

Julgamento em plenário:
a) verificação da presença das partes e da suficiência do número de jurados;
b) sorteio dos jurados para composição do Conselho de Sentença;
c) oitiva da vítima;
d) testemunhas de acusação (até 5);
e) testemunhas de defesa (até 5);
f) acareações, reconhecimento de pessoas e coisas e esclarecimento dos peritos, bem como leitura de peças que se refiram, exclusivamente, às provas colhidas por carta precatória e às provas cautelares, antecipadas ou não repetíveis;
g) interrogatório do acusado (se presente);
h) fala da acusação (uma hora e meia);
i) fala da defesa (uma hora e meia);
j) réplica (uma hora);
k) tréplica (uma hora);
l) reinquirição de testemunhas e realização de diligências essenciais, se requeridas e deferidas;
m) elaboração do questionário e votação;
n) sentença;
o) elaboração de ata.

PROCEDIMENTO NOS CRIMES CONTRA A HONRA

Os crimes contra a honra são a calúnia, a difamação e a injúria. O rito do Código de Processo Penal, entretanto, somente se aplica aos crimes contra a honra previstos no Código Penal, uma vez que para aqueles descritos em lei especial existem regras próprias (Código Penal Militar e Código Eleitoral).

1 AÇÃO PENAL NOS CRIMES CONTRA A HONRA

Nos termos do art. 145 do Código Penal, a ação penal é privada. Há, todavia, quatro exceções:

a) se a ofensa for contra funcionário público em razão de suas funções, ou contra os Presidentes do Senado Federal, da Câmara dos Deputados ou do Supremo Tribunal Federal, a ação penal é pública condicionada à representação;

b) se a ofensa for contra o Presidente da República ou chefe de governo estrangeiro, a ação é pública condicionada à requisição do ministro da justiça;

c) no crime de injúria real, se a vítima sofrer lesões, a ação será pública incondicionada;

d) no crime de injúria preconceituosa (art. 140, § 3º, do CP), a ação é pública condicionada à representação. Nessa figura, o crime de injúria é qualificado por envolver a utilização de elementos referentes à religião do ofendido ou à condição de pessoa idosa ou com deficiência. O crime de injúria racial está atualmente descrito no art. 2º-A da Lei n. 7.716/89, em razão das modificações feitas pela Lei n. 14.532/2023. Nessa modalidade de lei especial, que tem pena maior, a injúria consiste na utilização de elementos em razão de raça, cor, etnia ou procedência nacional da vítima. Na injúria racial, a ação penal é pública incondicionada.

Observação: Apesar de estas quatro exceções estarem expressas no mencionado art. 145, é necessário lembrar dois aspectos relevantes. O primeiro é que a Súmula 714 do STF estabeleceu que "é concorrente a legitimidade do ofendido, mediante queixa, e do Ministério Público, condicionada à representação do ofendido, para a ação penal por crime contra a honra de servidor público em razão do exercício de suas funções". Para o STF, a possibilidade de o servidor oferecer representação é um benefício que a lei lhe confere, de modo que, se ele quiser, poderá abrir mão do benefício e ingressar com queixa-crime. O segundo aspecto relevante é que, após o advento da Lei n. 9.099/95, passou-se a entender que, no crime de injúria real, a ação só será pública incondicionada se a lesão sofrida pela vítima for grave; se for leve, a ação penal dependerá de representação.

2 AUDIÊNCIA DE RECONCILIAÇÃO

O juiz, antes de receber a queixa, oferecerá às partes oportunidade para se reconciliarem. Assim, marcará uma audiência e ouvirá as partes separadamente, sem a presença dos advogados e sem lavrar termo. Após ouvir as partes, se o juiz achar provável a reconciliação, promoverá o entendimento entre elas na sua presença. Caso entrem em acordo, o querelante assinará um termo de desistência da ação e a queixa será arquivada, decretando o juiz a extinção da punibilidade do querelado.

SINOPSES JURÍDICAS

A não designação dessa audiência acarreta nulidade absoluta da ação.

Essa audiência, entretanto, não deve ser realizada quando o crime contra a honra é de ação pública. Isso em razão da própria redação do dispositivo e também pelo fato de o Ministério Público não poder conciliar-se com o querelado em nome do ofendido.

Qual a consequência do não comparecimento do querelante à audiência de tentativa de reconciliação?

Há duas interpretações:

a) Haverá perempção, por não ter o querelante comparecido a ato do processo a que deveria estar presente (art. 60, III).

b) Nenhuma consequência, devendo interpretar-se apenas que o querelante não tem intenção de entrar em acordo com o querelado. Os seguidores dessa corrente entendem inaplicável o art. 60, III, do Código de Processo Penal, porque este se refere à ausência do querelante a ato do processo, sendo certo que, por ocasião da audiência, não existe, tecnicamente, uma ação penal em andamento, posto que ainda não houve recebimento da queixa. Esse é o entendimento adotado pelo STF.

Não sendo possível a reconciliação entre as partes, o juiz prosseguirá de acordo com os ditames da Lei n. 9.099/95, pois a Lei n. 11.313/2006 passou a considerar de menor potencial ofensivo todos os crimes com pena máxima não superior a 2 anos. Quando se tratar, todavia, de crime de calúnia com alguma das causas de aumento do art. 141 do Código Penal, a pena máxima será superior a 2 anos e estará afastada a competência do JECrim. A injúria racial ou preconceituosa (art. 140, § 3º), por ter pena máxima de 3 anos, também não se insere na competência do JECrim. Em tais hipóteses, o art. 519 do Código de Processo Penal estabelece que deverá ser seguido o rito ordinário, apesar de a pena máxima em abstrato prevista para tais crimes ser inferior a 4 anos.

3 EXCEÇÃO DA VERDADE

O crime de calúnia e a difamação, quando feita contra funcionário público, somente existem quando a imputação feita contra a vítima é falsa. Por isso, os arts. 138, § 3º, e 139, parágrafo único, do Código Penal permitem que o querelado (pessoa apontada como autora da ofensa) proponha-se a provar, na mesma relação processual, que a imputação feita à vítima era verdadeira. Se conseguir fazer tal prova, será absolvido.

A exceção da verdade deve ser apresentada no prazo da defesa preliminar ou resposta escrita. Apresentada, o querelante poderá contestá-la dentro de 2 dias, podendo solicitar a oitiva das testemunhas arroladas na queixa ou outras indicadas em sua substituição, ou para completar o número máximo.

A exceção da verdade tramita nos mesmos autos e o julgamento será conjunto com a ação principal, ou seja, por ocasião da lavratura da sentença.

4 PEDIDO DE EXPLICAÇÕES EM JUÍZO

Muitas vezes uma ofensa é feita de forma velada, não explícita, de tal forma que a pessoa virtualmente ofendida fica na dúvida acerca de ter sido ou não humilhada, ou acerca do significado exato da ofensa. Assim, para sanar essa dúvida e evitar a propositura de ações penais fundadas em ofensas não muito claras, o legislador criou uma medida judicial facultativa consistente na possibilidade de a vítima pedir explicações em juízo a respeito da ofensa contra ela proferida (art. 144 do CP). Cuida-se de medida preliminar, ou seja, anterior ao oferecimento da denúncia ou queixa-crime, e, como já dito, facultativa. Trata-se, entretan-

Processo penal – Procedimentos, nulidades e recursos

to, de medida recomendável à vítima, pois o oferecimento imediato de queixa com fundamento em ofensa não explícita corre o sério risco de rejeição.

Não há rito especial para esse pedido de explicações em nossa lei. Por isso, segue-se o rito das notificações avulsas, ou seja, a vítima faz o requerimento, o juiz manda notificar o autor da ofensa a ser esclarecida e, com ou sem resposta, entrega os autos ao requerente (vítima). Se, após isso, a vítima ingressa com a queixa, é nessa oportunidade que o juiz analisará se a recebe ou rejeita, levando em conta as explicações dadas. O juiz, portanto, não julga o pedido de explicações. Veja-se que a parte final do art. 144 do Código Penal diz que aquele que se recusa a dar explicações, ou as dá de forma insatisfatória, responde pela ofensa. Isso não significa, entretanto, que o juiz estará obrigado a condenar o ofensor, já que, após eventual recebimento da denúncia ou queixa, o querelado terá toda a oportunidade de defesa, observando-se, como sempre, o princípio do contraditório. O dispositivo em tela tem a única finalidade de ressaltar a importância da resposta e esclarecer que, em verdade, a omissão será levada em conta por ocasião do recebimento ou rejeição da queixa ou denúncia.

O pedido de explicações não interrompe o prazo decadencial, mas torna o juízo prevento. Contra a decisão que indefere de plano o pedido de explicações cabe apelação (art. 593, II).

Quadro sinótico – Procedimento nos crimes contra a honra

Denúncia ou queixa / Rejeição	Audiência de reconciliação:	Prosseguimento do feito:
Denúncia ou queixa	**a)** oitiva das partes em separado; **b)** se o juiz achar provável a reconciliação, promoverá o entendimento entre as partes; **c)** se houver conciliação, será lavrado termo de desistência e declarada extinta a punibilidade.	**a)** com observância do rito sumaríssimo, se a pena máxima da infração não exceder a 2 anos; **b)** com observância do rito ordinário, se a pena máxima da infração for superior a 2 anos, ainda que inferior a 4 anos (calúnia com causa de aumento, por exemplo).
Rejeição		

PROCEDIMENTO NOS CRIMES FUNCIONAIS

1 INTRODUÇÃO

Os arts. 513 a 518 do Código de Processo Penal tratam do procedimento criminal referente à apuração dos crimes funcionais, ou seja, dos crimes previstos nos arts. 312 a 326 do Código Penal, que são os crimes praticados por funcionário público contra a Administração em geral. O Código de Processo Penal chama erroneamente esses delitos de **crimes de responsabilidade de funcionário público**, denominação incorreta porque a expressão "crime de responsabilidade" refere-se a ilícito de natureza político-administrativa e não a ilícito penal. Os crimes de responsabilidade são também apenados diversamente. Ex.: suspensão dos direitos políticos, perda do cargo etc.

O procedimento em análise não se aplica a outros delitos praticados por funcionário público, ainda que essa qualidade seja qualificadora do delito. Exs.: arts. 322, § 2º, e 351, §§ 3º e 4º, do Código Penal.

2 RITO

Oferecida a denúncia ou queixa (subsidiária da pública, uma vez que todos os crimes funcionais são de ação pública), o juiz notificará o funcionário público para que ofereça resposta por escrito em um prazo de 15 dias. É a chamada "defesa preliminar". De acordo com o art. 514, parágrafo único, do Código de Processo Penal, se o funcionário não tiver residência conhecida ou se ele se encontrar fora da jurisdição do juiz, este lhe nomeará defensor, a quem caberá apresentar a defesa preliminar. De acordo com essa regra, não se expede carta precatória quando o funcionário reside em comarca diversa daquela em que tramita o procedimento. Na prática, entretanto, em atenção ao princípio da ampla defesa (possibilidade de o funcionário nomear defensor de sua confiança), tem-se determinado a expedição da competente carta precatória na mencionada situação.

Nos termos do art. 514, *caput*, a defesa preliminar somente se impõe nos crimes afiançáveis; contudo, após o advento da Lei n. 12.403/2011, absolutamente todos os crimes funcionais passaram a ter tal caráter.

Qual a consequência do não cumprimento da fase da defesa preliminar nos crimes em que ela é necessária?

Há duas posições:

a) Cuida-se de nulidade relativa, que deve ser alegada no momento oportuno, sob pena de considerar-se sanada, devendo, ainda, ser provado o prejuízo advindo ao funcionário público para que seja a nulidade decretada.

b) Trata-se de nulidade absoluta por ferir o princípio constitucional do devido processo legal, ou seja, por não estar sendo estritamente observado o procedimento previsto na lei.

No âmbito do Superior Tribunal de Justiça e do Supremo Tribunal Federal, firmou-se entendimento de que a nulidade é meramente relativa.

SINOPSES JURÍDICAS

Observação: Essa discussão perdeu muito de sua importância após a aprovação da Súmula 330 do Superior Tribunal de Justiça, publicada em setembro de 2006, segundo a qual "é desnecessária a resposta preliminar de que trata o art. 514 do Código de Processo Penal, na ação penal instruída por inquérito policial". Em outras palavras, essa defesa só é necessária se a denúncia não for acompanhada de inquérito policial (cópia de uma sindicância, por exemplo, ou outras peças de informação), e, mesmo nesse caso, o descumprimento possibilitará discussão em torno de ser absoluta ou relativa a nulidade (prevalecendo a última orientação).

Segundo nosso entendimento, a defesa preliminar continua sendo necessária se, após a prática do crime, o funcionário deixar o cargo (espontaneamente ou em virtude de exoneração) ou se aposentar, uma vez que a medida visa resguardar a própria Administração e não apenas o funcionário. Ocorre que, na jurisprudência, tem prevalecido entendimento em sentido oposto. Por outro lado, se houver corréu, que não exerça função pública, acusado da prática do mesmo delito, desnecessária a observância da formalidade.

Após o oferecimento da defesa preliminar, os autos irão para o juiz decidir se recebe ou rejeita a denúncia ou queixa.

Recebendo-a, os atos procedimentais posteriores serão aqueles previstos para o rito ordinário, ainda que a pena máxima prevista seja inferior a 4 anos (art. 517 do CPP), desde que não se trate de infração de menor potencial ofensivo, pois, quanto a estas, deve ser observado o rito sumariíssimo, tal como acontece com o crime de prevaricação (art. 319 do CP), cuja pena máxima é de 1 ano.

Ao prolatar a sentença, se houver condenação por crime funcional, o juiz deverá atentar para o disposto no art. 92, I, *a*, do Código Penal, que estabelece como efeito da condenação a perda do cargo, função pública ou mandato eletivo quando aplicada pena privativa de liberdade por tempo igual ou superior a 1 ano, nos crimes praticados com abuso de poder ou violação de dever com a Administração Pública. Atente-se, ainda, que o art. 92, parágrafo único, do Código Penal ressalva que tal efeito não é automático, devendo ser motivadamente declarado na sentença.

Processo penal – Procedimentos, nulidades e recursos

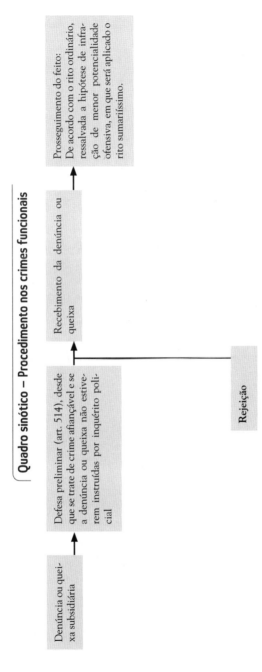

PROCEDIMENTO NOS CRIMES CONTRA A PROPRIEDADE IMATERIAL

1 INTRODUÇÃO

Crimes contra a propriedade imaterial são aqueles praticados em detrimento de bens oriundos da criação intelectual, possuidores de valor econômico, bem como suscetíveis de alienação por seu titular, e se corporificam em coisas materiais ou energias.

O Código Penal tipifica atualmente apenas um crime contra a propriedade imaterial, a violação de direito autoral – forma simples (art. 184, *caput*, do CP) e formas qualificadas (art. 184, §§ 1º a 3º) – em relação ao qual se devem observar algumas medidas prévias antes do oferecimento da denúncia ou queixa, previstas nos arts. 524 a 530, I, do Código de Processo Penal. Após essas medidas, em se tratando do crime simples, cuja pena máxima é de 1 ano, o procedimento será o sumariíssimo, no JECrim, enquanto, em relação às figuras qualificadas, deverá ser seguido o rito ordinário.

O art. 185 do Código Penal, que tipificava o crime de usurpação de nome ou pseudônimo alheio, foi revogado expressamente pelo art. 4º da Lei n. 10.695/2003.

Os demais artigos do Título III do Código Penal, que tipificavam crimes contra o privilégio de invenção, crimes contra as marcas de indústria e comércio e crimes de concorrência desleal, foram revogados. Em relação a eles, vigora a Lei n. 9.279/96 (Código da Propriedade Industrial).

2 INICIATIVA DA AÇÃO PENAL

O legislador atribuiu ao ofendido (art. 186, I, do CP), isto é, ao titular do direito de autor, a iniciativa da ação penal relativa ao crime praticado na forma simples (art. 184, *caput*, do CP).

A iniciativa da ação penal será pública em relação às formas qualificadas do delito (art. 184, §§ 1º a 3º, do CP), ficando subordinada à representação do ofendido apenas na hipótese do § 3º do art. 184 do Código Penal (art. 186, II, do CP).

Observação: Há quem entenda que o parágrafo único do art. 529 do Código de Processo Penal estabeleceu exceção ao princípio da preferência da ação pública, previsto no art. 100 do Código Penal (E. Magalhães Noronha e Eduardo Espínola Filho), hipótese em que, mesmo se tratando de crime de ação de iniciativa oficial, o Ministério Público só estaria autorizado a oferecer denúncia se, no prazo de 30 dias, a contar da homologação do laudo, deixasse o ofendido de ajuizar a queixa instruída com os autos do pedido de diligências por ele requeridas. Configurar-se-ia a existência de ação pública subsidiária da privada.

De maior solidez, no entanto, o entendimento segundo o qual o dispositivo diz respeito à faculdade conferida ao ofendido de requerer a busca e apreensão dos objetos e de propor a ação penal privada subsidiária da pública, caso tenha o Ministério Público, ao receber os autos do inquérito policial, deixado transcorrer o prazo para ajuizar ação de sua titularidade (art. 100, § 3º, do CP). O preceito disciplina, portanto, a devolução do direito de ação ao Ministério Público nos casos em que o ofendido deixa de ajuizar, no prazo previsto, a ação privada subsidiária (Julio Fabbrini Mirabete e Hélio Tornaghi).

SINOPSES JURÍDICAS

3 PROVIDÊNCIAS NOS CRIMES DE AÇÃO PENAL DE INICIATIVA PRIVADA (ART. 530-A)

Nas infrações em que a ação é de titularidade do ofendido (violação de direito autoral em sua forma simples), há necessidade de adoção de medidas prévias ao oferecimento da queixa-crime (arts. 524 a 530).

Se o crime deixar vestígios – e a regra é que os deixe –, a queixa só será recebida se acompanhada do laudo pericial dos objetos que constituam o corpo de delito. A elaboração prévia de laudo pericial é, portanto, providência indispensável ao ajuizamento da ação penal privada por crime dessa natureza (art. 525), mostrando-se nula a decisão de recebimento da queixa quando não adotada previamente essa medida.

Para que possa postular a realização de busca e da perícia da obra literária, científica ou artística, deverá o interessado provar sua legitimidade (art. 526).

Comprovado o direito à ação, o ofendido requererá ao juiz a nomeação de dois peritos para realizarem a busca e verificarem a existência de fundamento para apreensão. A busca será sempre realizada para que os peritos possam efetuar vistoria tendente a examinar e descrever os bens controvertidos. A efetiva apreensão dos objetos, por outro lado, que deverá circunscrever-se aos exemplares estritamente necessários para a realização da perícia, ficará a critério dos peritos.

O laudo pericial terá de ser apresentado em 3 dias, contados a partir da diligência e desprezando-se o dia em que esta for realizada (art. 798, § 1º), tenha havido ou não apreensão de bens.

Caso tenham os experts reputado desnecessária a apreensão, poderá o requerente impugnar o laudo, cabendo ao juiz decidir acerca da necessidade de efetivar a medida (art. 527, parágrafo único).

Encerradas as diligências, os autos serão conclusos ao juiz para homologação do laudo (art. 528).

Parte da doutrina entende ser essa decisão desafiada por apelação, visto revestir-se de caráter definitivo (Julio Fabbrini Mirabete e Damásio E. de Jesus), enquanto outra corrente entende ser a decisão irrecorrível (E. Magalhães Noronha e Eduardo Espínola Filho).

Após a homologação do laudo, os autos em que se processou o pedido de diligências permanecerão em cartório, aguardando o ajuizamento, por parte do ofendido, da ação penal, que, uma vez proposta, seguirá as regras da Lei n. 9.099/95, já que a pena máxima prevista para o crime simples é de 1 ano.

4 DECADÊNCIA

O Código de Processo Penal, em seu art. 529, *caput*, estabeleceu que a queixa não será admitida se decorrido o prazo de 30 dias após a homologação do laudo.

Surgiu interessante discussão acerca de referido dispositivo prevalecer sobre a norma inserta no art. 38 do Código de Processo Penal e no art. 103 do Código Penal.

Já se entendeu que o dispositivo (art. 529, *caput*) teria criado prazo decadencial especial para o exercício do direito de queixa, modificador da regra geral, que prevê prazo semestral.

Argumenta-se, em sentido contrário, que, se assim se entender, o termo inicial do prazo de decadência ficará sempre condicionado à iniciativa do ofendido no sentido de requerer a busca e apreensão, além do que haverá diversidade de prazos para os crimes que deixam vestígios e crimes que não os deixam.

Processo penal – Procedimentos, nulidades e recursos

Por tais motivos, firmou-se entendimento de que o prazo previsto no dispositivo em questão é relativo à eficácia da medida de busca e apreensão para subsidiar a propositura da ação penal, em semelhança ao que ocorre no processo civil com as medidas cautelares. Assim, decorridos os 30 dias da homologação do laudo, o ofendido ainda pode ajuizar ação penal, se dentro do prazo geral de 6 meses, desde que leve a efeito novamente a providência preliminar. Esse, de resto, o sentir da doutrina (Julio Fabbrini Mirabete, Eduardo Espínola Filho, Hélio Tornaghi, José Frederico Marques, E. Magalhães Noronha).

Tratando-se de réu preso em flagrante, o prazo de validade da providência de busca e apreensão será de 8 dias (art. 530).

5 PROVIDÊNCIAS RELATIVAS AOS CRIMES DE AÇÃO PENAL DE INICIATIVA PÚBLICA

Cuidando-se de crime cuja ação é de iniciativa pública, condicionada ou incondicionada (figuras qualificadas do crime de violação de direito autoral), observar-se-ão, em relação à formação do corpo de delito, as disposições dos arts. 530-B a 530-H (art. 530-I).

Ao receber notícia da infração, a autoridade deverá proceder à apreensão de todos os bens ilicitamente produzidos ou reproduzidos, bem assim dos equipamentos, suportes e materiais que possibilitaram a sua existência, desde que sua destinação precípua seja a prática do ilícito (art. 530-B).

Desse ato será lavrado termo, para posterior juntada ao inquérito ou ao processo, o qual deverá ser assinado por, no mínimo, duas testemunhas e conterá descrição detalhada de todos os bens apreendidos, assim como informações sobre a origem deles (art. 530-C). Apesar de o dispositivo mencionar que todos os bens devem ser submetidos à perícia, quando se tratar de violação de direito autoral consistente em pirataria de CDs ou DVDs, o Superior Tribunal de Justiça permite a perícia por amostragem. Nesse sentido, a Súmula 574 do STJ: "para a configuração do delito de violação de direito autoral e a comprovação de sua materialidade, é suficiente a perícia realizada por amostragem do produto apreendido, nos aspectos externos do material, e é desnecessária a identificação dos titulares dos direitos autorais violados ou daqueles que os representem".

Todos os bens apreendidos serão examinados por perito oficial, ou, na falta deste, por pessoa tecnicamente habilitada, que deverá elaborar laudo destinado a instruir o inquérito ou o processo (art. 530-D).

Após a realização da perícia, os bens serão entregues aos titulares do direito autoral, que os receberão na qualidade de depositários e estarão obrigados a apresentá-los ou entregá-los ao juízo, sempre que determinado (art. 530-E).

Quando o autor da conduta controvertida deixar de impugnar a apreensão, tornando incontroversa a ofensa à propriedade intelectual, ou quando não houver elementos para determinar-se a autoria do crime, o juiz, de imediato, prescreverá, a requerimento do ofendido, a destruição da produção ou reprodução apreendida, salvo se houver necessidade de preservar o corpo de delito (art. 530-F). Caso não tenha sido tomada tal providência, o juiz, sobrevindo sentença condenatória, determinará a destruição dos bens ilicitamente produzidos ou reproduzidos e declarará o perdimento, em favor da Fazenda Nacional, dos equipamentos porventura apreendidos que se destinarem à produção ou reprodução dos bens (art. 530-G).

Após o oferecimento da denúncia, o rito processual será o ordinário.

6 ASSISTENTES DA ACUSAÇÃO

Além do ofendido ou seu representante (art. 268) ou, na falta, seu cônjuge, descendente, ascendente ou irmão (art. 31), poderão funcionar como assistentes do Ministério Público nos crimes de violação de direito autoral as associações de titulares de direitos de autor, que agirão em seu próprio nome (art. 530-H), na defesa de qualquer de seus associados.

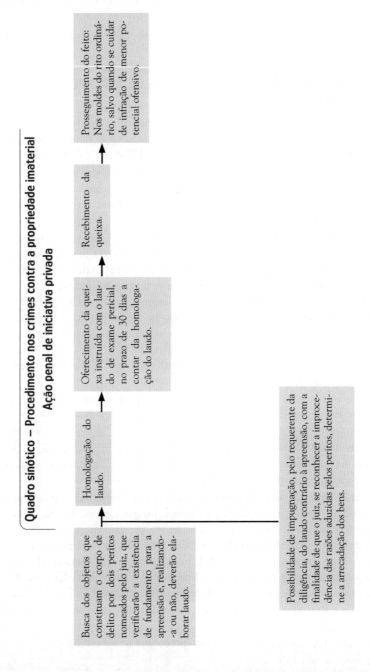

Processo penal – Procedimentos, nulidades e recursos

Quadro sinótico – Procedimento nos crimes contra a propriedade imaterial
Ação penal de iniciativa pública

Apreensão, pela autoridade policial, de todos os bens ilicitamente produzidos ou reproduzidos. → Elaboração de laudo pericial. → Oferecimento da denúncia instruída com o laudo pericial. → Recebimento da denúncia. → Prosseguimento de acordo com o rito ordinário.

PROCEDIMENTO RELATIVO AOS CRIMES PRATICADOS COM VIOLÊNCIA DOMÉSTICA CONTRA A MULHER

1 INTRODUÇÃO

Embora não exista, em verdade, um rito procedimental específico para os delitos praticados com violência doméstica ou familiar contra a mulher, cuja ação penal seguirá, conforme a pena prevista para o crime cometido, o procedimento comum ordinário, sumário ou sumariíssimo, há, na Lei n. 11.340/2006, diversas peculiaridades de natureza processual em relação a essas infrações, motivo pelo qual, para fins didáticos, serão abordadas nessa rubrica. Segundo essa lei, entende-se por violência doméstica e familiar contra a mulher qualquer atentado ou ofensa de natureza física, psicológica, sexual, patrimonial ou moral, quando praticados no âmbito da unidade doméstica, da família ou de qualquer relação íntima de afeto (arts. 5º e 7º). Em razão da amplitude da definição legal, infrações penais das mais variadas espécies terão sua apuração afetada por essas regras especiais, tais como crimes de lesão corporal, ameaça, constrangimento ilegal, cárcere privado, homicídio, estupro, injúria, tortura, incêndio, dano etc.

2 DO TERMO CIRCUNSTANCIADO E DO INQUÉRITO POLICIAL

A redação do art. 41 da Lei n. 11.340/2006 autoriza a conclusão de que a elaboração de termo circunstanciado só será possível quando se tratar de contravenção praticada com violência doméstica contra a mulher, pois, na hipótese de prática de crime, o dispositivo estabelece que não se aplicam os dispositivos da Lei n. 9.099/95.

Assim, independentemente da pena máxima cominada, em se tratando de crime cometido com violência doméstica ou familiar, deverá a apuração se dar por meio da instauração de inquérito policial. Resulta disso que, se colhido em situação de flagrância, deverá o agente ser preso e lavrado o respectivo auto.

Além disso, de acordo com o art. 12, § 1º, da Lei n. 11.340, deve a autoridade policial, em um prazo de 48 horas a contar da instauração do inquérito, remeter expediente em apartado ao juiz com o pedido da ofendida para a eventual concessão de medidas protetivas de urgência, que se fará acompanhar de cópia de todos os documentos já existentes. O juiz, então, terá 48 horas para decidir (art. 18), porém, dependendo da gravidade do caso, poderá decretar as medidas solicitadas pela vítima de imediato, sem a oitiva do Ministério Público, que será comunicado em seguida. Essas medidas protetivas de urgência podem dizer respeito ao agressor (afastamento do lar, proibição de se aproximar da ofendida, restrição de visitas aos filhos menores, suspensão ao direito de ter a posse ou de portar armas de fogo etc.) ou à ofendida (encaminhamento a programa de proteção, recondução ao lar etc.). As medidas em questão, previstas nos arts. 22 a 24 da Lei Maria da Penha, serão concedidas em juízo de cognição sumária a partir do depoimento da ofendida ou da apresentação de notícia escrita sempre que a autoridade constatar risco à integridade física, psicológica, sexual, patrimonial ou moral da vítima ou dependentes, independentemente da caracterização de infração penal (art. 19, §§ 4º e 5º, da Lei Maria da Penha), e perdurarão enquanto persistir a necessidade, podendo o juiz, durante o tramitar das investigações ou da ação, revogá-las, modificá-las ou acrescentar novas medidas, sempre de acordo com as necessidades do caso concreto.

O art. 18, IV, diz que o juiz poderá determinar a apreensão imediata de arma de fogo sob a posse do agressor. O art. 28, § 5º, do Decreto n. 11.615/2023 diz que, nesses casos, a arma será apreendida imediatamente pela autoridade competente.

De acordo com o art. 12-C da Lei Maria da Penha, introduzido pela Lei n. 13.827/2019, se verificada a existência de risco atual ou iminente à vida ou à integridade da mulher em situação de violência doméstica, ou de seus dependentes, o agressor será imediatamente afastado do lar ou de local de convivência com a ofendida, medida que deverá ser decretada:

a) pela autoridade judicial;

b) pelo delegado de polícia, quando o Município não for sede de comarca; ou

c) pelo policial, quando o Município não for sede de comarca e não houver delegado disponível no momento da denúncia.

Se a medida não for aplicada pelo juiz, este será comunicado no prazo máximo de 24 horas, para que decida, em igual prazo, sobre a manutenção ou revogação da decisão, devendo dar ciência ao Ministério Público concomitantemente.

A Lei n. 13.461/2018 transformou em crime a conduta de descumprir decisão judicial que defere medidas protetivas de urgência previstas na Lei Maria da Penha. Referido delito é punido com pena de detenção, de 3 meses a 2 anos (art. 24-A da Lei n. 11.340/2006). Na hipótese de haver prisão em flagrante relativa a tal crime, apenas a autoridade judicial poderá conceder fiança – embora a pena máxima seja de 2 anos (art. 24-A, § 1º). A Lei Maria da Penha, a partir das alterações introduzidas pela Lei n. 13.505/2017, passou a assegurar atendimentos policial e pericial adequados à peculiar situação da mulher vítima de violência doméstica ou familiar, estabelecendo que a assistência será de natureza especializada e ininterrupta, bem como prestada por servidores previamente capacitados e, preferencialmente, do sexo feminino.

De acordo com o art. 10-A, § 1º, da Lei Maria da Penha, a inquirição de mulher vítima de violência doméstica e familiar e, ainda, de testemunha de violência doméstica, quando se tratar de crime contra a mulher, obedecerá às seguintes diretrizes:

a) salvaguarda da integridade física, psíquica e emocional da depoente, considerada a sua condição peculiar de pessoa em situação de violência doméstica e familiar;

b) garantia de que, em nenhuma hipótese, a mulher em situação de violência doméstica e familiar, familiares e testemunhas terão contato direto com investigados ou suspeitos e pessoas a eles relacionadas;

c) não revitimização da depoente, evitando sucessivas inquirições sobre o mesmo fato nos âmbitos criminal, cível e administrativo, bem como questionamentos sobre a vida privada.

A fim de dar concretude a essas diretrizes, a Lei prevê a observância dos procedimentos a seguir indicados (art. 10-A, § 2º):

a) realização de inquirições de vítimas e testemunhas em recinto especialmente projetado para esse fim;

b) intermediação nas oitivas, sempre que necessário, de profissional especializado em violência doméstica e familiar designado pela autoridade judiciária ou policial;

c) registro do depoimento em meio eletrônico ou magnético, devendo a degravação e a mídia integrarem o inquérito.

3 COMPETÊNCIA

O art. 14 da Lei n. 11.340 prevê a possibilidade de criação de Juizados de Violência Doméstica e Familiar contra a Mulher, órgãos jurisdicionais da Justiça Ordinária competentes para o julgamento de todas as causas decorrentes da prática de violência doméstica e familiar contra a mulher e para execução de suas decisões. Enquanto não criados tais Juizados, o julgamento dos crimes praticados com violência doméstica ou familiar contra a mu-

Processo penal – Procedimentos, nulidades e recursos

lher (bem como as questões cíveis que lhes sejam conexas) será de competência dos Juízos Criminais (art. 33, *caput*), que deverão assegurar o direito de preferência para o processamento dessas lides (art. 33, parágrafo único). Alguns juristas questionaram a constitucionalidade desse art. 33 ao atribuir competência ao juízo criminal para decidir questões de natureza cível que envolvam violência doméstica ou familiar contra a mulher, com o argumento de que cabe aos tribunais e à lei de organização judiciária estadual determinar o alcance da competência de seus órgãos jurisdicionais. O Supremo Tribunal Federal, todavia, ao julgar a Ação Declaratória de Constitucionalidade (ADC) 19, em fevereiro de 2012, decidiu que o dispositivo não fere os arts. 96, I, e 125, § 1º, da Constituição Federal, sendo plenamente aplicável, uma vez que o art. 33 "apenas facultaria a criação desses juizados e atribuiria ao juízo da vara criminal a competência cumulativa de ações cíveis e criminais envolvendo violência doméstica contra a mulher, haja vista a necessidade de conferir tratamento uniforme, especializado e célere, em todo o território nacional, às causas sobre a matéria".

No caso de homicídio, consumado ou tentado, a ação tramitará perante o Juizado da Violência Doméstica até a fase da <mark>pronúncia</mark>, onde poderão ser aplicadas as regras da Lei Maria da Penha, por exemplo, aquelas que tratam das medidas protetivas de urgência (no caso de tentativa). Após o trânsito em julgado da pronúncia, os autos serão remetidos à Vara do Júri para a realização do julgamento em Plenário.

As peculiaridades da Lei Maria da Penha, precipuamente a necessidade de especialização e de atuação de grupos de apoio à vítima, denotam que a fase pré-processual não pode ficar ao cargo do juiz das garantias, criado pela Lei n. 13.964/2019. Reconhecendo tal incongruência, o STF, no julgamento das ADIs 6.298, 6.299, 6.300 e 6.305, expressamente declarou que as regras relativas ao juiz das garantias não se aplicam aos crimes que envolvem violência doméstica ou familiar contra a mulher.

4 RENÚNCIA À REPRESENTAÇÃO

Com a finalidade de evitar que eventual manifestação viciada da vontade da ofendida possa obstar o desenvolvimento do processo criminal, a lei preceitua que, nas ações penais públicas condicionadas, só será admitida a renúncia à representação caso ela seja feita perante o juiz, antes do recebimento da denúncia, e ouvido o Ministério Público (art. 16 da Lei n. 11.340/2006).

Assim, na hipótese de crime de ação penal condicionada, a instauração do inquérito dependerá da autorização da vítima, mas, uma vez oferecida a representação, a ofendida só poderá impedir o prosseguimento do feito se, tempestivamente, e na presença do juiz, manifestar seu desejo inequívoco de encerrar o procedimento. Ex.: ameaça do marido contra a esposa; estupro contra a companheira etc.

Observações:

1) O Supremo Tribunal Federal, ao julgar a ADIn 4.424/DF, em fevereiro de 2012, decidiu que o crime de lesão corporal de natureza leve, cometido com violência doméstica ou familiar contra a mulher, apura-se mediante ação pública incondicionada. Posteriormente, o STJ aprovou a Súmula 542 no mesmo sentido.

2) Ao julgar o Tema 1.167 da sistemática de recursos repetitivos, o Superior Tribunal de Justiça fixou a seguinte tese: "A audiência prevista no art. 16 da Lei n. 11.340/2006 tem por objetivo confirmar a retratação, não a representação, e não pode ser designada de ofício pelo juiz. Sua realização somente é necessária caso haja manifestação do desejo da vítima de se retratar trazida aos autos antes do recebimento da denúncia".

5 TRANSAÇÃO, SUSPENSÃO CONDICIONAL DO PROCESSO E ACORDO DE NÃO PERSECUÇÃO PENAL

Independentemente da pena cominada, não será possível, em relação às infrações praticadas com violência doméstica contra a mulher, a realização de proposta de transação penal e, tampouco, de submissão ao *sursis* processual (suspensão condicional do processo). É o que diz o art. 41 da Lei n. 11.340/2006.

O Superior Tribunal de Justiça editou, em relação ao tema, a Súmula 536: "A suspensão condicional do processo e a transação penal não se aplicam na hipótese de delitos sujeitos ao rito da Lei Maria da Penha".

O art. 28-A, § 2º, IV, do Código de Processo Penal, por seu turno, dispõe que é vedado o acordo de não persecução penal, cabível, em regra, para crimes com pena mínima inferior a 4 anos, quando se tratar de delito que envolva violência doméstica ou familiar, ou praticados contra a mulher por razões da condição de sexo feminino.

6 MEDIDAS RELATIVAS À OFENDIDA

De forma inovadora, a Lei n. 11.340/2006 disciplinou a adoção, no seio do processo criminal, de duas medidas tendentes a resguardar os interesses das mulheres vítimas de violência doméstica:

a) a notificação pessoal da ofendida acerca dos atos processuais relativos ao agressor, notadamente os relativos ao ingresso e saída da prisão (art. 21, *caput*);

b) a obrigatoriedade de a ofendida estar assistida por advogado em todos os atos processuais (art. 27).

7 PRISÃO PREVENTIVA

Criou-se nova hipótese justificadora da decretação da prisão preventiva, aplicável somente aos crimes de violência doméstica ou familiar contra a mulher, isto é, nos casos em que haja a necessidade de garantir a execução de medidas protetivas de urgência (art. 313, III, do CPP).

Desse modo, se verificada a necessidade de encarceramento do agressor para a utilidade do procedimento destinado à aplicação de medida de amparo, deverá o juiz decretar sua prisão preventiva.

O art. 12-C, § 2º, da Lei n. 11.340/2006 (introduzido pela Lei n. 13.827/2019) estabelece a proibição de concessão de liberdade provisória ao autuado em flagrante por crime relacionado a atos de violência doméstica ou familiar contra a mulher, quando houver risco à integridade da ofendida ou à efetividade de medida protetiva de urgência.

8 VEDAÇÃO DE CERTAS PENAS ALTERNATIVAS NOS CRIMES QUE ENVOLVAM VIOLÊNCIA DOMÉSTICA OU FAMILIAR CONTRA A MULHER

De acordo com o art. 17 da Lei Maria da Penha, o juiz, ao proferir sentença nos crimes abrangidos pela Lei, não poderá substituir a pena privativa de liberdade pela entrega de cestas básicas ou outras prestações pecuniárias, bem como não poderá aplicar isoladamente pena de multa em substituição àquela. Assim, se o sentenciado preencher os requisitos do art. 44 do Código Penal para a substituição da pena privativa de liberdade por restritiva de direitos, o juiz só poderá escolher outras modalidades de penas alternativas, como prestação de serviços à comunidade. Poderá, também, optar pela aplicação do *sursis*.

É importante lembrar, todavia, que, em se tratando de infração praticada mediante violência ou grave ameaça, o art. 44, I, do CP veda a substituição da pena privativa de liberdade por toda e qualquer modalidade de pena restritiva de direitos, motivo pelo qual o Superior Tribunal de Justiça editou a Súmula 588, segundo a qual "a prática de crime ou contravenção penal contra a mulher com violência ou grave ameaça no ambiente doméstico impossibilita a substituição da pena privativa de liberdade por restritiva de direitos".

SUSPENSÃO CONDICIONAL DO PROCESSO

1 NATUREZA JURÍDICA

Trata-se de espécie de transação processual em que o titular da ação abdica de seu prosseguimento e da busca de eventual condenação, enquanto o acusado, sem discutir sua responsabilidade pelo delito, submete-se, por certo tempo, ao cumprimento de determinadas condições. Assim, com o decurso de tal prazo, sem que tenha havido revogação, será decretada a extinção da punibilidade. Por isso, é também chamado de *sursis* processual.

A criação desse instituto atenua o princípio da indisponibilidade da ação pública consagrado no Código de Processo Penal, pois permite que o titular da ação (Ministério Público) proponha a suspensão do processo.

Esse instituto perdeu parte considerável de sua importância prática com o advento da Lei n. 13.964/2019, que inseriu no art. 28-A do Código de Processo Penal o instituto do acordo de não persecução penal, permitindo o não oferecimento de denúncia em relação a crimes com pena mínima inferior a 4 anos que não tenham sido cometidos com violência ou grave ameaça.

2 CONSTITUCIONALIDADE

O dispositivo não fere os princípios da presunção de inocência, do contraditório e da ampla defesa. Com efeito, na suspensão condicional do processo, o réu não é declarado ou considerado culpado. Na realidade, a questão acerca da responsabilidade penal nem sequer chega a ser discutida. Além disso, ao acusado não se impõe pena, mas condições que ele próprio se dispõe a cumprir e, uma vez extinta a punibilidade, nada constará de sua folha de antecedentes.

3 CABIMENTO

A suspensão condicional do processo, inovação da Lei n. 9.099/95 e medida despenalizadora, aplica-se a todas as infrações penais que possuam pena mínima, em abstrato, não superior a 1 ano. Assim, o instituto é aplicável ao furto simples, cuja pena mínima é de 1 ano, mas não é cabível, por exemplo, ao furto qualificado, em que a pena mínima é de 2 anos.

É irrelevante saber a espécie de pena privativa de liberdade prevista para a infração penal (reclusão, detenção ou prisão simples).

O instituto aplica-se aos crimes previstos no Código Penal ou em legislações especiais, pouco importando a existência de rito especial. Além disso, apesar de existir orientação diversa, não há como excluir o cabimento da suspensão condicional nos crimes de competência da Justiça Federal ou Eleitoral, uma vez que o art. 89 da Lei n. 9.099/95 não faz qualquer restrição. O art. 90-A da Lei n. 9.099/95 – introduzido pela Lei n. 9.839/99 – veda a aplicação do instituto aos crimes de competência da Justiça Militar.

Não há também nada que impeça a aplicação desse *sursis* processual aos crimes de competência originária dos tribunais.

Existe forte discussão em torno de ser possível a suspensão condicional do processo nos crimes de ação privada exclusiva. Para alguns, ela é vedada porque a lei só fez menção à proposta por parte do Ministério Público, e porque, nesse tipo de ação, vigora o princípio da oportunidade, de modo que qualquer acordo implicaria perdão ou perempção. Outros entendem que a omissão legal deve ser suprida por analogia *in bonam partem*, pois não faria sentido deixar de ser cabível o benefício em crimes de igual gravidade, apenas porque um é de ação privada e o outro é de ação pública. Para estes, trata-se de direito subjetivo do querelado. É a opinião que está prevalecendo ultimamente.

Deve ser aceita ainda a suspensão condicional nos crimes de competência do Tribunal do Júri (arts. 124 e 126 do CP), uma vez que não há, nessa hipótese, violação ao dispositivo constitucional que atribui ao júri competência para julgar os crimes dolosos contra a vida (art. 5º, XXXVIII, *d*, da CF), pois na suspensão condicional do processo inexiste análise do mérito da acusação. Assim, se houver revogação do benefício, o andamento da ação será retomado e o julgamento será feito pelo tribunal popular.

A existência de causas obrigatórias de aumento ou de diminuição de pena que possam alterar o limite mínimo da pena em abstrato deve ser levada em conta a fim de possibilitar ou impossibilitar a aplicação do dispositivo. Assim, o reconhecimento do furto noturno (art. 155, § 1º, do CP) torna inaplicável o instituto ao delito de furto, por implicar aumento de 1/3 da pena que, desse modo, passa a ser de 1 ano e 4 meses, no mínimo.

Por outro lado, considerando, de forma exemplificativa, que a pena mínima prevista para o furto qualificado é de 2 anos e que a redução máxima referente ao reconhecimento da tentativa é de 2/3, conclui-se ser possível a suspensão condicional do processo na tentativa de furto qualificado e de outros crimes que tenham pena mínima no mesmo patamar.

A possibilidade de reconhecimento de agravante genérica, por sua vez, não obsta o benefício.

Por fim, há que se ressaltar que o instituto é aplicável também às contravenções penais (e às infrações de menor potencial ofensivo em geral), posto que a menção única à palavra crime, contida no art. 89 da Lei n. 9.099/95, não teve a finalidade de excluir o benefício em relação às contravenções que, afinal, constituem infrações de menor gravidade. Por isso, é possível que o autor da infração de menor potencial ofensivo recuse a proposta de transação penal para aplicação imediata de pena de multa ou restritiva de direito e, na sequência, aceite a proposta de suspensão condicional do processo.

A Súmula 337 do Superior Tribunal de Justiça, publicada em 16 de maio de 2007, estabelece que "é cabível a suspensão condicional do processo na desclassificação do crime e na procedência parcial da pretensão punitiva". É o que ocorre, por exemplo, em caso de desclassificação de crime de roubo para furto simples ou se o réu tiver sido denunciado por dois crimes e a soma das penas mínimas exceder 1 ano, porém o juiz o absolver em relação a um deles, remanescendo o outro, com pena mínima, dentro do patamar legal. Se ocorrer uma dessas hipóteses, o juiz deve intimar o Ministério Público dessa decisão para que faça a proposta de suspensão ou fundamentadamente a recuse (se entender que o réu tem maus antecedentes, por exemplo). Feita a proposta, o acusado e seu defensor devem ser notificados para dizerem se a aceitam. Se aceitarem, será iniciado o período de prova que suspende o processo no estágio em que está. Pode o réu, todavia, recusar a proposta de suspensão, hipótese em que o feito terá prosseguimento. Saliente-se, por fim, que, se o acusado aceitar a

Processo penal – Procedimentos, nulidades e recursos

suspensão condicional e cumprir as condições impostas, sem dar causa à revogação do benefício, o juiz, ao término do período, decretará a extinção de sua punibilidade.

Além disso, conforme já estudado, nos casos de *emendatio libelli* (nova classificação dada ao fato pelo juiz) e *mutatio libelli* (aditamento da denúncia para crime menos grave em razão de nova prova), será cabível a proposta de suspensão, ao término da instrução, nos termos dos arts. 383, § 1º, e 384, § 3º, do CPP.

A Lei n. 11.340/2006, que trata da questão da violência doméstica ou familiar contra a mulher, estabelece, em seu art. 41, que, independentemente da pena, não se aplica a Lei n. 9.099/95 às infrações penais dessa natureza. De acordo com tal dispositivo, e considerando o amplo conceito de violência doméstica contido na Lei n. 11.340/2006, a conclusão a que se chega é de que é incabível a suspensão condicional do processo em crimes como lesão leve, ameaça ou constrangimento ilegal praticados contra mulher com violência doméstica ou familiar, apesar de todos esses delitos terem pena mínima inferior a 1 ano. Por não haver, todavia, regra semelhante para as hipóteses em que a vítima da violência é homem – pai, filho, marido –, existem algumas pessoas que sustentam que o dispositivo é inconstitucional, por ferir o art. 5º, I, da Constituição Federal, que estabelece que homens e mulheres são iguais perante a lei e, na hipótese em análise, o sexo da vítima altera a possibilidade de incidência de benefícios ao sujeito ativo, o que, em tese, fere o princípio da isonomia. Tal inconstitucionalidade, todavia, não vinha sendo reconhecida, em regra, por nossos tribunais, com o argumento de que o grande número de agressões contra mulheres justifica o tratamento mais gravoso ao agressor. Finalmente, o Supremo Tribunal Federal, por seu Plenário, ao julgar a Ação Declaratória de Constitucionalidade (ADC) 19, em fevereiro de 2012, decidiu que o referido art. 41 da Lei Maria da Penha é constitucional com a justificativa de que o grande número de agressões no âmbito doméstico e familiar contra as mulheres justifica o tratamento mais gravoso ao agressor (que pode ser homem ou outra mulher).

4 CONCURSO DE CRIMES

Na hipótese do concurso material, a suspensão somente será possível se a soma das penas mínimas não exceder 1 ano. No caso do concurso formal e do crime continuado, a suspensão somente será cabível se o aumento mínimo, que é de 1/6 (arts. 70 e 71 do CP), aplicado sobre a pena mínima do crime mais grave, não suplantar o limite de 1 ano. No caso de concurso formal entre homicídio e lesão culposa, por exemplo, deve-se levar em conta a pena mínima do homicídio culposo (crime mais grave). Como a pena mínima desse crime é de 1 ano, havendo a incidência do aumento de 1/6 referente ao concurso formal, estará afastada a possibilidade de suspensão, uma vez que a pena mínima passará a ser de 1 ano e 2 meses. Nesse sentido, as Súmulas 243 do STJ e 723 do STF.

5 REQUISITOS

Para ser possível a concessão da suspensão do processo, além da questão referente à pena mínima, exige a lei que sejam atendidos alguns outros requisitos:

a) Que a denúncia seja recebida, pois, se o fato narrado não constituir crime, se já estiver extinta a punibilidade, se houver ilegitimidade de parte ou se faltar alguma condição da ação, a denúncia deverá ser rejeitada (art. 43), ficando vedada a suspensão do processo.

b) Que o acusado não esteja sendo processado por outro crime.

A aplicação desse dispositivo acarretou grande divergência. Com efeito, Luiz Flávio Gomes, em sua obra intitulada Suspensão condicional do processo, defendeu a inconstitucionalidade do dispositivo, que não se sustentaria diante do princípio do estado de inocência. A lei, nesse contexto, estaria negando um benefício ao acusado, sem que este tivesse sido condenado pelo delito anterior. Essa é a orientação dominante na jurisprudência.

Por outro lado, Julio Fabbrini Mirabete, entre outros, argumentava que, "ao contrário do que se tem por vezes afirmado, a exigência desse requisito não viola o princípio da presunção de inocência, ou de não culpabilidade, ao impedir a suspensão pela simples existência de um outro processo contra o acusado. A lei pode exigir requisitos vários para a concessão ou mantença de direitos ou benefícios. Assim, nunca se arguiu a inconstitucionalidade, nem se poderia fazê-lo, do disposto nos arts. 81, § 3º, e 89 do Código Penal, pelos quais se prorroga o prazo do *sursis* e do livramento condicional pela existência de outro processo durante a vigência desses benefícios. Aliás, a suspensão do processo é uma exceção à regra de que o autor do crime deve ser processado e, tratando-se de um benefício, é natural que a lei estabeleça exigências para a sua concessão, impedindo que se desenvolva a ação penal" (*Juizados especiais criminais*, 2. ed., Atlas, p. 150).

O Supremo Tribunal Federal, apreciando o tema, pacificou a questão decidindo que o dispositivo não é inconstitucional, adotando os fundamentos mencionados no parágrafo anterior.

Veja-se, ainda, que a lei, ao vedar o benefício, fez menção apenas àquele que está sendo processado por outro crime (doloso, culposo, apenado com reclusão ou detenção, de ação pública ou privada), não impedindo, portanto, sua concessão a quem está sendo processado por contravenção penal.

c) Que o réu não tenha sido condenado anteriormente por outro crime.

Também quanto a esse requisito existe séria divergência doutrinária e jurisprudencial, uma vez que, para alguns, o decurso do prazo de reincidência de 5 anos referido no art. 64, I, do Código Penal faz com que seja possível o benefício, enquanto para outros o silêncio da lei indica estar vedada a concessão da suspensão, qualquer que tenha sido o período decorrido após a condenação. A mesma divergência existe acerca da vedação em face da condenação anterior à multa.

Nas duas situações suprarreferidas, os partidários do cabimento do benefício sustentam a aplicação subsidiária de institutos do Código Penal (arts. 64, I, e 77, § 1º), enquanto os demais entendem incabível essa aplicação subsidiária ou a utilização da analogia, por entenderem que o legislador quis efetivamente afastar o benefício nas duas hipóteses, pois, caso contrário, teria expressamente permitido sua aplicação.

Outra questão que pode gerar alguma dúvida diz respeito ao cabimento da suspensão condicional do processo quando, em processo anterior, foi o réu beneficiado pelo perdão judicial. Com efeito, havia grande divergência doutrinária e jurisprudencial em torno da natureza jurídica da sentença concessiva do perdão judicial. Seria ela condenatória ou declaratória da extinção da punibilidade? Se a natureza for condenatória, está vedada a suspensão do processo, mas, se for declaratória, não. A divergência, entretanto, está superada pela edição da Súmula 18 do Superior Tribunal de Justiça, que reconhece ser a sentença concessiva do perdão judicial declaratória da extinção da punibilidade. Assim sendo, não impede a suspensão condicional do processo em crime posterior.

d) Que a culpabilidade, os antecedentes, a conduta social e personalidade do agente, bem como os motivos e as circunstâncias do crime autorizem a concessão do benefício (art. 77, II, do CP).

Processo penal – Procedimentos, nulidades e recursos

Esses são os requisitos **subjetivos** da suspensão condicional do processo, enquanto os demais, mencionados nos itens anteriores, são denominados **requisitos objetivos**.

Deve haver bastante prudência por parte do Ministério Público e dos juízes na apreciação dos requisitos subjetivos, uma vez que, por tratar-se de medida despenalizadora, há que se dar especial atenção a eles, para se evitar que a sociedade fique desamparada ante a concessão do benefício a todo e qualquer delinquente. Assim, não se deve conceder a suspensão quando houver alguma suspeita de que o acusado voltará a delinquir ou quando o delito se revestir de especial gravidade, uma vez que não se pode colocar em uma mesma situação aquele que pratica a receptação de uma bicicleta usada e aquele que pratica receptação de toda a carga de um caminhão roubado.

6 CONCURSO DE AGENTES

Quando duas pessoas são acusadas da prática de uma mesma infração penal, é possível que apenas uma delas faça jus ao benefício. É o que acontece, por exemplo, quando uma delas ostenta maus antecedentes ou é reincidente. Nessa hipótese, é claro que somente em relação à outra caberá a proposta de suspensão e, caso esta a aceite, haverá desmembramento do feito, para que a instrução possa prosseguir em relação à primeira.

7 MOMENTO DA PROPOSTA

O Ministério Público deve oferecer a proposta concomitantemente ao oferecimento da denúncia. Essa proposta, porém, poderá ser feita em momento posterior em casos de desclassificação ou de procedência parcial da acusação, nos termos da Súmula 337 do Superior Tribunal de Justiça, bem como nas hipóteses de *emendatio* e *mutatio libelli* em que é dada nova classificação ao delito (a respeito deste tema, *vide* tópico 3).

A proposta deve ser fundamentada, conter as condições obrigatórias e, eventualmente, a sugestão de condições facultativas.

8 INICIATIVA DA PROPOSTA

Segundo o art. 89 da Lei n. 9.099/95, se estiverem presentes os requisitos legais, o Ministério Público, ao oferecer a denúncia, poderá propor a suspensão condicional do processo. É evidente, portanto, que nos crimes de ação pública somente o Ministério Público tem a iniciativa de fazê-la. Além disso, nos crimes de ação privada subsidiária da pública a proposta será possível, já que o crime é originariamente de ação pública. Deverá, contudo, ser feita também pelo Ministério Público.

Quanto aos crimes de ação privada exclusiva, já foi estudado no tópico 3 que existe divergência acerca da possibilidade de ser concedido o benefício. Para aqueles que entendem ser ele cabível (entendimento majoritário), surge outra polêmica: quem deveria fazer a proposta: o querelante ou o Ministério Público? Nos julgados dos tribunais superiores em que se admite a suspensão na ação privada, a interpretação é de que a proposta deve partir do querelante.

9 RECUSA NO OFERECIMENTO DA PROPOSTA

Se o órgão do Ministério Público responsável pela elaboração da denúncia entender que falta algum dos requisitos exigidos por lei para a suspensão condicional do processo, deve abster-se de fazer a respectiva proposta, **lançando manifestação nos autos** onde exporá seu entendimento para que o juiz e o réu possam ter conhecimento de suas razões. A falta de

SINOPSES JURÍDICAS

fundamentação poderá ensejar a impetração de *habeas corpus*, caso o juiz receba a denúncia e determine o prosseguimento regular do feito sem atentar para a omissão quanto à questão da suspensão condicional.

Se houver expressa e justificada recusa de proposta de suspensão condicional por parte do Ministério Público, o juiz não poderá fazê-la de ofício, já que não pode dispor de ação penal de que não é o titular. Ademais, sendo a suspensão condicional um acordo entre as partes, não se pode aplicá-la sem que haja a concordância de ambas. O Supremo Tribunal Federal, em sua Súmula 696, esclarece que, se o juiz discordar dos argumentos elencados pelo promotor de justiça oficiante, deve remeter os autos ao Procurador-Geral de Justiça ou instância revisora, em decisão fundamentada, cabendo, então, ao órgão superior do Ministério Público dar a palavra final. Sem prejuízo do controle direto exercido pelo juiz, poderá o investigado, valendo-se da faculdade prevista no art. 28-A, § 14, do CPP, aplicável por analogia à hipótese de recusa no oferecimento de suspensão condicional do processo, requerer a remessa dos autos ao órgão superior do Ministério Público.

10 ACEITAÇÃO DA PROPOSTA

Conforme dispõe a lei, o juiz deve designar uma audiência e intimar o réu para, em sua presença, dizer se aceita ou não os termos da proposta. Nessa audiência o acusado deverá comparecer acompanhado de advogado e, se não o fizer, ser-lhe-á nomeado defensor dativo. Para que seja aplicada a suspensão, a proposta deverá ser aceita por ambos. Assim, havendo discordância de qualquer deles, o juiz não poderá homologá-la.

Se o acusado reside em outra comarca, poderá ser intimado e questionado acerca da proposta por intermédio de carta precatória no juízo deprecado. Nesse caso, entretanto, é evidente que a proposta do Ministério Público e a homologação pelo juiz devem ser realizadas na comarca deprecante, pois apenas estes possuem atribuição e competência para tomar medidas decisórias no processo. Em suma, o juízo deprecado limita-se a intimar o réu e indagar a este se aceita a proposta (elaborada pelo promotor de justiça em atuação na comarca deprecante). Assim, aceita a proposta pelo acusado, a carta precatória será devolvida ao juízo deprecante para que o juiz dessa comarca homologue o acordo. Após a homologação, o acompanhamento das condições será feito no juízo deprecado.

É inadmissível a aceitação da proposta quando foi instaurado incidente de insanidade mental do acusado, uma vez que essa manifestação de vontade deve ser livre e consciente. Assim, se o exame concluir pela inimputabilidade do réu, o processo deve prosseguir. A semi-imputabilidade, entretanto, não impede o benefício, se ficar constatado que o réu tem capacidade de entender o teor da proposta e suas consequências.

11 HOMOLOGAÇÃO

Caso o réu e seu defensor aceitem a proposta, o juiz suspenderá a ação penal por período de 2 a 4 anos, submetendo o réu ao cumprimento de determinadas condições. Na fixação do prazo da suspensão, deve-se levar em conta a gravidade do delito, suas circunstâncias e consequências, a personalidade do agente etc.

Se, por outro lado, o juiz entender que não estão presentes os requisitos legais, deixará de homologar o acordo, hipótese em que a ação deverá prosseguir.

Da decisão que concede ou denega a suspensão condicional cabe recurso em sentido estrito, em decorrência da aplicação subsidiária e extensiva do art. 581, XI, do CPP, determinada pelo art. 92 da Lei n. 9.099/95 (STJ, REsp 263.544/CE, 6ª Turma, rel. Min. Hamil-

Processo penal – Procedimentos, nulidades e recursos

ton Carvalhido, j. 12-3-2002, *DJ* 19-12-2002, p. 457). A interpretação extensiva em questão era aplicada em relação ao dispositivo que trata da suspensão condicional da pena (art. 581, XI), nos termos das decisões do Superior Tribunal de Justiça mencionadas. Ressalve-se, contudo, que a Lei n. 13.964/2019 inseriu no art. 581, XXV, nova hipótese de recurso em sentido estrito para quando o juiz recusar a proposta de acordo de não persecução penal. Parece-nos, pois, que a interpretação extensiva a partir da nova lei deve ser em relação a este dispositivo, que guarda maior semelhança.

12 CONDIÇÕES OBRIGATÓRIAS

Homologado o acordo, o juiz deve impor ao denunciado as seguintes condições elencadas no § 1º do art. 89 da Lei n. 9.099/95: obrigação de reparar integralmente o dano causado pelo delito, salvo comprovada impossibilidade de fazê-lo; proibição de frequentar determinados lugares (bares, prostíbulos etc.); proibição de ausentar-se da comarca em que reside, sem autorização judicial; comparecimento pessoal e obrigatório a juízo, mensalmente, para informar e justificar suas atividades.

A não fixação das condições obrigatórias faz com que o Ministério Público tenha que opor embargos de declaração. Além disso, a não fixação da condição de reparar o dano possibilita à vítima ingressar com recurso de apelação.

13 CONDIÇÕES FACULTATIVAS

Além das obrigatórias, o juiz pode, por sugestão do Ministério Público, fixar outras condições, desde que estas sejam aceitas pelo réu. Não se admite, entretanto, a fixação de condições que atinjam direitos constitucionais da pessoa, como as vexatórias, ofensivas à dignidade, à liberdade de crença, filosófica ou política etc.

14 SUSPENSÃO DO PRAZO PRESCRICIONAL

O art. 89, § 1º, da Lei n. 9.099/95 prevê que a denúncia será recebida após o réu e seu defensor aceitarem a proposta. É pacífico, porém, na doutrina e na jurisprudência, inclusive do Supremo Tribunal Federal, que o juiz deve primeiro receber a denúncia ou queixa para depois fazer a proposta. Com efeito, não faria sentido designar a audiência, o réu contratar defensor, ambos aceitarem a proposta e, em seguida, o juiz rejeitar a inicial. Assim, com o recebimento da denúncia, interrompe-se a prescrição e novo prazo começa a correr imediatamente. Posteriormente, quando for homologada a suspensão condicional do processo, a prescrição ficará igualmente suspensa durante o período de prova (art. 89, § 6º, da Lei n. 9.099/95).

Se for revogado o benefício, o prazo voltará a correr, a contar da data da revogação.

15 CAUSAS DE REVOGAÇÃO OBRIGATÓRIA

Estabelece a lei duas hipóteses de revogação obrigatória (art. 89, § 3º):

a) Se o réu não efetuar, sem motivo justificado, a reparação do dano decorrente da infração penal.

Em razão da ressalva feita pela lei, é evidente que o acusado deve ser intimado para justificar os motivos que o levaram a não efetuar o ressarcimento.

b) Se o réu vier a ser processado por outro crime.

Para que haja a revogação, é necessário, portanto, que tenha havido recebimento de denúncia ou queixa contra o réu, não bastando mera notícia do crime ou da instauração de inquérito policial. Também não há revogação quando é feita transação penal em torno do outro crime. Por outro lado, como a lei não faz qualquer ressalva, é indiferente que o outro crime tenha sido cometido antes ou depois daquele que deu origem à suspensão condicional do processo.

Quanto a essa causa de revogação, existia forte divergência no que tange à sua constitucionalidade.

Luiz Flávio Gomes ressalta que "a inconstitucionalidade dessa determinação é meridional. Enquanto o processo está em andamento, o acusado é presumido inocente. E quem é presumido inocente não pode ser tratado como condenado. É nisso que consiste a regra de tratamento derivada do princípio constitucional da presunção de inocência... Onde está escrito processado, portanto, deve ser lido condenado irrecorrivelmente, isto é, revoga-se obrigatoriamente a suspensão do processo se o acusado vier a ser condenado irrecorrivelmente por outro crime. E se o novo processo não terminar no período de prova: haverá, automaticamente, prorrogação do período de prova..., aplicando-se, subsidiariamente, o art. 81, § 2º, do Código Penal, que diz: 'Se o beneficiário está sendo processado por outro crime ou contravenção, considera-se prorrogado o prazo da suspensão até o julgamento definitivo'... Não subsistem, entretanto, as condições da suspensão, durante a prorrogação... Se houver, ao final, condenação exclusiva a pena de multa, não é o caso de revogação, por força do disposto no art. 77, § 1º, do Código Penal, que se aplica subsidiariamente" (*Suspensão condicional do processo*, Revista dos Tribunais, p. 190-193).

Com raciocínio diametralmente oposto, temos as palavras de Julio Fabbrini Mirabete, no sentido de que, "Ao contrário do que já se tem afirmado, não há inconstitucionalidade no dispositivo que obriga a revogação quando o beneficiário passa a ser processado por outro fato. Com a revogação da suspensão não se declara o acusado culpado nem se impõe pena, mas se estabelece que, não cumprindo as condições impostas, deve o processo prosseguir. Não se infringe, com isso, o princípio da presunção de não culpabilidade inscrito no art. 5º, LVII, da Constituição Federal" (*Juizados especiais criminais*, cit., p. 165).

O Supremo Tribunal Federal, enfrentando a controvérsia, decidiu pela constitucionalidade do dispositivo.

Por outro lado, há que se ressaltar que também ocorrerá revogação da suspensão condicional do processo quando surgirem novas provas que obriguem o Ministério Público a aditar a denúncia para infração penal que tenha pena mínima acima de 1 ano. É o que ocorre, por exemplo, quando a denúncia descreve um furto simples (pena mínima de 1 ano) e surgem provas de que o delito foi cometido com emprego de violência ou grave ameaça, forçando, assim, o aditamento para crime de roubo, cuja pena mínima é de 4 anos.

16 CAUSAS DE REVOGAÇÃO FACULTATIVA

Duas também são as hipóteses legais de revogação facultativa previstas no § 4º do art. 89 da Lei n. 9.099/95:

a) Se o acusado vier a ser processado, no curso do período de prova, por contravenção penal.

Processo penal – Procedimentos, nulidades e recursos

Valem aqui as observações feitas no item anterior, com a única diferença de que, por se tratar de processo por contravenção penal e não por crime, estabelece a lei que a hipótese de revogação é meramente facultativa.

b) Se o acusado descumpre qualquer outra condição imposta.

O dispositivo abrange o desrespeito às condições obrigatórias e às condições facultativas impostas pelo juiz.

Nessas hipóteses, o juiz deve ouvir o acusado, permitindo que este justifique sua falta. Feito isso, o juiz decidirá levando em conta a gravidade da condição descumprida e a justificativa do acusado. Se for revogado o benefício, o acusado poderá interpor recurso em sentido estrito (art. 581, XI, do CPP – por aplicação analógica) ou impetrar *habeas corpus*. Se for mantido o benefício, o juiz não poderá, por ausência de previsão legal, aplicar as regras previstas para o *sursis* que admitem o agravamento das condições impostas (art. 81, § 3º, do CP). Assim, o juiz poderá, no máximo, aplicar uma advertência ao acusado. Se o descumprimento referir-se à condição do comparecimento mensal em juízo e o réu justificar as faltas, o juiz poderá estender o período de prova, descontando o tempo de descumprimento.

Da decisão que não revoga o benefício cabe recurso de apelação por parte do Ministério Público.

17 CONSEQUÊNCIAS DA REVOGAÇÃO DA SUSPENSÃO CONDICIONAL DO PROCESSO

A revogação do benefício tem como consequência imediata a retomada do curso do processo e do prazo prescricional.

Entende-se, também, que, sendo o réu condenado a pena privativa de liberdade, será incabível a concessão do *sursis*, uma vez que, com o seu comportamento anterior, dando causa à revogação, demonstrou não ser ele merecedor de benefícios dessa natureza.

No Supremo Tribunal Federal, é pacífica a interpretação de que o juiz pode revogar o benefício mesmo após o prazo do período de prova, desde que se refira a fato cometido durante o seu transcurso.

18 EXTINÇÃO DA PUNIBILIDADE

Nos termos do § 5º do art. 89 da Lei n. 9.099/95, o juiz decretará a extinção da punibilidade se o acusado não tiver dado causa à revogação do benefício durante o período de prova. Tal extinção da punibilidade impede que seja negado qualquer benefício futuro ao réu pela prática de outra infração penal. Em outras palavras, não poderá ser considerado reincidente ou portador de maus antecedentes. Dessa forma, extinta a punibilidade pelo cumprimento das condições, se o acusado vier a cometer novo delito, poderá novamente ser beneficiado com suspensão do processo (desde que atenda aos demais requisitos do art. 89 da Lei n. 9.099/95). Ao contrário do que ocorre com a transação (art. 76, § 2º, II, da mesma lei), não existe previsão legal que impeça nova suspensão condicional do processo pelo prazo de 5 anos.

SINOPSES JURÍDICAS

Quadro sinótico – Suspensão condicional do processo (art. 89 da Lei n. 9.099/95)

Natureza jurídica	Transação processual por meio da qual o titular da ação abre mão de seu prosseguimento e da busca da condenação, ao passo que o acusado, sem admitir sua responsabilidade pelo delito, submete-se, pelo período de dois a quatro anos, ao cumprimento de determinadas condições.
Cabimento	O instituto é aplicável a todas as infrações penais (crimes e contravenções) cuja pena mínima não exceda a um ano, salvo no que diz respeito a delitos praticados com violência doméstica ou familiar contra a mulher.
Devem ser considerados para fins de verificação do cabimento da proposta de suspensão	1) Causas de aumento ou de diminuição da pena. 2) A soma de penas decorrente do concurso material e o aumento de pena decorrente do concurso formal ou crime continuado (arts. 69, 70 e 71 do CP).
Não se consideram para fins de verificação do cabimento da proposta	Agravantes genéricas.
Requisitos	**Objetivos** **a)** a denúncia deve ter sido recebida; **b)** o acusado não pode estar sendo processado por outro crime; **c)** o réu não pode ter sido condenado por outro crime nos cinco anos antecedentes. **Subjetivos** A culpabilidade, os antecedentes, a conduta social e a personalidade do agente, bem como os motivos e as circunstâncias da infração devem mostrar-se compatíveis com a concessão do benefício.
Oportunidade da proposta	A proposta deve ser oferecida concomitantemente ao oferecimento da denúncia. A Súmula 337 do STJ, no entanto, dispõe que "é cabível a suspensão condicional do processo na desclassificação do crime e na procedência parcial da pretensão punitiva".
Iniciativa da proposta	Exclusiva do Ministério Público, não podendo o juiz supri-la. Em caso de recusa, o autor da infração poderá requerer a remessa dos autos ao órgão revisor do Ministério Público, a quem caberá dar a palavra final.
Aceitação da proposta	O acusado e o defensor devem manifestar concordância na presença do juiz.

Processo penal – Procedimentos, nulidades e recursos

Condições	Obrigatórias ou legais	a) reparação do dano, salvo impossibilidade de fazê-lo; b) proibição de frequentar determinados lugares; c) proibição de ausentar-se da comarca onde reside, sem autorização do juiz; d) comparecimento pessoal e obrigatório a juízo, mensalmente, para informar e justificar suas atividades.
	Facultativas	O juiz poderá especificar outras condições a que fica subordinada a suspensão, desde que adequadas ao fato e à situação pessoal do acusado.
Efeitos da homologação do acordo		a) suspensão do curso do processo; b) suspensão do prazo prescricional.
Causas de revogação	Obrigatórias	a) se o beneficiário vier a ser processado por outro crime; b) se deixar, sem motivo justificado, de efetuar a reparação do dano.
	Facultativas	a) se o beneficiário vier a ser processado por contravenção; b) se descumprir qualquer outra condição imposta.
Efeitos da revogação do benefício		a) retomada do curso do processo; b) volta da fluência do prazo prescricional.
Consequência jurídica do decurso do período de prova sem que o acusado tenha dado causa à revogação do benefício		Decretação da extinção da punibilidade.

DAS NULIDADES

1 TEORIA GERAL DAS NULIDADES

O legislador, com a finalidade de evitar que as providências processuais se desvirtuassem com a prática de atos inúteis ao descobrimento da verdade (sortilégios, p. ex.) e a omissão daqueles termos essenciais à reconstrução histórica do fato criminoso, previu a necessidade de observância de modelos legais.

O desatendimento às fórmulas desse modelo recebe a denominação genérica de **nulidade**, que é, em verdade, uma sanção existente com o objetivo de compelir o juiz e as partes a observarem a matriz legal.

1.1. ESPÉCIES DE NULIDADE

De acordo com a intensidade da desconformidade do ato com o modelo legal e de sua repercussão no processo, a nulidade pode ser classificada como:

1.1.1. INEXISTÊNCIA

Ocorre quando tamanha é a desconformidade do ato com o modelo legal que ele é considerado um não ato. Ausente estará, nessa hipótese, um elemento que o direito considera essencial para que o ato tenha validade no mundo jurídico.

Uma vez que o ato não existe no plano jurídico, não há necessidade de pronunciamento para reconhecer-se a invalidade, pois basta desconsiderar aquilo que aparenta ser ato. Não se opera, em relação ao ato inexistente, a preclusão e, por nada ser, não pode ser convalidado ou produzir efeitos.

Costuma-se exemplificar a situação de ato inexistente aludindo-se à hipótese de sentença proferida por quem não é juiz, ou por juiz que já não tem jurisdição no momento da prática do ato ou, ainda, a aparente sentença em que não há dispositivo.

1.1.2. NULIDADE ABSOLUTA

Tem lugar quando constatada a atipicidade do ato em relação a norma ou princípio processual de índole constitucional ou norma infraconstitucional garantidora de interesse público.

A nulidade absoluta, apesar de constituir vício grave, depende de ato judicial que a reconheça, uma vez que os atos processuais têm eficácia até que outros os desfaçam.

O prejuízo para o processo, em alguns casos, é manifesto e o vício dessa natureza não se convalida. Assim, não se exige a arguição em momento certo e determinado para que tenha lugar o reconhecimento de sua existência, podendo, inclusive, ser decretada *ex officio* pelo juiz. Ex.: sentença proferida pelo juiz penal comum, quando a competência era da justiça militar.

1.1.3. NULIDADE RELATIVA

Ocorre na hipótese de violação de exigência imposta, por norma infraconstitucional, no interesse das partes.

Tal como no caso de nulidade absoluta, depende de ato judicial que declare sua ocorrência, já que, como anteriormente mencionado, a nulidade dos atos processuais não se dá automaticamente.

Para que seja reconhecida, o interessado deve comprovar a ocorrência de prejuízo e argui-la no momento oportuno, sob pena de convalidação. Ao contrário do que ocorre no tocante à nulidade absoluta, em regra, não pode ser reconhecida de ofício pelo juiz. Ex.: ausência de intimação da defesa acerca da expedição de carta precatória para colheita de testemunho.

1.1.4. IRREGULARIDADE

É o vício consistente na inobservância de norma legal (infraconstitucional), que não acarreta qualquer prejuízo ao processo ou às partes.

Esse desatendimento à norma processual não tem o condão de causar a invalidade do ato e não influi no desenvolvimento do processo.

Constitui mera irregularidade, por exemplo, a falta de compromisso da testemunha antes do depoimento.

1.2. PRINCÍPIOS INFORMADORES DO SISTEMA DAS NULIDADES

1.2.1. PRINCÍPIO DA INSTRUMENTALIDADE DAS FORMAS

Funda-se na ideia de que o processo não é um fim em si mesmo, mas instrumento voltado para apuração da verdade e aplicação do direito material.

Encontra previsão no art. 566 do Código de Processo Penal, que assim se ostenta: "Não será declarada a nulidade de ato processual que não houver influído na apuração da verdade substancial ou na decisão da causa".

Como ressaltado na Exposição de Motivos, o Código "não deixa respiradouro para o frívolo curialismo, que se compraz em espiolhar nulidades".

De acordo com esse princípio, não haverá nulidade se o ato, ainda que praticado de forma diversa daquela prevista em lei, atingir sua finalidade (art. 572, II). Em outras palavras: a inobservância da forma só é relevante se acarretar prejuízo para o direito que é garantido pela própria forma.

1.2.2. PRINCÍPIO DO PREJUÍZO

Corolário do princípio da instrumentalidade das formas, tem previsão no art. 563 do Código de Processo Penal: "Nenhum ato será declarado nulo, se da nulidade não resultar prejuízo para a acusação ou para a defesa".

É sintetizado pela expressão *pas de nullité sans grief* (não há nulidade sem prejuízo), utilizada pela doutrina francesa.

Assim, não basta a imperfeição do ato, pois, para haver nulidade, é imprescindível que haja efeitos prejudiciais ao processo ou às partes.

Embora muitos doutrinadores afirmem que apenas para o reconhecimento de nulidade relativa é que há necessidade de comprovação do prejuízo, a jurisprudência do Supremo

Processo penal – Procedimentos, nulidades e recursos

Tribunal Federal orienta-se no sentido de que a demonstração do prejuízo é imprescindível também à alegação de nulidade absoluta.

1.2.3. PRINCÍPIO DA CAUSALIDADE (OU CONSEQUENCIALIDADE)

Orienta qual será a extensão dos efeitos da decretação de nulidade, estabelecendo que a nulidade de um ato causará a invalidade dos atos que dele diretamente dependam ou sejam consequência (art. 573, § 1º).

Assim, se houver ato cronologicamente posterior à prática do ato ineficaz que não guarde relação de dependência com este, não será declarada sua nulidade.

Incumbe ao juiz, ao decretar a nulidade, delimitar quais outros atos serão invalidados (art. 573, § 2º).

A não contaminação dos atos que independem do ato viciado decorre de razões de economia processual e tem por escopo permitir que se alcance, com mais celeridade, a entrega da prestação jurisdicional.

Aplica-se esse princípio também para resolver o alcance da declaração de ineficácia dos atos complexos, hipótese em que a parte do ato que não for afetada pelo vício continuará válida. Ex.: se há nulidade apenas na parte da sentença que se refere à aplicação da pena, o tribunal não declara a nulidade integral daquela decisão, mas apenas da parte que contém o erro. Assim, o juiz de 1ª instância necessitará corrigir somente aquela parte da sentença.

Observação: Disso decorre o conceito de nulidade parcial, ou seja, aquela que atinge somente uma parte do ato ou do processo, bem assim o de nulidade derivada, isto é, a que foi reconhecida em virtude da extensão dos efeitos da declaração de vício de ato do qual dependia.

1.2.4. PRINCÍPIO DO INTERESSE

Consiste na impossibilidade de a parte invocar em seu favor o reconhecimento de nulidade a que deu causa ou para a qual tenha concorrido, ou, ainda, que se refira a formalidade cuja observância só à parte adversa interesse (art. 565).

Refere-se às nulidades relativas, porquanto as absolutas podem ser reconhecidas de ofício.

1.2.5. PRINCÍPIO DA CONVALIDAÇÃO

Revela-se por meio da previsão da possibilidade de aproveitamento do ato imperfeito, sempre que ocorrer fato ou situação a que a lei atribua caráter sanatório (art. 572).

Aplica-se, em regra, somente às nulidades relativas, já que as absolutas não estão sujeitas, salvo em algumas hipóteses, a convalidação.

A preclusão temporal da faculdade de alegar a nulidade relativa enseja a convalidação do ato viciado, de modo que, se a eiva não for alegada oportunamente, considerar-se-á sanada. Embora a redação do art. 571 não esteja afinada com as alterações promovidas no Código, suas diretrizes permitem concluir que as etapas procedimentais em que devem ser arguidas as nulidades relativas, sob pena de preclusão, são:

a) as da instrução criminal dos processos do júri, no momento das alegações orais em audiência (art. 411, § 4º);

b) as da instrução criminal dos processos de competência do juiz singular e dos processos especiais, por ocasião das alegações finais, orais ou escritas (art. 403, *caput*, e § 3º);

c) as do processo sumário nas alegações orais (art. 534);

SINOPSES JURÍDICAS

d) as ocorridas posteriormente à pronúncia, logo depois de anunciado o julgamento e apregoadas as partes;

e) as ocorridas após a sentença, nas razões de recurso (em preliminar), ou logo depois de anunciado o julgamento do recurso e apregoadas as partes;

f) as do julgamento em plenário, em audiência ou em sessão do tribunal, logo depois de ocorrerem.

A preclusão lógica, que se opera em razão da prática de conduta incompatível com o desejo de ver reconhecida a nulidade de determinado ato, também pode ensejar a convalidação (art. 572, III).

Existem, ainda, outras causas de convalidação:

a) De acordo com o Código, "a incompetência do juízo anula somente os atos decisórios" (art. 567), já que é possível que os atos instrutórios sejam convalidados por meio de ratificação (art. 108, § 1º). A doutrina, em geral, sustenta a impossibilidade de convalidação dos atos instrutórios praticados por juízo absolutamente incompetente, afirmando que os dispositivos tratam apenas dos casos de incompetência relativa. O Supremo Tribunal Federal, no entanto, tem se pronunciado pela possibilidade de ratificação de atos instrutórios (e de certos atos decisórios) praticados por juízo absolutamente incompetente.

b) Nos termos do disposto no art. 569 do Código de Processo Penal, as omissões da denúncia ou da queixa, da representação e do ato de prisão em flagrante poderão ser supridas a todo tempo, antes da sentença final.

c) O art. 570 do Código, por outro lado, preceitua que o comparecimento do interessado, ainda que com a finalidade exclusiva de arguir a nulidade da citação, notificação ou intimação, substituirá o ato de comunicação, afastando a irregularidade. Deve o juiz, no entanto, ordenar a suspensão ou adiamento do ato se verificar que a irregularidade pode prejudicar direito da parte.

Além dessas hipóteses, ocorre a convalidação das nulidades com o trânsito em julgado da sentença, salvo se se tratar de nulidade absoluta que aproveite à defesa, caso em que será possível a desconstituição do julgado.

2 NULIDADES EM ESPÉCIE

O Código cuidou de elencar expressamente alguns casos em que ocorrerá nulidade (art. 564):

I – Por incompetência, suspeição ou suborno do juiz.

Para que o juiz possa julgar determinada causa, é necessário que seja competente, de acordo com as regras que fixam a quantidade de jurisdição que será atribuída a cada órgão.

A incompetência pode dar-se em razão de defeito quanto às normas de hierarquia (inobservância da competência originária dos tribunais), de foro ou juízo (territorial) ou em razão da matéria.

Seja qual for a natureza da incompetência, ocorrerá nulidade.

Deve-se distinguir, entretanto, entre a competência territorial, que induz à nulidade relativa, e as demais, que induzem à nulidade absoluta.

Assim, em se tratando de hipótese de incompetência *rationi loci* (territorial), uma vez que se refere, prevalentemente, a interesse das partes, deve ser arguida em momento oportuno (no prazo da resposta escrita, por via da competente exceção), sob pena de convalidação da eiva e prorrogação da competência. Diz-se, nesse caso, que há incompetência relativa. Nesse mesmo sentido, a Súmula 706 do STF, que diz ser relativa a nulidade decorrente da

Processo penal – Procedimentos, nulidades e recursos

inobservância da competência penal por prevenção (que é também tema da competência territorial).

Apesar de cuidar-se de nulidade relativa, há possibilidade de o juiz reconhecê-la de ofício, remetendo os autos ao juízo competente (art. 109), uma vez que a matéria guarda certa relação com o interesse público (princípio da verdade real), pois, no local onde ocorreu a infração, é mais fácil a obtenção de provas. Como já salientado, porém, a regra é de que as nulidades relativas não podem ser reconhecidas de ofício pelo juiz.

Nos demais casos de incompetência, tratar-se-á de nulidade absoluta, passível de reconhecimento a qualquer tempo, inclusive *ex officio*, e insuscetível de convalidação. Cuida-se de hipóteses de incompetência absoluta.

Não é demais relembrar que, nos termos do disposto no art. 567 do Código de Processo Penal, a incompetência do juízo anulará somente os atos decisórios, devendo o processo, quando for declarada a nulidade, ser remetido ao juiz competente.

Ocorrerá nulidade absoluta, também, por suspeição ou suborno do juiz.

Se for reconhecida a suspeição de juiz que houver praticado atos processuais, serão estes declarados nulos. Embora não haja expressa menção na lei, os impedimentos e as incompatibilidades dos juízes também são causas de nulidade.

O art. 3º-D, *caput*, do CPP, inserido pela Lei n. 13.964/2019, dispõe que o magistrado que praticou qualquer ato inserido na competência do juiz das garantias está impedido de funcionar na ação penal. Já o art. 157, § 5º, do CPP, inserido pela mesma Lei, estabelece que o juiz que conhecer do conteúdo da prova declarada inadmissível não poderá proferir a sentença ou acórdão. O descumprimento dessas regras levaria à nulidade do feito. O Supremo Tribunal Federal, todavia, concedeu liminar no julgamento das ADIs 6.268 e 6.299, suspendendo a eficácia desses dois dispositivos, que somente entrarão em vigor se a liminar for cassada e os dispositivos forem considerados constitucionais.

A expressão suborno abrange a concussão, a corrupção e a prevaricação, situações em que ocorrerá a nulidade absoluta dos atos praticados pelo magistrado.

II – Por ilegitimidade de parte.

A ilegitimidade *ad causam*, passiva ou ativa, constitui nulidade absoluta. Assim, se houver oferecimento de denúncia pelo Ministério Público em caso de crime de ação penal privada ou se o ofendido propuser queixa por crime de ação penal pública, haverá nulidade insanável.

A ilegitimidade *ad processum* (ex.: vítima menor de 18 anos que ajuíza ação sem estar representada) e a falta de capacidade postulatória, no entanto, constituem nulidade relativa, pois, nos termos do disposto no art. 568 do Código, "a nulidade por ilegitimidade do representante da parte poderá ser a todo tempo sanada, mediante ratificação dos atos processuais".

III – Por falta das fórmulas ou dos termos seguintes:

a) Denúncia ou queixa e representação.

O processo sem denúncia ou queixa "é um fantasma, uma comédia, não um processo" (Hélio Tornaghi, *Curso de processo penal*, 9. ed., Saraiva, 1995, v. 2, p. 300). A falta de tais peças e, ainda, de representação (condição de procedibilidade) nos crimes de ação pública condicionada acarreta, obviamente, a nulidade absoluta do processo.

O mesmo ocorre no caso de ausência de requisito essencial da denúncia ou queixa, como a descrição do fato criminoso e a identificação do acusado.

Constituem meras irregularidades da peça inicial, sanáveis até a sentença (art. 569), no entanto:

1) erro no endereçamento;

2) erro na capitulação jurídica;

3) ausência do pedido de citação;

4) ausência de indicação do rito a ser observado;

5) falta de assinatura do promotor de justiça;

6) erro na qualificação do denunciado, desde que possível sua identificação física.

b) Exame de corpo de delito, direto ou indireto, nos crimes que deixam vestígios, se essa falta não for suprida pelo depoimento de testemunhas (art. 167).

É causa de nulidade absoluta a ausência de exame de corpo de delito em relação aos processos de crimes que deixam vestígios (não transeuntes).

É oportuna, em relação ao tema, a lição de E. Magalhães Noronha: "Relativamente ao exame de corpo de delito, a interpretação que se tira da alínea *b* e do art. 167 é que há nulidade sempre que, presentes os vestígios do crime, não se procede àquele exame; mas se eles desapareceram, não vigora o referido artigo. Assim, se um homem foi assassinado e sepultado, não pode vingar o processo sem que se faça a exumação e a competente necropsia, mas se o homicídio consistiu, *v.g.*, em precipitá-lo ao oceano, não tendo sido encontrado seu corpo, a prova testemunhal supre aquela perícia" (*Curso de direito processual penal*, 1989, 19. ed., Saraiva, p. 332).

c) Nomeação de defensor ao réu presente, que não o tiver, ou ao ausente, e de curador ao menor de 21 anos.

Em atenção ao princípio constitucional da ampla defesa, a lei fulmina de nulidade absoluta a falta de defesa técnica em prol de acusado ausente ou presente. Ressalte-se, porém, que, "no processo penal, a falta de defesa constitui nulidade absoluta, mas a sua deficiência só o anulará se houver prova de prejuízo para o réu" (Súmula 523 do STF). É relativa, portanto, a nulidade decorrente de defesa deficiente.

No que se refere à previsão de nulidade em razão da falta de nomeação de curador ao réu menor de 21 anos, o dispositivo está derrogado, na medida em que a Lei n. 10.792/2003 revogou expressamente o art. 194 do CPP, que exigiu a nomeação de curador para réus menores. Por consequência, deixou também de ter sentido a Súmula 352 do STF: "não é nulo o processo penal por falta de nomeação de curador ao réu menor que teve a assistência de defensor dativo".

d) Intervenção do Ministério Público em todos os termos da ação penal pública ou privada subsidiária da pública.

A presença ou intervenção das partes é condição para a regular realização de qualquer ato processual, razão pela qual o Ministério Público deve intervir em todos os termos da ação. Na hipótese de falta de intimação do órgão ministerial para participar ou praticar qualquer ato, haverá nulidade relativa (art. 572).

Se houver regular intimação para ato instrutório, no entanto, a falta de comparecimento não constitui, em regra, fundamento para a anulação do ato, já que o Ministério Público não pode arguir invalidade a que deu causa, ao passo que a defesa não tem interesse em arguir a inobservância de formalidade que interessa apenas à parte contrária (art. 565 do CPP).

e) Citação do réu para ver-se processar, seu interrogatório, quando presente, e prazos concedidos à acusação e à defesa.

Citação é o ato por meio do qual, cientificando-se o acusado da imputação, chama-se ele ao processo para exercer sua defesa. A ciência acerca da imputação é pressuposto para o exercício do direito de defesa.

Se não houver citação ou o ato citatório não contiver as formalidades necessárias ao fim a que se destina, ocorrerá nulidade absoluta. Todavia, o comparecimento espontâneo do acusado a juízo substitui o ato citatório, de modo que não haverá invalidação (art. 570).

Há julgado do Superior Tribunal de Justiça que proclama a validade da citação realizada por oficial de justiça por meio de WhatsApp, desde que haja elementos indutivos da autenticidade do destinatário, tais como número de telefone, confirmação escrita e foto individual, ressalvado o direito do citando de, posteriormente, comprovar eventual nulidade, seja com registro de ocorrência de furto, roubo ou perda do celular na época da citação, com contrato de permuta, com testemunhas ou qualquer outro meio válido que autorize concluir de forma assertiva não ter havido citação válida (HC 641.877/DF, 5ª Turma, rel. Min. Ribeiro Dantas, j. 9-3-2021, *DJe* 15-3-2021).

A existência de interrogatório é, de igual modo, exigência inafastável, uma vez que é por meio de tal ato que o acusado exerce a autodefesa. Haverá nulidade, pois, se o réu presente não for interrogado.

O Superior Tribunal de Justiça entende que constitui nulidade relativa o fato de o juiz não alertar o acusado de seu direito de permanecer calado: "Segundo a jurisprudência desta Corte Superior de Justiça, a ausência de informação acerca do direito de permanecer calado ao acusado gera apenas a nulidade relativa, cuja declaração depende da comprovação do prejuízo, o que não ocorreu no caso, pois, como posto no acórdão impugnado, o recorrente negou a autoria dos delitos quando interrogado pela autoridade policial, apresentando uma versão defensiva" (RHC 96.396/MG, 5ª Turma, rel. Min. Ribeiro Dantas, j. 7-6-2018, *DJe* 15-6-2018).

A falta de apresentação de resposta escrita, salvo no que diz respeito aos processos de competência do júri, é causa de nulidade, pois se trata de peça obrigatória.

No que se refere à supressão de prazo para oferecimento de alegações finais, algumas situações podem ocorrer:

1) A defesa não apresenta alegações finais no rito do Júri na fase anterior à pronúncia: não haverá nulidade, uma vez que constitui faculdade a apresentação dessas alegações, já que a defesa pode, estrategicamente, reservar para plenário suas argumentações para não adiantar a tese defensiva que pretende utilizar. A falta de intimação do defensor, todavia, é causa de nulidade, assim como o não oferecimento das alegações em razão de o defensor ter deixado o patrocínio sem que tenha havido intimação para constituição de outro advogado e eventual ulterior remessa dos autos à Defensoria.

2) A falta de alegações finais da defesa no procedimento comum é sempre causa de nulidade, uma vez que se caracteriza a ausência de defesa (Súmula 523 do STF).

3) O Ministério Público não se manifesta em alegações finais, quer no sumário da culpa (processos de competência do júri), quer no procedimento comum (ordinário ou sumário): haverá nulidade relativa (art. 572).

A falta de cientificação da acusação ou defesa acerca de qualquer elemento anexado aos autos e a ausência de intimação para a prática de qualquer outro ato implicarão nulidade.

f) **Sentença de pronúncia, libelo e respectiva cópia, com o rol de testemunhas, nos processos perante o Tribunal do Júri.**

O dispositivo, que se refere ao procedimento do júri, inquina de nulidade absoluta qualquer ato relativo ao juízo da causa (segunda fase do procedimento) na hipótese de inexistência da decisão de pronúncia.

Na medida em que a Lei n. 11.689/2008 eliminou o libelo e, por consequência, a necessidade de entrega de cópia de tal peça ao acusado, restou esvaziada a segunda parte do dispositivo.

g) **Intimação do réu para a sessão de julgamento, pelo Tribunal do Júri, quando a lei não permitir o julgamento à revelia.**

SINOPSES JURÍDICAS

Embora o julgamento pelo júri possa ser realizado sem a presença física do acusado, a falta de intimação sempre implicará nulidade absoluta, na medida em que fere o direito ao exercício da ampla defesa.

Não há dúvida, entretanto, de que a nulidade só deve ser reconhecida acaso o réu não esteja presente à sessão de julgamento.

h) Intimação das testemunhas arroladas no libelo e na contrariedade, nos termos estabelecidos pela lei.

As partes têm direito de exercer influência no ânimo dos jurados, mediante a produção de prova oral, razão pela qual, conquanto não mais exista a apresentação de libelo e de contrariedade, as testemunhas que vierem a ser arroladas nas peças inominadas de que trata o art. 422 do Código devem ser necessariamente intimadas. A ausência de intimação, contudo, constitui nulidade relativa, que deve ser arguida logo após anunciado o julgamento e apregoadas as partes, sob pena de preclusão (art. 571, V).

i) Presença de, pelo menos, 15 jurados para a constituição do júri.

Havendo o número mínimo de 15 jurados, o juiz-presidente declarará instalada a sessão e anunciará o processo a ser submetido a julgamento (art. 463 do CPP). Computam-se, para esse cálculo, os jurados excluídos por impedimento, suspeição ou incompatibilidade (art. 463, § 2º, do CPP).

Não havendo o quórum necessário, a sessão não será instalada, já que constitui nulidade a realização do julgamento quando não presentes pelo menos 15 jurados (art. 564, III, *i*, do CPP). Nessa situação, o juiz realizará o sorteio de jurados suplentes e designará nova data para julgamento, intimando os novos jurados.

Há controvérsia sobre a possibilidade, em locais em que vários Tribunais do Júri reúnem-se simultaneamente, em um mesmo prédio, para realização de julgamentos, de empréstimo de jurado de outro plenário, a fim de que se alcance o quórum necessário à instalação da sessão. De acordo com a jurisprudência do Superior Tribunal de Justiça, não enseja nulidade a complementação do número regulamentar mínimo de 15 jurados, por suplentes do mesmo Tribunal do Júri: "A complementação, com membros de outro plenário do mesmo Tribunal do Júri, do número legal mínimo de quinze jurados para que sejam instalados os trabalhos da sessão do júri não enseja a nulidade do julgamento do acusado" (STJ, HC 168.263/SP, 6ª Turma, rel. Min. Rogerio Schietti Cruz, j. 20-8-2015, *DJe* 8-9-2015). No mesmo sentido: HC 227.169/SP, 5ª Turma, rel. Min. Gurgel de Faria, *DJe* 11-2-2015; HC 127.104/SP, 5ª Turma, rel. Min. Gurgel de Faria, *DJe* 26-11-2014; HC 132.292/SP, 6ª Turma, rel. Min. Og Fernandes, *DJe* 22-6-2011.

Há decisão do Supremo Tribunal Federal, porém, em sentido oposto: "Dada a relevância para as partes do conhecimento prévio dos jurados convocados para a sessão do Júri e que, assim, poderão compor o Conselho de Sentença, é de observância imprescindível o art. 442 C. Pr. Penal, segundo a qual a instalação da sessão depende do comparecimento de pelo menos 15 jurados, *quorum* que, se não atingido, implica nova convocação para o dia útil imediato. Daí que, não alcançando o *quorum* legal entre os convocados para determinado julgamento, é inadmissível, para atingi-lo a chamada de jurados incluídos na lista convocada para outros julgamentos previstos para a mesma data em diferentes 'plenários' do mesmo Tribunal do Júri" (STF, HC 88.801/SP, 1ª Turma, rel. Min. Sepúlveda Pertence, *DJ* 8-9-2006, p. 43).

Consideramos que a utilização de jurado convocado para outro plenário não tem aptidão para influir no exercício da plena defesa, pois, na medida em que houver publicação prévia da lista de convocados para todos os plenários, tal providência não impedirá que as partes conheçam, com a necessária antecedência, as identidades dos prováveis juízes leigos, de modo a embasar eventuais recusas de jurados.

Processo penal – Procedimentos, nulidades e recursos

j) Sorteio dos jurados do Conselho de Sentença em número legal e sua incomunicabilidade.

A inexistência ou irregularidade no sorteio dos jurados e na composição do Conselho de Sentença, bem como a quebra da incomunicabilidade são causas de nulidade absoluta.

k) Quesitos e respectivas respostas.

Os quesitos formulados aos jurados e as respostas dadas pelos jurados exprimem o veredicto, mostrando-se, portanto, essenciais, razão pela qual sua falta acarreta nulidade absoluta.

l) Acusação e defesa na sessão de julgamento.

É obrigatória a presença da acusação e da defesa na sessão de julgamento pelo júri, sob pena de violação do princípio do contraditório e de subtrair-se dos jurados as informações necessárias à formação de seu convencimento, o que acarreta nulidade absoluta.

Veja-se que o que é indispensável é a manifestação de ambas as partes, podendo o Ministério Público pleitear, inclusive, a absolvição. A defesa, por seu turno, em razão de princípio constitucional que assegura sua amplitude, deve postular situação mais favorável ao acusado do que aquela advinda da procedência integral do pedido acusatório.

m) Sentença.

A tutela jurisdicional postulada, finalidade do processo, é traduzida pela sentença.

Nulidade absoluta haverá se faltar a sentença ou qualquer de seus requisitos essenciais (art. 381). Desse modo, haverá nulidade insanável, p. ex., na sentença desmotivada, assim considerada não apenas a decisão totalmente omissa na explicitação de motivos, mas, também, aquela que apresentar algum dos defeitos elencados no art. 489, § 1º, do CPC.

Constitui mera irregularidade a falta de assinatura do juiz, desde que certa a autoria da sentença. Há, porém, quem repute inexistente o ato em tal caso, já que não passaria de mero trabalho datilográfico, sem qualquer valor.

n) Recurso de ofício, nos casos em que a lei o tenha estabelecido.

A lei prevê a necessidade de observar-se, obrigatoriamente, o duplo grau de jurisdição em algumas hipóteses já estudadas. A revisão obrigatória é impropriamente denominada recurso de ofício, já que o juiz não detém capacidade postulatória, ou seja, não pode recorrer.

Em verdade, a inexistência de remessa à superior instância não acarreta a invalidade dos atos praticados no processo, apenas impede que a decisão transite em julgado. Não é outro o teor da Súmula 423 do Supremo Tribunal Federal: "Não transita em julgado a sentença por haver omitido o recurso *ex officio*, que se considera interposto *ex lege*".

o) Intimação, nas decisões estabelecidas pela lei, para ciência de sentenças e despachos de que caiba recurso.

A falta de intimação, de acordo com o modelo legal, da sentença e de outras decisões acarreta evidente prejuízo às partes, que ficam privadas do direito de recorrer. Não haverá nulidade da sentença ou decisão, mas, tão somente, dos atos que delas decorrem. A nulidade, nesse caso, é absoluta.

p) Nos tribunais, o *quorum* legal para o julgamento.

É absoluta a nulidade do julgamento realizado por órgão colegiado cuja composição não atende ao número mínimo de juízes, desembargadores ou ministros previsto em lei.

É indiferente tratar-se de competência recursal ou originária.

IV – Por omissão de formalidade que constitua elemento essencial do ato.

Esse dispositivo estabelece norma genérica, que permite concluir pela nulidade de qualquer ato quando a supressão da formalidade prevista em lei importar em esvaziamento da finalidade da norma.

SINOPSES JURÍDICAS

q) Carência de fundamentação da decisão.

Pode ocorrer de a sentença, o acórdão ou qualquer outra decisão carecer da necessária fundamentação, requisito indispensável de validade, nos termos do art. 93, IX, da Constituição Federal. De acordo com tal dispositivo da Carta Magna, "todos os julgamentos dos órgãos do Poder Judiciário serão públicos, e fundamentadas todas as decisões, sob pena de nulidade...".

Nos termos do art. 315, § 2º, do Código de Processo Penal, com a redação dada pela Lei n. 13.964/2019, não se considera fundamentada qualquer decisão judicial, seja ela interlocutória, sentença ou acórdão, que:

I – limitar-se à indicação, à reprodução ou à paráfrase de ato normativo, sem explicar sua relação com a causa ou a questão decidida;

II – empregar conceitos jurídicos indeterminados, sem explicar o motivo concreto de sua incidência no caso;

III – invocar motivos que se prestariam a justificar qualquer outra decisão;

IV – não enfrentar todos os argumentos deduzidos no processo capazes de, em tese, infirmar a conclusão adotada pelo julgador;

V – limitar-se a invocar precedente ou enunciado de súmula, sem identificar seus fundamentos determinantes nem demonstrar que o caso sob julgamento se ajusta àqueles fundamentos;

VI – deixar de seguir enunciado de súmula, jurisprudência ou precedente invocado pela parte, sem demonstrar a existência de distinção no caso em julgamento ou a superação do entendimento.

Esse dispositivo é praticamente cópia do art. 489, § 1º, do Código de Processo Civil, que já era aplicável à legislação processual penal por analogia.

Nulidade é absoluta.

Parágrafo único. Deficiência dos quesitos ou das suas respostas, e contradição entre estas.

Ocorrendo qualquer dessas situações, estará viciada a decisão popular, motivo pelo qual é necessário que o questionário seja claro, completo e obedeça à ordem de formulação. Caso o juiz-presidente não submeta novamente à apreciação dos jurados os quesitos cujas respostas são inconciliáveis (art. 490 do CPP), ocorrerá a invalidade do julgamento.

O antagonismo entre respostas aos quesitos que apresenta relevância, por sua vez, é aquele que decorre da maioria dos jurados, e não de votos individuais. Assim, se a decisão da maioria não é contraditória com outro quesito, não há nulidade, ainda que haja voto individual contraditório.

3 SÚMULAS DO SUPREMO TRIBUNAL FEDERAL

O Supremo Tribunal Federal editou várias súmulas que se referem ao tema das nulidades:

Súmula Vinculante 11 – Só é lícito o uso de algemas em casos de resistência e de fundado receio de fuga ou de perigo à integridade física própria ou alheia, por parte do preso ou de terceiros, justificada a excepcionalidade por escrito, sob pena de responsabilidade disciplinar, civil e penal do agente ou da autoridade e de nulidade da prisão ou do ato processual a que se refere, sem prejuízo da responsabilidade civil do Estado.

Súmula 155 – É relativa a nulidade do processo criminal por falta de intimação da expedição de precatória para inquirição de testemunha.

Processo penal – Procedimentos, nulidades e recursos

Súmula 156 – É absoluta a nulidade do julgamento, pelo júri, por falta de quesito obrigatório.

Súmula 160 – É nula a decisão do tribunal que acolhe, contra o réu, nulidade não arguida no recurso da acusação, ressalvados os casos de recurso de ofício.

Súmula 162 – É absoluta a nulidade do julgamento pelo júri, quando os quesitos da defesa não precedem aos das circunstâncias agravantes.

Súmula 206 – É nulo o julgamento ulterior pelo júri com a participação de jurado que funcionou em julgamento anterior do mesmo processo.

Súmula 351 – É nula a citação por edital de réu preso na mesma unidade da Federação em que o juiz exerce a sua jurisdição.

Súmula 366 – Não é nula a citação por edital que indica o dispositivo da lei penal, embora não transcreva a denúncia ou queixa, ou não resuma os fatos em que se baseia.

Súmula 431 – É nulo o julgamento de recurso criminal, na segunda instância, sem prévia intimação, ou publicação da pauta, salvo em *habeas corpus*.

Súmula 523 – No processo penal, a falta de defesa constitui nulidade absoluta, mas a sua deficiência só o anulará se houver prova de prejuízo para o réu.

Súmula 564 – A ausência de fundamentação do despacho de recebimento de denúncia por crime falimentar enseja nulidade processual, salvo se já houver sentença condenatória.

Súmula 706 – É relativa a nulidade decorrente da inobservância da competência penal por prevenção.

Súmula 707 – Constitui nulidade a falta de intimação do denunciado para oferecer contrarrazões ao recurso interposto da rejeição da denúncia, não a suprindo a nomeação de defensor dativo.

Súmula 708 – É nulo o julgamento da apelação se, após a manifestação nos autos da renúncia do único defensor, o réu não foi previamente intimado para constituir outro.

Súmula 712 – É nula a decisão que determina o desaforamento de processo da competência do júri sem audiência da defesa.

Quadro sinótico – Das nulidades

Inexistência do ato processual	Ocorre quando o ato apenas aparenta ter ocorrido, sem que, no entanto, tenha existido no mundo jurídico. Não depende de desfazimento por outro ato para que deixe de produzir efeitos.
Nulidade absoluta	Dá-se quando a atipicidade do ato viola norma garantidora de interesse público. Produz efeitos até que outro ato reconheça e imperfeição, mas pode ser reconhecida de ofício e não se sujeita, necessariamente, à demonstração de prejuízo, que pode ser manifesto, nem à preclusão.
Nulidade relativa	Ocorre na hipótese de inobservância de norma garantidora de interesse das partes. Gera efeitos enquanto outro ato não a reconhecer, porém sua caracterização depende de oportuna arguição e de efetiva demonstração do prejuízo suportado.

Irregularidade	Decorre da falta de observância de norma cujo desatendimento não tem repercussão para o processo.
Princípios que regem o sistema de invalidades	**a)** princípio da instrumentalidade das formas; **b)** princípio do prejuízo; **c)** princípio da causalidade; **d)** princípio do interesse; **e)** princípio da convalidação.

DOS RECURSOS

1 TEORIA GERAL

1.1. CONCEITO

Em razão do grande número de recursos previstos em nossa legislação, torna-se extremamente complicado estabelecer um conceito capaz de abranger completamente todos. Dentre os inúmeros conceitos existentes, entretanto, o que mais se aproxima da realidade é o seguinte: meio processual voluntário ou obrigatório de impugnação de uma decisão, utilizado antes da preclusão, apto a propiciar um resultado mais vantajoso na mesma relação jurídica processual, decorrente de reforma, invalidação, esclarecimento ou confirmação.

1.2. FINALIDADE

O reexame de uma decisão por órgão jurisdicional de superior instância (apelação, recurso em sentido estrito etc.) ou pelo mesmo órgão que a prolatou (embargos de declaração, recurso em sentido estrito no juízo de retratação etc.).

1.3. FUNDAMENTO

A existência dos recursos está baseada no princípio do duplo grau de jurisdição, assegurado pela Constituição Federal, que atribui aos tribunais competência primordialmente recursal.

A doutrina aponta as seguintes razões para que o duplo grau seja necessário em matéria processual:

a) o inconformismo natural do ser humano;

b) a maior experiência dos integrantes dos tribunais, que são compostos por juízes que já atuaram na primeira instância por um tempo razoável;

c) o necessário controle da jurisdicionalidade, posto que o juiz, por saber que sua decisão pode ser revista, sente-se na obrigação de atuar com maior empenho e de forma não abusiva;

d) a falibilidade humana, uma vez que o juiz pode cometer erros na interpretação da lei ou da prova.

1.4. CLASSIFICAÇÃO DOS RECURSOS

1.4.1. QUANTO À "FONTE"

a) Constitucionais: são aqueles previstos no próprio texto da Constituição Federal, como o *habeas corpus*, o recurso especial, o recurso extraordinário etc.

SINOPSES JURÍDICAS

b) Legais: são aqueles previstos no próprio Código de Processo Penal ou em leis especiais. No Código de Processo Penal amoldam-se nessa classificação os recursos de apelação, em sentido estrito, os embargos de declaração, infringentes ou de nulidade, a revisão criminal, a carta testemunhável etc. Em leis especiais pode-se apontar, por exemplo, o recurso de agravo em execução previsto no art. 197 da Lei de Execução Penal.

1.4.2. QUANTO À "INICIATIVA"

a) Voluntários: constituem a regra no processo penal (art. 574). São aqueles em que a interposição do recurso fica a critério exclusivo da parte que se sente prejudicada pela decisão do juiz.

b) Necessários: também chamados de recursos "de ofício" ou anômalos, porque, em determinadas hipóteses, o legislador estabelece que o juiz deve recorrer de sua própria decisão, sem a necessidade de ter havido impugnação por qualquer das partes. Trata-se, portanto, de obrigação do juiz, sendo certo, também, que, se não for interposto o recurso "de ofício", a decisão não transitará em julgado (Súmula 423 do STF). Trata-se, pois, de um reexame necessário. O juiz, entretanto, não arrazoa tal recurso.

Tais recursos permitem a reanálise plena da matéria tratada nos autos.

Os recursos "de ofício" são os seguintes em nossa legislação:

1) Da sentença que concede o *habeas corpus* (art. 574, I). Esse recurso, evidentemente, não tem efeito suspensivo. Veja-se que a regra não se aplica à sentença que denega a ordem.

2) Da sentença que absolve sumariamente o réu (arts. 574, II, e 415). O recurso "de ofício", entretanto, não impede que a acusação interponha o competente recurso de apelação (art. 416). Existe entendimento de que a Reforma do Júri acabou com o recurso de ofício contra a absolvição sumária (ver tópico 8.1.1.3 no tema "Júri").

3) Da decisão que arquiva inquérito policial ou da sentença que absolve o réu acusado de crime contra a economia popular (Leis n. 1.521/51 e 4.591/64) ou contra a saúde pública (arts. 267 a 285 do CP). Saliente-se que os crimes ligados a drogas ilícitas (inicialmente previstos no art. 281 do CP) encontram-se atualmente descritos em lei especial (Lei n. 11.343/2006). Como essa lei possui também um capítulo para tratar do procedimento criminal e não exige o reexame necessário, conclui-se que, em relação a tais delitos, não mais se exige essa espécie de recurso.

Se o Tribunal der provimento ao recurso de ofício em caso de arquivamento de inquérito que apura crime contra a economia popular ou contra a saúde pública, aplicará as regras do art. 28 do CPP, encaminhando os autos ao Procurador-Geral ou instância revisora do MP para reapreciação.

4) Da decisão que concede a reabilitação criminal (art. 746).

5) Da decisão que concede a ordem em mandado de segurança em matéria criminal (art. 14, § 1º, da Lei n. 12.016/2009).

1.4.3. QUANTO AOS "MOTIVOS"

a) Ordinários: são aqueles que não exigem qualquer requisito específico para a interposição, bastando, pois, o mero inconformismo da parte que se julga lesada pela decisão. Ex.: apelação, recurso em sentido estrito etc.

Processo penal – Procedimentos, nulidades e recursos

b) **Extraordinários**: são os recursos que exigem requisitos específicos para a interposição. Ex.: recurso extraordinário (que a matéria seja constitucional), recurso especial (que tenha sido negada vigência a lei federal) etc.

1.5. PRESSUPOSTOS RECURSAIS

Um recurso só pode ser admitido quando presentes todos os pressupostos recursais. Esses pressupostos dividem-se em objetivos e subjetivos.

1.5.1. PRESSUPOSTOS OBJETIVOS

a) **Previsão legal (ou cabimento)**. Só se admite a interposição de recurso para atacar certa decisão quando existe lei prevendo seu cabimento. Ex.: da decisão que rejeita a denúncia ou queixa cabe recurso em sentido estrito, nos termos do art. 581, I, do Código de Processo Penal. Ao contrário, da decisão que as recebe não cabe qualquer recurso por ausência de previsão legal. Deve também o legislador ficar atento ao princípio da unirrecorribilidade, no sentido de criar apenas uma espécie de recurso para cada tipo de decisão. É claro, entretanto, que há algumas exceções, como no caso da decisão que concede o *habeas corpus* em que a lei prevê o recurso de ofício (art. 574, I) e o recurso em sentido estrito (art. 581, X).

Alguns autores elencam também a **adequação** (interposição do recurso correto pela parte no caso concreto) como pressuposto recursal autônomo. A adequação, entretanto, é decorrência lógica da previsão legal. Ora, se a lei descreve que determinado recurso é cabível contra certa decisão, é óbvio que deve ser ele o interposto no caso concreto. Além disso, mesmo que a parte interponha o recurso errado, o juiz, ao perceber o equívoco, pode recebê-lo e mandá-lo processar como o correto. Trata-se do chamado princípio da fungibilidade recursal, consagrado no art. 579 do Código de Processo Penal. Ex.: contra a sentença de pronúncia, o recurso cabível é o em sentido estrito. Suponha-se, então, que a parte, por erro, interponha uma apelação. O juiz, percebendo o equívoco, recebe-o como recurso em sentido estrito.

O princípio da fungibilidade não se aplica, entretanto, quando fica caracterizada má-fé por parte de quem recorre (art. 579, *caput*). A má-fé presume-se quando já se havia escoado o prazo do recurso correto e a parte interpõe recurso que admite maior prazo apenas para tentar ludibriar o juiz.

b) **Observância das formalidades legais**. A apelação e o recurso em sentido estrito devem ser interpostos por petição ou por termo. O recurso extraordinário, o recurso especial, os embargos infringentes, os embargos de declaração, a carta testemunhável, o *habeas corpus* e a correição parcial só podem ser interpostos por petição.

Havia outra formalidade que, todavia, deixou de existir, que era a necessidade de o réu recolher-se à prisão para apelar, caso tivesse ela sido decretada na sentença. Essa formalidade, que já havia sido afastada pela Súmula 347 do Superior Tribunal de Justiça, deixou legalmente de existir após o advento da Lei n. 11.719/2008, que revogou o art. 594 do Código de Processo Penal. Assim, ainda que decretada a prisão por ocasião da sentença, o recurso deve ser conhecido e julgado mesmo que o réu não se tenha recolhido à prisão.

c) **Tempestividade**. O recurso deve ser interposto dentro do prazo previsto na lei. Os prazos são peremptórios e a perda implica o não recebimento do recurso.

Será considerado tempestivo o recurso interposto antes do termo inicial do prazo (art. 218, § 4º, do CPC).

No processo penal, a regra é o prazo de 5 dias (apelação, recurso em sentido estrito).

Há, entretanto, vários outros prazos: embargos de declaração (2 dias), carta testemunhável (48 horas), embargos infringentes (10 dias), recurso extraordinário e especial (15 dias). Para a revisão criminal e o *habeas corpus*, em razão de suas características especiais, não há prazo para a interposição.

Veja-se, também, que o art. 128, I, da Lei Complementar n. 80/94 concede prazo em dobro para os defensores públicos. O Superior Tribunal de Justiça, por sua vez, vem entendendo que tal prazo em dobro é concedido apenas ao Defensor Público da Assistência Judiciária, não se estendendo à parte, beneficiária da justiça gratuita, mas representada por advogado que não pertence ao quadro da Defensoria do Estado, sendo irrelevante a existência de convênio com a Ordem dos Advogados do Brasil.

No processo penal não se computa no prazo o dia da intimação, incluindo-se, entretanto, a data do vencimento (art. 798, § 1º). Assim, havendo intimação da sentença no dia 7 do mês de agosto, o prazo para a apelação começará a contar no dia 8 e se encerrará no dia 12.

Devem ser feitas, contudo, duas observações:

1) Se a intimação for feita em uma sexta-feira ou véspera de feriado, o dia inicial da contagem será o primeiro dia útil subsequente.

2) Se o último dia do prazo cair em fim de semana ou feriado, ficará automaticamente prorrogado até o primeiro dia útil seguinte (art. 798, § 3º).

A Lei n. 9.800/99 passou a permitir que as partes utilizem sistema de transmissão de dados e imagens do tipo fac-símile para a prática de atos processuais que dependam de petição. Nesse caso, os originais deverão ser entregues em juízo em até 5 dias após o término do prazo (arts. 1º e 2º).

1.5.2. PRESSUPOSTOS SUBJETIVOS

a) Legitimidade. Nos termos do art. 577 do Código de Processo Penal, podem recorrer: o Ministério Público, o querelante, o réu/querelado, seu defensor ou procurador. Além destes, pode também recorrer o assistente de acusação.

Há, todavia, algumas hipóteses especiais:

1) De acordo com o art. 598 do Código de Processo Penal, nos crimes de competência do Tribunal do Júri ou do juiz singular, se da sentença não for interposta apelação pelo Ministério Público no prazo legal, o ofendido ou, caso esteja morto, seu cônjuge, ascendentes, descendentes ou irmãos poderão fazê-lo no prazo de 15 dias a contar do término do prazo do Ministério Público, ainda que não estejam habilitados como assistentes de acusação.

Há previsão legal no mesmo sentido para a hipótese de o Ministério Público não recorrer em sentido estrito contra a decisão de impronúncia ou que reconhece a extinção da punibilidade (art. 584, § 1º). De ver-se, porém, que, após a reforma do júri (Lei n. 11.689/2008), passou a ser cabível apelação contra a impronúncia, de modo que, em relação a esta, a legitimidade especial para recorrer será também fundada no art. 598 do Código de Processo Penal.

2) O *habeas corpus* pode ser interposto por qualquer pessoa.

Processo penal – Procedimentos, nulidades e recursos

3) Da decisão que inclui ou exclui jurado da lista geral qualquer do povo pode recorrer em sentido estrito (arts. 439, parágrafo único, e 581, XIV).

4) Quando o juiz decreta a quebra ou a perda de fiança prestada por terceiro em favor do réu, aquele que a prestou pode recorrer em sentido estrito (art. 581, VII).

Observação: O art. 6º da Lei n. 1.508/51, que permitia a qualquer do povo recorrer da decisão que determinasse o arquivamento de inquérito policial instaurado com a finalidade de apurar a contravenção do jogo do bicho, encontra-se revogado pela Lei n. 9.099/95, que criou rito diverso para a apuração de todas as contravenções penais.

Se há divergência entre o réu e seu defensor acerca da interposição do recurso, qual intenção deve prevalecer?

Há três orientações:

1) Deve prevalecer a vontade do réu. Assim, se ele quiser renunciar ao direito de recorrer, eventual recurso por parte do defensor deve ser desconsiderado. Ora, se o réu pode até desconstituir o defensor, pode também decidir se quer ou não recorrer.

2) Deve prevalecer a intenção do causídico, pois, sendo este um técnico, está mais preparado para decidir o que é melhor para o acusado.

3) Deve sempre prevalecer a intenção daquele que quer recorrer.

Na prática, quando o réu manifesta intenção de recorrer, o seu defensor está obrigado a apresentar as razões de recurso; mas, quando o acusado renuncia ao direito de recorrer e seu advogado interpõe o recurso, os tribunais o admitem e julgam. Nesse sentido, a Súmula 705 do STF: "A renúncia do réu ao direito de apelação, manifestada sem a assistência do defensor, não impede o conhecimento da apelação por este interposta".

b) Interesse. O art. 577, parágrafo único, do Código de Processo Penal dispõe que só pode recorrer aquele que tenha algum interesse na reforma ou modificação da decisão. O interesse em recorrer, portanto, está ligado à ideia de sucumbência e prejuízo, ou seja, daquele que não obteve com a decisão judicial tudo aquilo que pretendia.

Observações:

1) O prejuízo deve estar ligado à parte decisória e não à fundamentação da decisão.

2) O Ministério Público possui regras próprias e pode recorrer em favor do réu/querelado; porém, se houver recurso idêntico por parte da defesa, aquele interposto pelo Ministério Público ficará prejudicado.

3) O Ministério Público não pode recorrer no lugar do querelante na ação privada exclusiva, pois, nesse caso, a legitimidade é somente do autor da referida ação penal.

4) Um acusado não pode recorrer pleiteando a condenação do corréu que foi absolvido.

1.6. JUÍZO DE ADMISSIBILIDADE (OU JUÍZO DE PRELIBAÇÃO)

Um recurso somente é viável quando presentes todos os pressupostos objetivos e subjetivos. Para se verificar a existência de tais pressupostos, deve ser realizado o chamado juízo de admissibilidade. Como os recursos, em regra, são interpostos perante o juízo de primeira instância, logo que ele é interposto, deve ser submetido a tal juízo de admissibilidade, feito pelo próprio órgão jurisdicional que prolatou a decisão. O juiz, entretanto, verifica apenas a presença dos pressupostos recursais. É o chamado juízo de admissibilidade pelo juiz *a quo*. Se entender presentes todos os pressupostos, o juiz recebe o recurso, manda processá-lo e, ao final, remete-o ao tribunal. Se ausente algum dos pressupostos, o juiz não recebe o recurso.

Contra essa decisão sempre caberá algum outro recurso. Ex.: se o juiz não recebe uma apelação, o apelante pode interpor recurso em sentido estrito; se o juiz não recebe um recurso em sentido estrito, o recorrente pode interpor carta testemunhável.

Se o juiz *a quo* receber o recurso e remetê-lo ao tribunal, este, antes de julgar o mérito do recurso, deve também analisar se estão presentes os pressupostos recursais. Trata-se, portanto, de um novo juízo de admissibilidade, feito agora pelo tribunal *ad quem*, que, se entender ausente qualquer dos pressupostos, não conhecerá do recurso, mas, se estiverem todos eles presentes, conhecerá deste e julgará o mérito, dando ou negando provimento ao recurso (juízo de delibação).

1.7. EXTINÇÃO ANORMAL DOS RECURSOS

A extinção normal de um recurso dá-se com o julgamento do mérito pelo tribunal *ad quem*. É possível, entretanto, que esse recurso não chegue até tal julgamento, havendo, nessas hipóteses, a extinção anormal das vias recursais. As hipóteses são as seguintes:

a) **Desistência**: ocorre quando, após a interposição e o recebimento do recurso pelo juízo *a quo*, o autor do recurso desiste formalmente do seu prosseguimento. Essa desistência somente é possível por parte do querelante, do assistente de acusação e da defesa, uma vez que o art. 576 proíbe o Ministério Público de desistir do recurso por ele interposto.

b) **Falta de preparo**: não pagamento das despesas referentes ao recurso, nas hipóteses em que tal pagamento seja necessário (por parte do querelante na ação privada exclusiva).

Observação: O art. 595 do Código de Processo Penal previa outra hipótese de extinção anormal do recurso de apelação, chamada deserção, no caso de o réu fugir da prisão depois de haver apelado. O Superior Tribunal de Justiça, todavia, entendeu que esse dispositivo feria os princípios constitucionais do duplo grau de jurisdição e da ampla defesa e, por isso, aprovou a Súmula 347, estabelecendo que o recurso deve ser conhecido e julgado independentemente da questão prisional do acusado. Posteriormente, a Lei n. 12.403/2011 expressamente revogou o art. 595 do CPP, expurgando a hipótese de deserção recursal decorrente da fuga do apelante.

1.8. EFEITOS DOS RECURSOS

São quatro os efeitos recursais:

a) **Devolutivo**. É um efeito comum a todos os recursos. Significa que a interposição reabre a possibilidade de análise da questão combatida no recurso, através de um novo julgamento.

b) **Suspensivo**. Significa que a interposição de determinado recurso impede a eficácia (aplicabilidade) da decisão recorrida. Veja-se, porém, que a regra no processo penal é a não existência do efeito suspensivo. Assim, um recurso somente terá tal efeito quando a lei expressamente o declarar.

c) **Regressivo**. De acordo com esse efeito, a interposição faz com que o próprio juiz prolator da decisão tenha de reapreciar a matéria, mantendo-a ou reformando-a, total ou parcialmente. Poucos recursos possuem o efeito regressivo, como, por exemplo, o em sentido estrito (art. 589).

Processo penal – Procedimentos, nulidades e recursos

d) Extensivo. Nos termos do art. 580 do Código de Processo Penal, havendo dois ou mais réus, com idêntica situação processual e fática, se apenas um deles recorrer e obtiver qualquer benefício, será ele estendido aos demais que não recorreram. Ex.: João e José são acusados de ter praticado conjuntamente um golpe caracterizador de estelionato. Ambos são condenados em primeira instância. Apenas João apela e o tribunal dá provimento ao recurso para absolvê-lo, dizendo que o fato é atípico. Ora, se é atípico para João, José também deve ser absolvido. Assim, o próprio tribunal aplica tal efeito para estender a José a absolvição.

Esse efeito, evidentemente, não se aplica quando se trata de situação de caráter pessoal. Ex.: Paulo e Pedro cometeram um crime e receberam uma pena acima do mínimo legal. Pedro recorre e obtém uma redução da pena por ser menor de 21 anos na data do fato (atenuante genérica). Como Paulo possuía 30 anos na data do crime, não poderá ser beneficiado.

1.9. *REFORMATIO IN PEJUS*

O art. 617 do Código de Processo Penal veda a denominada *reformatio in pejus*, ou seja, havendo recurso apenas por parte da defesa, o tribunal não pode proferir decisão que torne mais gravosa sua situação, ainda que haja erro evidente na sentença, como, por exemplo, pena fixada abaixo do mínimo legal.

Reformatio in pejus **indireta.** Se for anulada certa decisão em decorrência de recurso exclusivo da defesa, no novo julgamento o juiz não poderá tornar a situação do acusado mais gravosa do que aquela proferida na decisão inicial. Trata-se de criação doutrinária e jurisprudencial que visa evitar que o réu possa acabar tendo pena maior apenas por ter recorrido da primeira decisão.

Costuma-se dizer que há uma exceção, referente às decisões do Tribunal do Júri. Entende-se que, havendo anulação do primeiro julgamento, no novo plenário os jurados poderão reconhecer crime mais grave. Ex.: o réu foi acusado por homicídio qualificado e os jurados desclassificaram para homicídio simples. O acusado apela e o tribunal anula o julgamento. No novo plenário, os outros jurados poderão reconhecer o homicídio qualificado, em razão do *princípio constitucional da soberania dos veredictos*. Salienta-se, porém, que, se no primeiro julgamento o juiz tinha fixado pena mínima para o homicídio simples, no segundo deverá também aplicar a pena mínima para o qualificado.

O Supremo Tribunal Federal, todavia, entende de forma diversa, sustentando que a interpretação citada inibe os acusados de interpor recurso de apelação contra as decisões do Júri, com receio de, em razão de seu inconformismo, acabar recebendo pena maior. De acordo com o Pretório Excelso, essa possibilidade de exacerbação da pena fere o princípio da ampla defesa e confere natureza acusatória ao recurso exclusivo do réu. Por isso, embora os jurados possam votar como bem entenderem no segundo julgamento, o juiz, ao aplicar a pena, em hipótese alguma poderá aplicá-la em patamar superior ao do primeiro. Por essa interpretação, se ao réu tinha sido aplicada pena de 6 anos no primeiro julgamento, no segundo a pena não poderá passar desse patamar, ainda que os jurados tenham reconhecido homicídio qualificado, cuja pena mínima é de 12 anos. A propósito: "Homicídio doloso. Tribunal do Júri. Três julgamentos da mesma causa. Reconhecimento da legítima defesa, com excesso, no segundo julgamento. Condenação do réu à pena de 6 (seis) anos de reclusão, em regime semiaberto. Interposição de recurso exclusivo da defesa. Provimento para cassar a decisão anterior. Condenação do réu, por homicídio qualificado, à pena de 12 (doze) anos de reclusão, em regime integralmente fechado, no terceiro julgamento. Aplicação de pena mais grave. Inadmissibilidade. *Reformatio in pejus* indireta. Caracterização. Reconhecimento de outros fatos ou circunstâncias não ventilados no julgamento anterior. Irrelevância. Violação consequente do justo processo da lei (*due process of law*), nas cláusulas do contraditório e da ampla defesa. Proibição compatível com a regra constitucional da soberania relativa dos veredictos. HC concedido para restabelecer a pena menor. Ofensa ao art. 5º, incs. LIV, LV e LVII, da CF. Inteligência dos arts. 617 e 626, do CPP. Anulados o julgamento pelo tribunal do júri e a correspondente sentença condenatória, transitada em julgado para a acusação, não pode o acusado, na renovação do julgamento, vir a ser condenado a pena maior do que a imposta na sentença anulada, ainda que com base em circunstância não ventilada no julgamento anterior" (STF, HC 89.544/RN, 2ª Turma, rel. Min. Cezar Peluso, *DJU* 15-5-2009).

Esse passou a ser também o entendimento do Superior Tribunal de Justiça: HC 328.577/MG, 6ª Turma, rel. Min. Nefi Cordeiro, j. 9-8-2016, *DJe* 23-8-2016; HC 139.621/RS, 6ª Turma, rel. Min. Rogerio Schietti Cruz, j. 24-5-2016, *DJe* 6-6-2016.

1.10. *REFORMATIO IN MELLIUS*

Apesar das divergências, entende-se que, se o recurso for exclusivo da acusação (Ministério Público ou querelante), o tribunal pode reconhecer e aplicar ao réu reprimenda mais benéfica em relação àquela constante da sentença. Ex.: réu condenado à pena de 1 ano de reclusão. O Ministério Público apela visando aumentar a pena. O tribunal pode absolver o acusado por entender que não existem provas suficientes. É a opinião de Damásio E. de Jesus, Fernando da Costa Tourinho Filho e José Frederico Marques.

2 DOS RECURSOS EM ESPÉCIE

2.1. RECURSO EM SENTIDO ESTRITO

O art. 581 do Código de Processo Penal elenca as hipóteses de cabimento do recurso em sentido estrito, que, em regra, tem como objeto decisões interlocutórias.

Apesar dessa regra, o recurso em sentido estrito é, em determinados casos, cabível contra decisões definitivas, com força de definitiva e terminativas.

Há divergência em relação à taxatividade do dispositivo: prevalece o entendimento segundo o qual a enumeração é exaustiva (*numerus clausus*); para alguns, no entanto, o rol é exemplificativo, admitindo ampliação (*numerus apertus*). Não há dúvida, porém, de que se admite o emprego de interpretação extensiva (art. 3º).

Reveste-se o recurso em sentido estrito, em determinados casos, de caráter *pro et contra* (cabível qualquer que seja a hipótese de sucumbência que acarrete a decisão – ex.: da decisão que decreta a prescrição e da que indefere o pedido de seu reconhecimento) e, em outros, de caráter *secundum eventum litis* (cabível apenas se verificado um direcionamento na decisão e incabível na hipótese inversa – ex.: possível na decisão que rejeita a denúncia e incabível na que a recebe).

Segundo a regra inserta no art. 593, § 4º, quando cabível a apelação, não será usado o recurso em sentido estrito, ainda que somente de parte da decisão se recorra. Ex.: se na sentença condenatória houver decisão arbitrando fiança, o recurso cabível é a apelação. Note-

Processo penal – Procedimentos, nulidades e recursos

-se que, caso não estivesse a decisão acerca da fiança contida na sentença, seria interponível o recurso em sentido estrito (art. 581, V).

2.1.1. HIPÓTESES DE CABIMENTO

I – Da decisão que rejeitar a denúncia ou a queixa.
Cuida-se da hipótese de recurso contra decisão interlocutória mista terminativa. Na hipótese inversa, ou seja, de recebimento da denúncia ou queixa, é incabível esse recurso, podendo o acusado valer-se do *habeas corpus*.

Apesar de não existir previsão expressa na lei, caso o juiz rejeite a denúncia ou queixa, e seja interposto o recurso, a parte contrária deverá ser intimada para oferecer contrarrazões, não a suprindo a simples nomeação de defensor dativo. De acordo com a Súmula 707 do STF, a inobservância dessa regra gera a nulidade da ação.

Embora o Código não contemple expressamente a hipótese de rejeição do aditamento à denúncia ou à queixa, aplica-se o dispositivo a tal hipótese por interpretação extensiva.

Nos termos da Súmula 709 do STF, "o acórdão que provê o recurso contra a rejeição da denúncia vale, desde logo, pelo recebimento dela", salvo quando nula a decisão de primeiro grau.

Exceção: Em se tratando de decisão que rejeita denúncia ou queixa que capitula infração de competência do Juizado Especial Criminal, será cabível apelação para a Turma Recursal (art. 82, *caput*, da Lei n. 9.099/95).

Cuidando-se de rejeição de denúncia ou queixa nos crimes de competência originária dos tribunais, será cabível o agravo regimental.

II – Da decisão que concluir pela incompetência do juízo.
Trata-se da decisão pela qual o julgador reconhece no seio do processo principal sua incompetência para julgar o feito, sem que tenha havido oposição de exceção pelas partes (procedimento incidental), pois, nesta última hipótese, o recurso terá fundamento no inciso III.

É possível a interposição de recurso com esse fundamento, ainda que a declaração de incompetência se dê antes de iniciada a ação penal.

Havendo desclassificação na fase da pronúncia (art. 419) em processos de crimes de competência do júri, é cabível a interposição do recurso com fulcro neste inciso.

III – Da decisão que julgar procedente exceção, salvo a de suspeição.
Esse dispositivo refere-se ao acolhimento das exceções de coisa julgada, de ilegitimidade de parte, de litispendência e de incompetência.

A decisão que rejeita qualquer dessas quatro exceções, por outro turno, é irrecorrível, podendo ser objeto de *habeas corpus* ou, ainda, alegada em preliminar de apelação.

No tocante à exceção de suspeição, o julgamento, quando necessário, é realizado pela segunda instância, de modo que não se aplica ao caso o recurso em sentido estrito.

IV – Da decisão que pronunciar o réu.
Encerrada a fase do sumário da culpa, havendo pronúncia, poderá ser interposto recurso em sentido estrito.

Da decisão de pronúncia pode recorrer o réu, o Ministério Público ou o querelante, bem como o ofendido. O Supremo Tribunal Federal tem sufragado o entendimento de que o

SINOPSES JURÍDICAS

ofendido pode recorrer inclusive para postular a inclusão de qualificadora, já que seu interesse não está limitado à reparação civil do dano.

A impronúncia, não é demais lembrar, passou a ser desafiada por apelação após o advento da Lei n. 11.689/2008.

V – Da decisão que conceder, negar, arbitrar, cassar ou julgar inidônea a fiança, indeferir requerimento de prisão preventiva ou revogá-la, conceder liberdade provisória ou relaxar a prisão em flagrante.

A concessão da fiança, medida de contracautela, é regulada pelos arts. 322 e s. do Código. A decisão pela qual o juiz confirma a fiança arbitrada pela autoridade policial equivale à de arbitramento pelo magistrado, mostrando-se cabível o recurso em sentido estrito contra ela.

As partes podem insurgir-se contra a decisão ainda que para discutir somente o valor da fiança exigida, quando o reputem insuficiente ou exagerado.

A fiança será cassada, em qualquer fase do processo, caso se reconheça não ser ela cabível na espécie ou quando reconhecida a existência de delito inafiançável em virtude de inovação na classificação da infração (arts. 338 e 339).

Diz-se inidônea quando a autoridade tomar, por engano, fiança insuficiente ou quando houver depreciação material ou perecimento dos bens hipotecados ou caucionados, ou depreciação dos metais ou pedras preciosas. Nesses casos, será exigido reforço da fiança (art. 340).

No tocante à prisão preventiva, é cabível o recurso contra a decisão que indefere sua decretação, assim como contra aquela pela qual, após decretada a medida cautelar, o juiz ordena a soltura.

O recurso pode ser tirado, também, da decisão que conceder a liberdade provisória ou relaxar prisão em flagrante.

Por outro lado, a decisão que decreta a prisão preventiva ou aquela que indefere pedido de relaxamento do flagrante, bem assim a decisão que não concede a liberdade provisória, são irrecorríveis, podendo ser objeto de impugnação por via de *habeas corpus*.

VI – Da sentença que absolver sumariamente o réu.

O presente inciso foi revogado pela Lei n. 11.689/2008, por força da qual a decisão que absolve sumariamente o réu passou a ficar exposta ao recurso de apelação (art. 416).

VII – Da decisão que julgar quebrada a fiança ou perdido seu valor.

Considera-se quebrada a fiança nas seguintes hipóteses:

a) quando o réu afiançado mudar de residência, sem prévia permissão da autoridade processante, ou ausentar-se por mais de 8 dias de sua residência, sem comunicar àquela autoridade o lugar onde será encontrado (art. 328);

b) quando o réu, regularmente intimado para o ato do processo, deixar de comparecer, sem provar, *incontinenti*, motivo justo, ou quando deliberadamente praticar ato de obstrução ao andamento do processo, quando descumprir medida cautelar imposta cumulativamente com a fiança, quando resistir injustificadamente a ordem judicial ou, ainda, quando do praticar outra infração penal dolosa (art. 341).

Entender-se-á perdido o valor da fiança se, condenado, o acusado não se recolher à prisão (art. 344).

Decretada a quebra da fiança ou o perdimento de seu valor, caberá recurso em sentido estrito.

Processo penal – Procedimentos, nulidades e recursos

VIII – Da decisão que decretar a prescrição ou julgar, por outro modo, extinta a punibilidade.

Reconhecida a existência de qualquer causa extintiva da punibilidade, é cabível o recurso em sentido estrito.

As decisões proferidas em sede de execução, no entanto, são impugnáveis por via de agravo (art. 197 da LEP).

IX – Da decisão que indeferir o pedido de reconhecimento da prescrição ou de outra causa extintiva da punibilidade.

É passível de impugnação por via do recurso em sentido estrito a decisão que desacolhe requerimento de reconhecimento de causa extintiva da punibilidade.

X – Da decisão que conceder ou negar a ordem de *habeas corpus.*

Proferida a sentença, pelo juiz de primeiro grau, em pedido de ordem de *habeas corpus*, poderá ser interposto recurso em sentido estrito. Em se tratando de decisão proferida por tribunais, todavia, é cabível o recurso ordinário constitucional.

É possível a interposição em caso de concessão, denegação ou de julgar-se prejudicado o pedido de ordem de *habeas corpus*.

A decisão concessiva da ordem, além de impugnável pelo recurso voluntário, está sujeita ao duplo grau de jurisdição obrigatório ("recurso de ofício"), nos termos do disposto no art. 574, I.

O Ministério Público, apesar de não intervir obrigatoriamente no processo de *habeas corpus* em primeiro grau de jurisdição, deve ser, necessariamente, intimado da decisão, uma vez que tem inegável interesse recursal.

Além do Ministério Público, podem recorrer o paciente e o impetrante.

XI – Da decisão que conceder, negar ou revogar a suspensão condicional da pena.

Esse dispositivo não mais se aplica. Como os demais incisos relativos ao processo de execução, o presente foi revogado pela Lei de Execução Penal (Lei n. 7.210/84), que prevê a interposição de agravo contra a decisão que concede, nega ou revoga a suspensão condicional.

Na hipótese de a sentença condenatória ostentar em seu corpo decisão referente ao *sursis*, é cabível a apelação (art. 593, § 4º), ainda que o objetivo seja, exclusivamente, a cassação ou concessão do benefício.

O dispositivo aplica-se, por força do disposto no art. 92 da Lei n. 9.099/95, às hipóteses de concessão, denegação ou revogação da suspensão condicional do processo (STJ, HC 103.053/SP, 5ª Turma, rel. Min. Felix Fischer, j. 18-9-2008, *DJe* 10-11-2008).

XII – Da decisão que conceder, negar ou revogar livramento condicional.

É inaplicável, também, esse dispositivo, pois a decisão em questão é desafiada por agravo em execução.

XIII – Da decisão que anular o processo da instrução criminal, no todo ou em parte.

A decisão pela qual o juiz declara nulo o processo, no todo ou em parte, é enfrentada pelo recurso em sentido estrito. Aplica-se também o dispositivo para impugnar a decisão que declara a ilicitude de prova existente nos autos.

No caso de desacolhimento de requerimento de anulação, é incabível o recurso, devendo ser a matéria discutida em preliminar de apelação ou, em certas hipóteses e desde que o sucumbente seja o acusado, mediante *habeas corpus*.

SINOPSES JURÍDICAS

XIV – Da decisão que incluir jurado na lista geral ou desta o excluir.

Anualmente, é organizada a lista geral de jurados, que se publicará em 10 de outubro e poderá ser alterada de ofício ou por reclamação de qualquer do povo, até a publicação da lista definitiva, no dia 10 de novembro. A lista definitiva pode, então, ser impugnada por via de recurso em sentido estrito, no prazo de 20 dias, dirigido ao presidente do Tribunal de Justiça ou do Tribunal Regional Federal.

A decisão pela qual é composta a lista geral não guarda relação direta com qualquer processo, uma vez que é ato referente à organização do júri.

Podem recorrer, em caso de inclusão, o Ministério Público, qualquer do povo que tenha interesse e o jurado. Na hipótese de exclusão, apenas o jurado excluído tem legitimidade recursal.

XV – Da decisão que denegar a apelação ou a julgar deserta.

É cabível o recurso em sentido estrito da decisão que, por qualquer motivo, nega seguimento à apelação. Trata-se de decisão por meio da qual o magistrado realiza juízo de admissibilidade do recurso (juízo de prelibação).

O recurso em sentido estrito, evidentemente, volta-se apenas contra a decisão pela qual se julgam ausentes os pressupostos da apelação, e não contra a sentença apelada.

Cuida-se de exceção à regra segundo a qual é cabível a carta testemunhável como meio de impugnar decisão que nega seguimento a recurso. Assim, se o juiz não recebe o recurso em sentido estrito interposto contra a decisão que negou seguimento à apelação, poderá a parte valer-se da carta testemunhável.

A decisão que não denegar a apelação é irrecorrível, ficando a matéria para posterior análise do tribunal.

A segunda parte do dispositivo, que trata da hipótese de deserção da apelação, perdeu o significado, uma vez que a Lei n. 12.403/2011 revogou o art. 595 do Código, que considerava a apelação deserta se o acusado, depois da interposição do recurso, fugisse da prisão.

XVI – Da decisão que ordenar a suspensão do processo, em virtude de questão prejudicial.

Questões prejudiciais são as matérias que devem ser apreciadas pelo juiz antes de julgar a lide principal, relativas a um elemento constitutivo do crime e que subordinam, necessariamente, a decisão da causa. Em tais casos, há relação de dependência lógica entre a questão prejudicial e a questão principal (ou prejudicada).

Determinada a suspensão do processo para solução da questão prejudicial, obrigatória ou facultativa, é cabível o recurso em sentido estrito.

A decisão que nega a suspensão, por outro lado, não pode ser enfrentada por recurso em sentido estrito (art. 93, § 2º), devendo a matéria ser objeto de preliminar de apelação ou, em certos casos, de *habeas corpus*.

XVII – Da decisão que versar sobre a unificação de penas.

Cuida-se da decisão que aprecia o pedido de unificação de penas aplicadas em processos distintos, cujos crimes alegadamente ocorreram em concurso formal ou em continuidade delitiva.

Existe divergência sobre a aplicabilidade desse dispositivo.

Em razão de tratar-se de matéria de competência do juízo da execução, há corrente doutrinária (E. Magalhães Noronha, Fernando da Costa Tourinho Filho, bem assim Ada

Processo penal – Procedimentos, nulidades e recursos

Pellegrini Grinover, Antonio Magalhães Gomes Filho e Antonio Scarance Fernandes) e jurisprudencial que reputa revogado esse inciso, pois o recurso cabível em sede de execução é o agravo. É a posição que defendemos.

Argumenta-se (Júlio F. Mirabete), em sentido contrário, que é cabível o recurso em sentido estrito para enfrentar decisão que versa sobre unificação de penas, porquanto, embora de competência do juízo das execuções, a matéria não é regulada pela Lei de Execução Penal, mas sim pelo Código Penal, devendo ser aplicada a sistemática do Código de Processo Penal. Acrescenta-se a esse argumento a necessidade de observância do princípio da aplicação da lei mais benéfica ao acusado, pois o recurso em sentido estrito oferece ao réu maiores oportunidades de defesa, já que possibilita a sustentação oral e enseja a oposição de embargos infringentes e de nulidade.

XVIII – Da decisão que decidir o incidente de falsidade.

O dispositivo refere-se à decisão proferida no processo incidente instaurado a pedido de alguma das partes para constatar a autenticidade de documento que se suspeita falso.

O recurso, cabível qualquer que seja o teor da decisão (*pro et contra*), pode ser interposto pelo acusado, Ministério Público ou querelante.

XIX – Da decisão que decretar medida de segurança, depois de transitar a sentença em julgado.

Esse dispositivo, assim como os seguintes, uma vez que trata de matéria regulada pela Lei de Execução Penal, foi por ela revogado. Cabível na hipótese o agravo em execução.

XX – Da decisão que impuser medida de segurança por transgressão de outra.

Dispositivo revogado pela Lei de Execução Penal.

XXI – Da decisão que mantiver ou substituir a medida de segurança.

Dispositivo revogado pela Lei de Execução Penal.

XXII – Da decisão que revogar a medida de segurança.

Dispositivo revogado pela Lei de Execução Penal.

XXIII – Da decisão que deixar de revogar a medida de segurança, nos casos em que a lei admita a revogação.

Dispositivo revogado pela Lei de Execução Penal.

XXIV – Da decisão que converter a multa em detenção ou em prisão simples.

Além de tratar de matéria própria da execução, o dispositivo é inaplicável também em razão da nova redação do art. 51 do Código Penal, introduzida pela Lei n. 9.268/96, não sendo possível a conversão da pena pecuniária em pena privativa de liberdade.

XXV – Da decisão que recusar homologação à proposta de acordo de não persecução penal, previsto no art. 28-A desta Lei.

O acordo de não persecução penal foi introduzido no Código de Processo Penal pela Lei n. 13.964/2019. Segundo o dispositivo, não sendo caso de arquivamento e tendo o investigado confessado, formal e circunstancialmente, a prática de infração penal sem violência ou grave ameaça e com pena mínima inferior a 4 anos, o Ministério Público poderá propor acordo de não persecução penal, desde que necessário e suficiente para reprovação e prevenção do crime, mediante ajuste para o cumprimento de certas condições pelo autor do delito. Esse acordo deve ser formalizado por escrito e submetido à homologação judicial. Se o juiz considerar inadequadas, insuficientes ou abusivas as condições, devolverá os autos ao Ministério Público para que seja reformulada a proposta de acordo, com concordância do investi-

SINOPSES JURÍDICAS

gado e seu defensor. Caso não seja realizada a adequação ou, ainda, se o juiz entender que a proposta não atende os requisitos legais, deverá recusar a homologação. Contra essa decisão as partes poderão interpor recurso em sentido estrito.

2.1.2. PRAZO PARA INTERPOSIÇÃO

O prazo para interposição do recurso em sentido estrito é de 5 dias, a contar da intimação da decisão.

É de 20 dias, todavia, o prazo para interposição do recurso contra a decisão que incluir jurado na lista geral ou desta o excluir (inciso XIV).

2.1.3. PROCEDIMENTO

O recurso em sentido estrito pode processar-se de duas formas: com formação de instrumento ou nos próprios autos.

Será processado nos mesmos autos o recurso interposto contra decisões terminativas, pois, em tais casos, não haverá qualquer prejuízo para o trâmite do processo. Essas hipóteses estão elencadas no art. 583 do Código de Processo Penal:

a) decisão que não receber a denúncia ou a queixa;

b) decisão que julgar procedente exceção;

c) decisão que julgar extinta a punibilidade;

d) sentença que julgar o pedido de *habeas corpus*.

Será formado instrumento nas outras hipóteses de cabimento do recurso, bem como se for interposto contra a sentença de pronúncia, quando houver 2 ou mais réus e qualquer deles se conformar com a decisão ou todos não tiverem sido ainda intimados de seu teor.

Interposto o recurso perante o juízo prolator da decisão, por petição ou termo nos autos, oportunidade em que se deve indicar, em caso de formação do instrumento, quais as peças que serão trasladadas, o juiz dará vista ao recorrente para oferecer, em 2 dias, suas razões e, em seguida, à parte contrária, por igual prazo.

Não é possível o oferecimento de razões em segunda instância, pois o disposto no art. 600, § 4º, refere-se somente à apelação.

Havendo ou não apresentação de contrarrazões, os autos serão remetidos ao juiz, para que se manifeste, fundamentadamente, mantendo ou reformando a decisão.

Na hipótese de manutenção da decisão, o recurso será remetido ao tribunal competente para julgamento. O mesmo ocorrerá se reformada parcialmente a decisão, situação em que haverá julgamento somente em relação à parte não alterada.

Reformada no todo a decisão, poderá a parte contrária, por simples petição, dela recorrer, desde que cabível a interposição do recurso, não sendo mais lícito ao juiz modificá-la. Ex.: se o juiz rejeita a denúncia e, no juízo de retratação, acaba por recebê-la, não poderá o réu recorrer, uma vez que a decisão que recebe a denúncia é irrecorrível. Poderá, como já mencionado, ser utilizada a via do *habeas corpus*.

O recurso em sentido estrito será julgado pelo tribunal competente para o julgamento da lide principal, salvo no caso da decisão que exclui ou inclui jurado na lista geral, no qual a apreciação cabe ao Presidente do Tribunal de Justiça ou Presidente do Tribunal Regional Federal.

Processo penal – Procedimentos, nulidades e recursos

2.1.4. EFEITOS

O recurso em sentido estrito provoca, em todas as hipóteses, o efeito **devolutivo**, isto é, a devolução do julgamento da matéria ao segundo grau de jurisdição, e o efeito **regressivo**, que consiste na possibilidade de o próprio juiz reapreciar a decisão recorrida (juízo de retratação).

A regra é a da não produção do efeito **suspensivo**. Apenas nas hipóteses taxativamente elencadas no art. 584, a interposição do recurso acarreta a suspensão dos efeitos da decisão impugnada. São elas:

a) decisão que decreta o perdimento da fiança;

b) decisão que denega a apelação (nesse caso, não há suspensão dos efeitos da sentença apelada, mas dos da decisão que negou seguimento ao apelo);

c) decisão que julga quebrada a fiança, no que se refere à perda da metade do valor;

d) decisão de pronúncia, hipótese em que a interposição do recurso suspende apenas a realização do julgamento pelo júri; os demais efeitos da pronúncia não se suspendem, como, por exemplo, a eventual decretação da prisão do acusado.

2.2. APELAÇÃO

O recurso de apelação destina-se a levar à segunda instância o julgamento da matéria decidida pelo juiz de primeiro grau, em regra, em sentenças definitivas ou com força de definitivas.

É recurso **amplo**, uma vez que pode devolver ao tribunal o julgamento pleno da matéria objeto da decisão.

É instrumento **residual**, porquanto interponível somente nos casos em que não houver previsão expressa de cabimento de recurso em sentido estrito. A apelação é, todavia, **preferível** em relação ao recurso em sentido estrito, pois, ainda que no tocante à parte da sentença verificar-se hipótese de cabimento do recurso em sentido estrito, tal decisão será impugnável por via do apelo, recurso amplo que pode devolver o julgamento de toda a matéria à instância superior (art. 593, § 4º). Há essa preferência mesmo que o recurso se destine a provocar a revisão somente daquela parte que, em tese, seria objeto de recurso em sentido estrito. Ex.: se por ocasião da sentença condenatória foi reconhecida a prescrição de um dos crimes pelo qual o réu era acusado, será cabível a apelação e não o recurso em sentido estrito.

A apelação pode ser **plena** ou **parcial**. Será plena se o recurso dirigir-se contra a decisão em sua totalidade e parcial se visar a impugná-la somente em parte. Na primeira hipótese, o recurso devolve o julgamento de toda a matéria analisada em primeiro grau para o tribunal. Na segunda, há redução quantitativa da lide. Em não se restringindo expressamente o objeto da apelação, presume-se que a apelação seja plena.

Aplica-se, pois, o princípio do *tantum devolutum quantum appellatum*, segundo o qual só poderá ser objeto de julgamento pelo tribunal a matéria que lhe foi entregue pelo recurso da parte. Assim, se houve apontamento expresso e claro acerca da parte da decisão contra a qual se dirigia o recurso, não poderá o tribunal apreciar a parte excluída do apelo. Para alguns, referido princípio é inaplicável quando constatada hipótese de *reformatio in mellius* (reforma em benefício do réu). É na interposição (por petição ou por termo) que se fixam os

SINOPSES JURÍDICAS

limites da apelação. Assim, não pode o apelante aumentar ou reduzir seu âmbito quando da apresentação das razões. Veja-se que, não havendo restrição do recurso na interposição, considera-se amplo.

Diz-se, ainda, que a apelação é principal, quando interposta pelo Ministério Público, e subsidiária ou supletiva, quando, esgotado o prazo recursal para o promotor, o ofendido, habilitado ou não como assistente, interpuser o recurso.

A apelação será, ainda, ordinária ou sumária, de acordo com o procedimento a ser observado em segunda instância (*vide* item próprio).

2.2.1. HIPÓTESES DE CABIMENTO NAS DECISÕES DO JUIZ SINGULAR (ART. 593)

I – Das sentenças definitivas de condenação ou absolvição proferidas por juiz singular.
Trata o dispositivo das sentenças por via das quais o juiz julga o mérito da causa, pondo fim à lide, ou seja, declara procedente ou improcedente a pretensão punitiva estatal.

A sentença de absolvição sumária proferida em processo de competência do Júri, contra a qual era interponível recurso em sentido estrito, passou a ser desafiada por apelação. Também a absolvição sumária proferida nos processos de competência do juiz singular (art. 397) expõe-se à apelação, com exceção daquela que declara extinta a punibilidade, pois, nesse caso, é cabível o recurso em sentido estrito.

II – Das decisões definitivas, ou com força de definitivas, proferidas por juiz singular, desde que não cabível o recurso em sentido estrito.
Compreende o dispositivo duas espécies de decisão:

a) as definitivas (ou terminativas de mérito) – que encerram o processo cautelar ou principal, com julgamento do mérito, sem, contudo, absolver ou condenar (ex.: a decisão que soluciona o incidente de restituição de coisa apreendida ou, ainda, a que julga restauração de autos);

b) as com força de definitivas – que encerram o processo (também chamadas de interlocutórias mistas terminativas) ou uma fase procedimental (interlocutórias mistas não terminativas), sem, contudo, apreciar o mérito. Ex.: a decisão de impronúncia, que é apelável (art. 416).

Observação: Na Lei n. 9.099/95 há previsão de interposição de apelação contra três espécies de decisões:

a) que homologam ou não a transação penal;

b) que rejeitam a denúncia ou a queixa;

c) das sentenças definitivas de condenação ou absolvição.

2.2.2. HIPÓTESES DE CABIMENTO NAS DECISÕES DO TRIBUNAL DO JÚRI (ART. 593, III)

a) Quando ocorrer nulidade posterior à pronúncia.
Trata esse dispositivo dos vícios posteriores à pronúncia, uma vez que aqueles ocorridos anteriormente devem ser objeto de recurso tirado contra a própria pronúncia, sob pena de preclusão.

Excepcionam-se, no entanto, os casos de invalidade em que não se opera a preclusão (ex.: ilegitimidade do polo ativo), cujo reconhecimento pode dar-se a qualquer tempo.

Processo penal – Procedimentos, nulidades e recursos

As nulidades relativas ocorridas após a pronúncia devem ser arguidas logo após o pregão das partes, no início do julgamento pelo júri. Se a nulidade relativa ocorrer durante o julgamento, deve haver arguição imediata, pois a inexistência de pronta alegação enseja a convalidação do vício.

Podem ser objeto de apelação, portanto, as nulidades relativas ocorridas após a pronúncia, desde que alegadas oportunamente, bem como as nulidades absolutas, independentemente de arguição em momento determinado.

O apelo fará menção à nulidade ocorrida e será fundamentado. Na hipótese de ser dado provimento ao recurso, o ato viciado e os ulteriores que dele dependam serão anulados e o réu, submetido a novo julgamento.

b) Quando a sentença do juiz-presidente for contrária à lei expressa ou à decisão dos jurados.

A sentença do juiz deve, obrigatoriamente, espelhar o veredicto dos jurados. Caso haja discrepância entre aquilo que foi decidido pelos jurados e a sentença proferida pelo magistrado, caberá apelação. Isso ocorre, por exemplo, quando os jurados reconhecem uma qualificadora e o juiz-presidente condena o acusado por homicídio simples.

Refere-se o dispositivo também às hipóteses de sentença contrária a texto expresso de lei, tal como ocorre quando o juiz nega ao acusado o *sursis* em razão de condenação anterior à pena de multa (art. 77, § 1º, do CP).

Nesses casos, se o tribunal der provimento ao recurso, retificará a sentença, ajustando-a à decisão dos jurados (art. 593, § 1º). Não haverá violação ao princípio da soberania dos veredictos, posto que o tribunal estará retificando somente a parte da decisão tomada pelo juiz-presidente.

c) Quando houver erro ou injustiça no tocante à aplicação da pena ou da medida de segurança.

Se a sentença ostentar erro ou injustiça no que se refere à aplicação da pena ou medida de segurança, será apelável.

Haverá erro quando o juiz aplicar pena, por exemplo, aquém do mínimo legal, bem assim quando determinar a sujeição a tratamento ambulatorial em razão de prática de crime apenado com reclusão (art. 96 do CP).

Reputa-se injusta, por outro lado, a sentença que gradua a pena de modo inadequado à gravidade do crime, como a decisão que sopesa equivocadamente as circunstâncias norteadoras do art. 59 do Código Penal.

Provida a apelação, o tribunal retificará a aplicação da pena ou da medida de segurança.

É inviável a apelação com base no presente dispositivo com a finalidade de incluir ou excluir qualificadora ou privilégio reconhecidos pelos jurados. Isso porque a correção da sentença, nesse caso, importaria em modificação do veredicto, em evidente violação de norma constitucional. É possível, contudo, a utilização da apelação com base nesse dispositivo para debater a existência ou inexistência de agravantes ou atenuantes genéricas, pois se cuida de matéria cuja apreciação incumbe ao juiz-presidente (art. 492, I, *b*).

d) Quando for a decisão dos jurados manifestamente contrária à prova dos autos.

Comete-se aos jurados, com exclusividade, a decisão acerca da procedência da pretensão punitiva, mostrando-se o veredicto insuscetível de modificação pelos tribunais, em virtude de preceito constitucional (princípio da soberania dos veredictos).

SINOPSES JURÍDICAS

É possível, no entanto, a interposição de apelação no caso de decisão dos jurados que se mostre manifestamente contrária à prova dos autos.

Entende-se por decisão manifestamente contrária à prova dos autos a que não encontra qualquer suporte nos elementos de convicção existentes. A decisão que se arrima em alguma prova, ainda que com menor poder de convicção em relação a outra versão, não enseja o apelo.

O tribunal só dará provimento à apelação, portanto, se o veredicto afrontar radicalmente a verdade apurada no processo.

Se reconhecer a procedência da apelação, o tribunal não poderá modificar a decisão, em razão do princípio da soberania dos veredictos, incumbindo-lhe determinar que se proceda a novo julgamento.

É cabível a apelação com esse fundamento (decisão manifestamente contrária à prova dos autos) somente uma vez. Tal regra atinge ambas as partes, de modo que, caso uma tenha recorrido por tal motivo, não poderá a adversária interpor nova apelação após o segundo julgamento.

Observação: De acordo com a Súmula 713 do STF, "o efeito devolutivo da apelação contra decisões do Júri é adstrito aos fundamentos da sua interposição". Assim, caso seja interposta apelação com alegação de nulidade, não poderá o Tribunal determinar novo julgamento por entender que a decisão dos jurados foi contra a prova dos autos.

2.2.3. PRAZO PARA INTERPOSIÇÃO

A apelação será recebida se interposta no prazo de 5 dias, a contar da intimação da sentença. Devem ser cientificados réu e defensor, considerando-se o termo *a quo* do prazo a última intimação.

No caso de intimação ficta, o prazo inicia-se com o decurso do prazo do edital (60 dias, nas hipóteses de pena inferior a 1 ano, e 90 dias, se a pena for igual ou superior a 1 ano).

Conta-se o prazo a partir da data da audiência ou sessão em que foi proferida a sentença, se a parte esteve presente em tal ato.

O prazo para o assistente habilitado recorrer supletivamente é, também, de 5 dias. O termo inicial é vário: se intimado antes do Ministério Público, no mesmo ato (audiência ou sessão) ou durante o curso do prazo daquele, o lapso será contado a partir da data em que findo o prazo para o recurso ministerial (Súmula 448 do STF); se intimado após o trânsito em julgado para o Ministério Público, contar-se-á o prazo a partir da intimação.

O ofendido ou sucessor que não se tenham habilitado terão o prazo de 15 dias para apelar, contados da data em que se encerrou o prazo para o Ministério Público (art. 598, parágrafo único).

Há entendimento segundo o qual o prazo para o assistente recorrer seria sempre de 15 dias, ainda que habilitado. Como há pouco mencionado, contudo, o Supremo Tribunal Federal entende que o prazo é de 5 dias para o assistente habilitado.

Ocorrendo dúvida quanto à tempestividade do recurso, deve ele ser admitido.

Observação: O prazo para recurso nos processos de competência do Juizado Especial Criminal (rito sumaríssimo) é de 10 dias. Em tais procedimentos, a apelação deve ser interposta por petição e acompanhada das razões de inconformismo.

Processo penal – Procedimentos, nulidades e recursos

2.2.4. PROCEDIMENTO

Interposta a apelação, o juiz que proferiu a decisão exercerá controle prévio de admissibilidade (pressupostos objetivos e subjetivos). Caso seja denegada a apelação, pode a decisão que a julgou inadmissível ser desafiada por recurso em sentido estrito. Recebida a apelação, o apelante será intimado para oferecimento das razões, que deverão ser apresentadas no prazo de 8 dias. Em se tratando de contravenção penal, o prazo será de 3 dias, caso não esteja o julgamento afeto ao Juizado Especial Criminal.

Após, a parte contrária disporá do mesmo prazo para apresentar suas contrarrazões.

Havendo assistente, manifestar-se-á, em 3 dias, após o Ministério Público (art. 600, § 1º). No caso de ação penal privada, o Ministério Público apresentará seu arrazoado em 3 dias, sempre após o querelante (art. 600, § 2º).

Na hipótese de apelação simultânea, por parte do Ministério Público e do réu, será o feito arrazoado pelo primeiro e depois aberto o prazo em dobro para o acusado, que apresentará contrarrazões e razões, após o que retornarão os autos ao órgão ministerial, para responder o recurso da parte contrária.

O art. 600, § 4º, do Código de Processo Penal faculta ao apelante a apresentação das razões recursais em segunda instância, desde que assim requeira na oportunidade da interposição.

A lei não proíbe que o Ministério Público arrazoe a apelação na superior instância. O promotor de justiça, no entanto, deve obter prévia autorização do Procurador-Geral de Justiça, uma vez que, nesse caso, o oferecimento das razões incumbirá ao chefe da instituição.

De acordo com o disposto no art. 601 do Código, apresentadas ou não as razões, os autos serão remetidos ao tribunal.

Tem-se entendido que, em atenção ao princípio da ampla defesa, deve o acusado necessariamente apresentar as razões ou contrarrazões. De acordo com essa orientação, no caso de defensor constituído, o juiz intimará o acusado para que constitua outro patrono. Se o réu quedar-se inerte, deverá o juiz nomear defensor para a prática do ato.

Sustentamos que as razões e contrarrazões são peças facultativas e que sua falta não acarreta qualquer nulidade, sobretudo porque não haverá prejuízo para as partes, já que o tribunal deverá analisar todas as questões decididas pela primeira instância.

Tratando-se de defensor dativo, haverá substituição na hipótese de deixar de apresentar manifestação.

O simples atraso na apresentação das razões ou contrarrazões constitui mera irregularidade.

Na apelação não existe juízo de retratação, ou seja, o próprio juiz que prolatou a sentença não pode alterá-la em razão da interposição desse recurso.

É possível a juntada de novos documentos na fase recursal, desde que se garanta à parte adversa conhecimento acerca de seu conteúdo, bem como que se lhe assegure o direito de contestá-lo (princípio do contraditório).

Nos termos da Súmula 708 do STF, "é nulo o julgamento da apelação se, após a manifestação nos autos da renúncia do único defensor, o réu não foi previamente intimado para constituir outro".

2.2.5. EFEITOS

A apelação terá, sempre, efeito devolutivo. O tribunal poderá apreciar matéria que não tenha sido objeto de impugnação pelas partes, reconhecendo, de ofício, a ocorrência de

SINOPSES JURÍDICAS

nulidade absoluta, ainda que ausente arguição. É nula, porém, a decisão do tribunal que acolhe, em desfavor do réu, nulidade não arguida no recurso da acusação (Súmula 160 do STF), em razão de afrontar o princípio da proibição da *reformatio in pejus*.

Tal recurso, por outro lado, não produz efeito regressivo (juízo de retratação).

A produção de efeito suspensivo é a regra (art. 597), que, no entanto, comporta diversas exceções.

A apelação tirada de sentença condenatória suspenderá, em todos os casos, o lançamento do nome do réu no rol dos culpados, em observância ao princípio constitucional da presunção de inocência.

Já a apelação contra sentença absolutória não tem efeito suspensivo, devendo o réu, se preso, ser colocado *incontinenti* em liberdade (art. 596, *caput*).

Acresce a esses aspectos a ocorrência do efeito extensivo: no caso de concurso de agentes, a decisão do recurso interposto por um dos réus, se fundado em motivos que não sejam de caráter exclusivamente pessoal, aproveitará aos outros (art. 580).

2.3. DO PROCESSO E DO JULGAMENTO DOS RECURSOS EM SENTIDO ESTRITO E DAS APELAÇÕES NOS TRIBUNAIS

O procedimento recursal nos tribunais pode ser ordinário, quando o recurso tratar de crime apenado com reclusão, ou sumário, nos processos relativos às demais infrações.

O procedimento ordinário obedece ao seguinte trâmite:

a) Recebidos os autos pelo tribunal *ad quem*, serão remetidos ao procurador de justiça, que se manifestará no prazo de 10 dias.

b) Em seguida, o feito irá ao relator sorteado, que elaborará relatório no prazo de 10 dias, passando, após, ao revisor, para exame em igual prazo.

c) O revisor, então, pedirá designação de dia para o julgamento.

d) Realizar-se-ão as devidas intimações.

e) Na data designada, o presidente da turma anunciará o julgamento e ordenará que as partes sejam apregoadas.

f) Estejam ou não as partes presentes, o relator fará exposição oral do feito, a fim de informar aos demais julgadores sobre a questão a ser decidida.

g) Será dada oportunidade para que as partes (acusado, vítima, Ministério Público de segunda instância) façam uso da palavra, observando-se o tempo de 15 minutos para cada qual fazer sustentação oral.

h) Terminados os debates, o relator proferirá seu voto, seguindo-se o do revisor e o dos demais integrantes do tribunal, câmara ou turma. De acordo com o regimento interno da maioria dos tribunais, além do relator e do revisor, votará apenas mais um juiz (ou desembargador).

i) Lavrado o acórdão, será publicado na forma regimental.

O procedimento sumário pouco difere do ordinário.

O prazo para apresentação de parecer pelo Ministério Público, todavia, é de 5 dias. O mesmo prazo é estabelecido para o relator, que não exarará relatório nos autos e pedirá a designação de dia para julgamento. No procedimento sumário, ademais, inexiste revisor. O tempo deferido às partes para sustentação oral, por fim, é de 10 minutos.

Processo penal – Procedimentos, nulidades e recursos

O relator poderá converter o julgamento em diligência, se entender necessária sua realização.

A decisão do órgão de segunda instância será tomada por maioria de votos. Havendo empate no julgamento, o presidente do tribunal, câmara ou turma, se não tiver participado da votação, proferirá o voto de desempate. Em caso contrário, prevalecerá a decisão mais favorável ao acusado.

Na hipótese de 3 votos divergentes, adota-se, em regra, o critério do voto médio ou intermediário. Assim, se um dos votos mantiver a condenação do acusado por prática de roubo, outro absolvê-lo e o terceiro desclassificar a infração para furto, prevalecerá o último.

Os regimentos internos dos tribunais estabelecem normas complementares sobre o processamento dos recursos e regulam a composição das câmaras e turmas.

2.4. EMBARGOS INFRINGENTES E DE NULIDADE

Os embargos infringentes e os de nulidade são recursos oponíveis contra a decisão não unânime de órgão de segunda instância que cause algum gravame ao acusado.

O Código diferencia os embargos infringentes, que visam discutir matéria de mérito, dos embargos de nulidade, que têm por escopo ver reconhecida nulidade (matéria exclusivamente processual) que favoreça o réu. Os pressupostos e o processamento de ambos, no entanto, são idênticos.

Malgrado tenha havido supressão, no Código de Processo Civil, da previsão de existência dessa modalidade recursal, o art. 609, parágrafo único, do CPP prevê, expressamente, o instrumento de impugnação em questão, daí por que não pode remanescer dúvida sobre sua subsistência no processo penal.

2.4.1. HIPÓTESES DE CABIMENTO

Porquanto colegiados os órgãos de segunda instância, pode ocorrer decisão não unânime, isto é, tomada por maioria de votos.

Em tais casos, desde que a decisão tenha se mostrado **desfavorável ao réu**, poderá ele opor os embargos, para que o julgamento da causa seja devolvido a outro órgão colegiado, do qual participarão, além dos julgadores responsáveis pela decisão embargada, outros mais.

Assim, a oposição dos embargos ensejará o julgamento da questão por novos julgadores, bem assim a possibilidade de mudança de entendimento pelos que já haviam tomado parte na decisão anterior.

A matéria a ser discutida em sede de embargos estará restrita ao limite da divergência existente na decisão embargada.

Dessa forma, se o voto vencido divergir dos vencedores tão somente em relação a parte da matéria, os embargos permitirão ao acusado postular em seu benefício a reversão do julgado somente no tocante a essa questão. Ex.: se todos os julgadores votam pela condenação do réu, havendo um voto que reconhece a existência de causa de diminuição de pena, os embargos terão como objeto somente a matéria relativa à circunstância minorante.

SINOPSES JURÍDICAS

É inadmissível a oposição de embargos fundada apenas na discrepância da **fundamentação** dos votos de decisão unânime.

É necessário, ademais, que a decisão não unânime se refira a julgamento de recurso em sentido estrito ou de apelação. Descabe o recurso, pois, se o acórdão se refere a *habeas corpus* ou a revisão criminal.

2.4.2. PROCESSAMENTO

O prazo para oposição é de 10 dias.

A petição, acompanhada das razões, será dirigida ao relator do acórdão embargado, que, uma vez presentes os pressupostos legais, determinará o processamento.

Não é necessário que o réu se recolha à prisão para opor os embargos.

Será definido, então, novo relator, que não tenha tomado parte na decisão embargada, bem assim novo revisor, observando-se em relação a este a mesma restrição. Para impugnação dos embargos, a secretaria do tribunal abrirá vista dos autos ao querelante e ao assistente, se houver. Depois, manifesta-se a Procuradoria-Geral de Justiça. Os autos irão, então, conclusos ao relator, que apresentará relatório e o passará ao revisor, seguindo-se o julgamento, no qual votarão o novo relator e o revisor, bem como os outros integrantes da câmara (3, em regra) que haviam tomado parte no julgamento anterior, os quais poderão manter ou modificar seus votos. Da nova decisão, ainda que não unânime, não cabem novos embargos infringentes.

Observação: Diverge a doutrina no tocante à necessidade de serem os embargos opostos por advogado habilitado, uma parte afirmando que é imprescindível a capacidade postulatória (José Frederico Marques e Julio Fabbrini Mirabete) e outra que ao acusado é permitido opô-los pessoalmente (Ada Pellegrini Grinover, Antonio Magalhães Gomes Filho e Antonio Scarance Fernandes).

2.5. PROTESTO POR NOVO JÚRI

O protesto por novo júri, então regulado pelos arts. 607 e 608 do Código de Processo Penal, foi suprimido pela Lei n. 11.689/2008.

2.6. REVISÃO CRIMINAL

A revisão criminal é instrumento processual exclusivo da defesa, que visa rescindir sentença penal condenatória transitada em julgado. É considerada a ação rescisória do processo penal.

Funda-se no princípio de que a verdade formal já espelhada na sentença deve ceder passo ante a necessidade de corrigir-se eventual injustiça.

2.6.1. NATUREZA JURÍDICA

Apesar de o Código haver tratado da revisão criminal no título destinado à disciplina dos recursos, prevalece o entendimento segundo o qual tem natureza de ação penal de conhecimento, de caráter desconstitutivo. A revisão é, portanto, ação contra sentença, pois desencadeia nova relação jurídica processual.

Processo penal – Procedimentos, nulidades e recursos

2.6.2. LEGITIMIDADE

A revisão criminal, instrumento exclusivo da defesa, poderá ser aforada pelo próprio réu ou por procurador legalmente habilitado, bem como, em caso de falecimento do acusado, por cônjuge, ascendente, descendente ou irmão.

O Ministério Público não é parte legítima para a propositura da revisão em favor do réu, por ausência de previsão legal. Inexiste, ademais, como já destacado, a revisão *pro societate*.

Legitimado passivo é o Estado, presentado pelo Ministério Público.

2.6.3. PRESSUPOSTOS E OPORTUNIDADE

Deverá a revisão obedecer às condições de exercício das ações em geral: legitimidade, interesse de agir e possibilidade jurídica do pedido.

A revisão, devido ao caráter rescisório que ostenta, pressupõe a existência de sentença condenatória (ou absolutória imprópria) passada em julgado, sem o que não haverá interesse de agir.

Será cabível a revisão qualquer que seja a infração (crime ou contravenção) ou o órgão jurisdicional responsável pela decisão.

Para requerer revisão criminal, o condenado não é obrigado a recolher-se à prisão (Súmula 393 do STF).

Após o trânsito em julgado, pode ser ajuizada a qualquer tempo, mesmo tendo o sentenciado falecido.

2.6.4. HIPÓTESES DE CABIMENTO

I – Quando a sentença condenatória for contrária ao texto expresso da lei penal ou à evidência dos autos.

É cabível a revisão quando a decisão mostrar-se inequivocamente em conflito com o direito (penal ou processual). Assim, compreende-se como sentença contrária ao texto expresso de lei aquela que condena o réu por prática de conduta atípica ou que impõe pena acima do limite máximo cominado.

Incabível a revisão por modificação de entendimento jurisprudencial dominante que ensejou a condenação.

Não se admite, também, a revisão para aplicação de lei nova mais benéfica (*lex mitior*), já que a questão deve ser objeto de apreciação pelo juízo da execução.

A segunda hipótese refere-se à decisão que ostentar erro evidente do juiz na apreciação da prova. Dar-se-á quando a sentença não se arrimar em qualquer elemento de prova existente nos autos. Se houver o julgador optado por uma das correntes probatórias existentes, não será caso de revisão.

A revisão, nesse caso, ensejará a rescisão do julgado inconsistente mediante a análise das provas já existentes nos autos.

II – Quando a sentença condenatória fundar-se em depoimentos, exames ou documentos comprovadamente falsos.

Havendo prova de que elemento de convicção no qual se fundou a sentença é falso, será cabível a revisão criminal. Não basta, é importante frisar, que do processo conste prova

SINOPSES JURÍDICAS

inautêntica ou testemunho mendaz, pois necessário se faz a existência de nexo de causalidade entre tais elementos e a decisão do juiz.

O acusado deve ajuizar a revisão acompanhada da prova da falsidade, uma vez que não haverá apuração e dilação instrutória no juízo revidendo.

Para pré-constituir prova testemunhal, poderá o interessado valer-se da justificação, ação penal cautelar preparatória, colhendo depoimentos junto ao juízo de primeiro grau.

III – Quando, após a sentença, se descobrirem novas provas de inocência do condenado ou de circunstância que determine ou autorize diminuição da pena.

A prova de inocência ou de circunstância favorável ao acusado deve ser pré-constituída. Não se refere o dispositivo à reapreciação de provas já existentes, mas à hipótese em que se verifica, após a sentença, haver provas que não foram anexadas aos autos da ação originária.

Competência. Os tribunais são competentes para o julgamento da revisão criminal relativa a processos julgados em definitivo pelo juízo de primeira instância. A competência é a mesma dos recursos em geral.

Concernente aos processos cuja decisão final tenha sido proferida por tribunal, o julgamento da revisão competirá ainda ao próprio tribunal. Ex.: é o próprio Tribunal de Justiça que julga a revisão criminal ajuizada contra acórdão proferido por uma de suas câmaras.

O fato de ter havido recurso extraordinário perante o STF ou especial junto ao STJ não transfere a competência para julgar a revisão criminal a esses tribunais, exceto se a revisão tiver sido pleiteada com base em matéria anteriormente discutida em tal espécie recursal.

2.6.5. PROCESSAMENTO

a) O interessado dirigirá requerimento ao presidente do tribunal competente.

b) Será o pedido distribuído a um relator que não tenha proferido decisão em qualquer fase do processo (art. 625).

c) O relator poderá indeferir liminarmente o pedido, se o julgar insuficientemente instruído e entender inconveniente para o interesse da justiça o apensamento aos autos principais, cabendo recurso nos termos do que preceituar o regimento interno.

d) Não havendo indeferimento liminar, os autos irão ao órgão de segunda instância do Ministério Público, que ofertará parecer em 10 dias.

e) Em seguida, os autos retornarão ao relator, que apresentará relatório em 10 dias, e, após, ao revisor, que terá prazo idêntico para análise; pedirá, por fim, designação de data para julgamento.

f) A decisão será tomada, então, pelo órgão competente.

2.6.6. EFEITOS

A revisão, se julgada procedente, poderá acarretar a alteração da classificação da infração, a absolvição do réu, a modificação da pena (ou seja, sua redução) ou a anulação do processo.

O art. 630 do Código de Processo Penal diz que o tribunal, se o interessado requerer, poderá reconhecer o direito a uma justa indenização pelos prejuízos sofridos. Essa indenização será liquidada no juízo cível, e incumbirá à União, se a sentença foi prolatada pela Justiça Fe-

Processo penal – Procedimentos, nulidades e recursos

deral, e aos Estados, se prolatada pela respectiva Justiça. A indenização, porém, não será devida: **a)** se o erro ou injustiça da condenação proceder de ato ou falta imputável ao próprio réu, como a confissão ou a ocultação de prova em seu poder; **b)** se a ação penal tiver sido privada.

Julgada improcedente a revisão, só poderá ser repetida se fundada em novos motivos.

Observação: Não ofende o princípio da soberania dos veredictos a possibilidade de revisão de sentença proferida pelo Tribunal do Júri. Isso porque tal princípio, estabelecido em garantia da liberdade do acusado, não lhe poderia restringir o direito de defesa. Prevalece, pois, o entendimento de que o tribunal exerce juízo rescisório, e não apenas rescindente, podendo alterar a decisão anterior dos jurados.

2.7. CARTA TESTEMUNHÁVEL

É instrumento a ser utilizado pelo interessado para que a instância superior conheça e examine recurso interposto contra determinada decisão.

Natureza jurídica. Já se afirmou que não constitui recurso a carta testemunhável, porém mero remédio ou instrumento para conhecimento de outro recurso.

Majoritário, porém, o entendimento de que é recurso na medida em que provoca o reexame de uma decisão, a pedido da parte que sofreu gravame, em virtude de não ter sido recebido recurso por ela interposto ou por não se ter dado seguimento a este (E. Magalhães Noronha, José Frederico Marques, Julio Fabbrini Mirabete, Vicente Greco Filho, Walter P. Acosta e Fernando da Costa Tourinho Filho).

2.7.1. HIPÓTESES DE CABIMENTO

Caberá carta testemunhável da decisão que:

a) não receber o recurso na fase do juízo de admissibilidade;

b) admitindo o recurso, obstar à sua expedição e seguimento ao juízo *ad quem*.

A carta testemunhável é recurso residual, isto é, cabível somente quando não interponível outro recurso. Assim, uma vez que há expressa previsão de cabimento de recurso em sentido estrito no caso de denegação da apelação, será incabível a carta testemunhável. O mesmo se diga no tocante à denegação de recurso especial e extraordinário, em relação aos quais é cabível agravo interno.

2.7.2. PROCESSAMENTO

O prazo para interposição é de 48 horas.

A petição é dirigida ao escrivão (funcionário mais graduado do cartório judicial), devendo a parte indicar quais as peças que serão extraídas dos autos, para formação da carta.

O escrivão fornecerá recibo ao recorrente, sendo que a recusa por parte deste implicará suspensão por 30 dias.

Extraída e autuada a carta, seguirá, em primeiro grau, o rito do recurso em sentido estrito, abrindo-se conclusão ao juiz para decisão de manutenção ou retratação (efeito regressivo).

No juízo *ad quem*, a carta ganhará o procedimento do recurso denegado.

Além das peças obrigatórias (decisão contra a qual foi interposta a carta, petição do recorrente e resposta do juiz e certidão acerca da tempestividade), deve o requerente instruir

SINOPSES JURÍDICAS

suficientemente o recurso, para que o tribunal, entendendo conveniente (princípio da economia processual), aprecie diretamente o mérito do recurso que se pretende ver subir.

Na carta testemunhável, o recorrente é chamado de testemunhante e o recorrido, de testemunhado.

2.7.3. EFEITOS

A carta testemunhável não tem efeito suspensivo.

Se for provido o pedido inserto na carta, o tribunal receberá o recurso denegado pelo juiz ou determinará o seguimento do recurso já recebido. Como anteriormente exposto, poderá o tribunal, desde logo, caso trasladadas peças suficientes, julgar o mérito do recurso que se quer ver recebido ou processado.

2.8. CORREIÇÃO PARCIAL

A correição parcial é instrumento de impugnação de decisões que importem em inversão tumultuária de atos do processo e em relação às quais não haja previsão de recurso específico.

2.8.1. NATUREZA JURÍDICA

Há divergência quanto à natureza jurídica da correição: para alguns, trata-se de providência administrativo-disciplinar, destinada a provocar a tomada de medidas censórias contra o juiz que, secundariamente, produz efeitos no processo; outra corrente afirma que, nada obstante originariamente a correição ostentasse caráter disciplinar, não se pode, atualmente, negar-lhe a natureza de recurso, uma vez que tem por finalidade a reforma pelos tribunais de decisão que tenha provocado tumulto processual.

2.8.2. LEGITIMIDADE

Podem interpor correição parcial o acusado, o Ministério Público ou o querelante, bem como o assistente de acusação.

2.8.3. HIPÓTESES DE CABIMENTO

A correição destina-se a impugnar erro ou abuso quanto a atos e fórmulas do processo que importem em tumulto.

É cabível a interposição somente quando se tratar de *error in procedendo*, mostrando-se inadmissível quando a decisão que se reputa equivocada versar sobre matéria de mérito (*error in judicando*).

É necessária, também, a inexistência de recurso específico para impugnar a decisão.

Será cabível a correição, dentre outros, nos seguintes casos: **a)** quando o juiz, nada obstante haver promoção de arquivamento lançada no inquérito, determinar o retorno dos autos à polícia, para prosseguimento das investigações; **b)** da decisão que indeferir a oitiva de testemunha tempestivamente arrolada; **c)** da decisão que, por ocasião do recebimento da denúncia, altera a classificação jurídica da infração etc.

2.8.4. PROCESSAMENTO

Existe divergência acerca do rito a ser seguido. Para alguns, a correição segue o procedimento do agravo de instrumento, sendo de 10 dias o prazo para interposição. Para ou-

Processo penal – Procedimentos, nulidades e recursos

tros, a correição deve seguir o rito do recurso em sentido estrito, sendo de 5 dias o prazo para interposição.

No Estado de São Paulo, o processamento da correição em primeiro grau de jurisdição obedecerá, em face do disposto nos arts. 93 a 96 do Dec.-Lei Complementar n. 3/69, ao procedimento do agravo do Código de Processo Civil (arts. 1.015 a 1.020 do CPC).

A correição está também prevista no art. 6º, I, da Lei n. 5.010/66, que organizou a Justiça Federal.

O julgamento da correição é feito pelo Tribunal competente para julgar os demais recursos.

A petição será, pois, endereçada ao tribunal competente e conterá a exposição do fato e do direito, bem assim as razões do pedido de reforma. Conterá, ainda, o nome dos procuradores das partes, bem como o endereço deles.

Será instruída, necessariamente, com cópia da decisão impugnada, de certidão de intimação do recorrente, a fim de comprovar a tempestividade, e das procurações outorgadas aos advogados.

O relator, a pedido do interessado, poderá conferir efeito suspensivo à correição, bem como ordenará a intimação da parte adversa, para que apresente resposta diretamente ao tribunal, ouvindo, ainda, o órgão do Ministério Público que oficia perante o tribunal (art. 1.019 do CPC).

Em seguida, a correição será julgada, desde que não tenha havido reforma da decisão pelo juiz no juízo de retratação, hipótese em que o recurso restará prejudicado.

2.9. EMBARGOS DE DECLARAÇÃO

Os embargos declaratórios são dirigidos ao órgão prolator da decisão, quando nela houver ambiguidade, obscuridade, contradição ou omissão (arts. 382 e 619).

É cabível a oposição dos embargos tanto da decisão de primeiro grau, hipótese em que serão dirigidos ao juiz, como de decisões de órgãos colegiados, caso em que serão dirigidos ao relator do acórdão.

2.9.1. NATUREZA JURÍDICA

Parte da doutrina afirma, acertadamente, que os embargos de declaração têm natureza recursal, já que nada mais são do que meio voluntário de pedir a reparação de um gravame decorrente da obscuridade, ambiguidade, omissão ou contradição do julgado (José Frederico Marques, E. Magalhães Noronha, assim como Ada Pellegrini Grinover, Antonio Magalhães Gomes Filho e Antonio Scarance Fernandes). Pondera-se, por outro lado, que, uma vez que não possuem caráter infringente (não ensejam a modificação substancial da decisão), pois se destinam a esclarecimentos ou pequenas correções, não constituem recurso, porém meio de integração da sentença ou acórdão (Julio Fabbrini Mirabete e Fernando Capez).

Veja-se, porém, que há casos em que os embargos possuem efetivo caráter modificativo, como na hipótese de o juiz omitir-se em apreciar preliminar de nulidade arguida pela parte.

2.9.2. HIPÓTESES DE CABIMENTO

Os embargos de declaração são oponíveis se a decisão for:

a) **obscura**: quando não for clara, ou seja, quando mostrar-se ininteligível em maior ou menor grau;

SINOPSES JURÍDICAS

b) **ambígua**: se uma parte da sentença permitir duas ou mais interpretações, de forma que não se entenda qual a intenção do magistrado;

c) **omissa**: quando o julgador silencia sobre matéria que deveria apreciar;

d) **contraditória**: se alguma das proposições nela insertas não se harmoniza com outra.

2.9.3. LEGITIMIDADE

Podem embargar a decisão o acusado, o Ministério Público ou querelante e o assistente de acusação. É possível que a parte vencedora se utilize dos embargos.

2.9.4. PROCESSAMENTO

Os embargos serão opostos no prazo de 2 dias, contados da intimação, por meio de requerimento que indique, fundamentadamente, os pontos em que a decisão necessita de complemento ou esclarecimento, endereçado ao próprio juiz ou relator.

Se intempestivos ou se não preencherem os requisitos legais, serão indeferidos de plano pelo juiz ou relator. Recebidos, o relator os submeterá à apreciação do órgão que proferiu a decisão, independentemente de manifestação da parte contrária (*inaudita altera pars*) ou do revisor. De ver-se, entretanto, que, se o relator verificar que eventual acolhimento dos embargos poderá implicar a modificação da decisão, o embargado deverá ser intimado para, querendo, manifestar-se, no prazo de 5 dias, nos termos do disposto no art. 1.023, § 2º, do CPC, aplicável, subsidiariamente, ao processo penal.

Se providos, o tribunal ou o juiz corrigirá ou completará a decisão embargada.

2.9.5. EFEITOS

Opostos os embargos, não continuam a correr os prazos para interposição de outros recursos.

Uma vez que o Código de Processo Penal não regulamentou a matéria, aplica-se analogicamente a legislação processual civil, segundo a qual o prazo para interposição de outro recurso será **interrompido** pela oposição de embargos (art. 1.026 do CPC). Havendo interrupção, a oposição dos embargos faz com que o prazo para a interposição de outro recurso passe a ser contado novamente em sua integralidade. Se suspenso fosse, após o julgamento dos embargos, a parte disporia somente do tempo que restava para a interposição do outro recurso quando da oposição. A oposição por qualquer das partes acarreta a interrupção do prazo também para o adversário.

É firme o entendimento, no Supremo Tribunal Federal (ARE 770.405 AgR/ES, 1ª Turma, rel. Min. Roberto Barroso, j. 10-12-2013, *DJe* 14-2-2014) e no Superior Tribunal de Justiça (AgRg no AREsp 606.677/SP, 5ª Turma, rel. Min. Jorge Mussi, j. 14-4-2015, *DJe* 22-4-2015; EDcl nos EDcl no AgRg no AREsp 364.076/SP, 6ª Turma, rel. Min. Maria Thereza de Assis Moura, j. 12-2-2015, *DJe* 25-2-2015), de que os embargos aclaratórios opostos intempestivamente não interrompem o prazo para interposição de outros recursos. Do mesmo modo, está sedimentado o entendimento das Cortes Superiores no sentido de que não gera a interrupção do prazo para outros recursos a oposição tempestiva de embargos de declaração que não sejam conhecidos por serem descabidos. Tratando-se, portanto, de embargos opostos com finalidade meramente protelatória, assim declarados de forma fun-

Processo penal – Procedimentos, nulidades e recursos

damentada pelo juiz ou turma julgadora, é possível o imediato reconhecimento do trânsito em julgado da decisão (STF, Tribunal Pleno, AP 396 ED-ED/RO).

A Lei n. 13.964/2019 inseriu no art. 116, III, do Código Penal regra no sentido de que a prescrição fica suspensa enquanto pendentes embargos de declaração, ou seja, a prescrição não corre da data da interposição até o julgamento.

Observações:

1) A Lei n. 9.099/95 prevê a oposição de embargos, no prazo de 5 dias, no caso de obscuridade, contradição ou omissão na decisão.

O art. 83, § 2º, dessa mesma lei previa a suspensão do prazo para interposição de outros recursos, na hipótese de oposição dos embargos declaratórios perante o Juizado Especial Criminal. Tal dispositivo, entretanto, foi modificado pela Lei n. 13.105/2015 (CPC) e passou a prever que os embargos interrompam o prazo para outros recursos.

2) Os embargos declaratórios opostos contra a decisão de primeiro grau recebem a denominação de embarguinhos.

3) Nada impede a interposição de embargos de declaração contra decisão que julgou embargos declaratórios, desde que essa decisão contenha ambiguidade, obscuridade, omissão ou contradição.

2.10. RECLAMAÇÃO

A reclamação é instrumento destinado a preservar a competência dos tribunais e a garantir a autoridade de suas decisões jurisdicionais. Ex.: o tribunal toma decisão em determinado sentido, mas o juízo de 1ª instância a descumpre.

A Constituição Federal prevê expressamente a possibilidade de manejo da reclamação para o Supremo Tribunal Federal (art. 102, I, *l*) e para o Superior Tribunal de Justiça (art. 105, I, *f*). No Estado de São Paulo, a reclamação como mecanismo de garantia da autoridade das decisões do Tribunal de Justiça foi prevista na Constituição Estadual (art. 74, X).

O procedimento para a reclamação destinada a preservar a competência ou a garantir a autoridade de decisões do Supremo Tribunal Federal ou do Superior Tribunal de Justiça era previsto nos arts. 13 a 18 da Lei n. 8.038/90, que, todavia, foram expressamente revogados pelo Código de Processo Civil, que passou a regulamentar o tema em seus arts. 988 a 993.

De acordo com o art. 988, caberá reclamação da parte interessada ou do Ministério Público para: I – preservar a competência do tribunal; II – garantir a autoridade das decisões do tribunal; III – garantir a observância de enunciado de súmula vinculante e de decisão do Supremo Tribunal Federal em controle concentrado de constitucionalidade; IV – garantir a observância de acórdão proferido em julgamento de incidente de resolução de demandas repetitivas ou de incidente de assunção de competência. A reclamação pode ser proposta perante qualquer tribunal, e seu julgamento compete ao órgão jurisdicional cuja competência se busca preservar ou cuja autoridade se pretenda garantir (§ 1º). A reclamação é cabível qualquer que seja a instância em que a decisão tenha sido proferida e pode ser proposta, nas hipóteses *supra*, ainda que caiba recurso ordinário contra a decisão. O art. 988, § 5º, II, do CPC prevê uma última hipótese de reclamação: para garantir a observância de acórdão de recurso extraordinário com repercussão geral reconhecida ou de acórdão proferido em julgamento de recursos extraordinário ou especial repetitivos, desde que esgotadas as instâncias ordinárias. Nessa hipótese, portanto, não caberá a reclamação se contra a decisão ainda for cabível algum recurso nas instâncias ordinárias.

A reclamação deverá ser instruída com prova documental e dirigida ao presidente do tribunal (§ 2º). Assim que recebida, a reclamação será autuada e distribuída ao relator do processo principal, sempre que possível (§ 3º).

Ao despachar a reclamação, o relator: I – requisitará informações da autoridade a quem for imputada a prática do ato impugnado, que as prestará no prazo de 10 (dez) dias; II – se necessário, ordenará a suspensão do processo ou do ato impugnado para evitar dano irreparável; III – determinará a citação do beneficiário da decisão impugnada, que terá prazo de quinze dias para apresentar a sua contestação (art. 989).

Saliente-se que o art. 990 permite a qualquer interessado impugnar o pedido do reclamante. Por sua vez, o art. 991 dispõe que, na reclamação que não houver formulado, o Ministério Público terá vista do processo por cinco dias, após o decurso do prazo para informações e para o oferecimento da contestação pelo beneficiário do ato impugnado.

Caso seja julgada procedente a reclamação, o tribunal cassará a decisão exorbitante de seu julgado ou determinará medida adequada à solução da controvérsia (art. 992).

De acordo com o art. 988, § 5º, I, do CPC, é inadmissível a reclamação proposta após o trânsito em julgado da decisão reclamada.

Por fim, a inadmissibilidade ou o julgamento do recurso interposto contra a decisão proferida pelo órgão reclamado não impede a impugnação mediante reclamação (art. 988, § 6º).

A reclamação pode ser utilizada para atacar ato administrativo ou decisão judicial que contrarie súmula vinculante do Supremo Tribunal Federal ou que indevidamente a aplique (art. 103-A, § 3º, da CF), hipótese em que o Supremo, se julgar procedente a reclamação, anulará o ato administrativo ou cassará a decisão judicial reclamada, determinando que outra seja proferida. O inc. IV do art. 988 do CPC e o seu § 5º, II, aumentam o alcance da reclamação, permitindo o seu manejo quando a decisão contrariar precedente proferido em julgamento de casos repetitivos e em incidente de resolução de demandas repetitivas. Há, porém, quem entenda que tais dispositivos são inconstitucionais por não estarem abrangidos pelo dispositivo mencionado da Carta Magna, razão pela qual é recomendável a interposição concomitante de recurso especial ou extraordinário.

Este é o entendimento de Pedro Lenza, inserto em artigo publicado no *Conjur* (www.conjur.com.br) em 13 de março de 2015, intitulado "Vinculação da jurisprudência. Reclamação Constitucional: Inconstitucionalidades do Novo CPC/2015". O artigo foi escrito antes da Lei n. 13.256/2016, que modificou o art. 988 do CPC. A crítica do renomado autor, atualmente, alcançaria o atual art. 988, IV, e também a regra inserta no § 5º, II, do mesmo dispositivo.

"Pois bem, definido esse novo sentido da jurisprudência, resta analisar a amplitude da vinculação dos juízes e tribunais e, no caso, o cabimento ou não desse inegável direito fundamental (verdadeiro direito de petição – art. 5º, XXXV, 'a'), denominado reclamação constitucional.

Pelos dispositivos normativos citados no quadro acima, o CPC/2015 seguiu a tendência que já se verificava em relação às últimas minirreformas do Código Buzaidiano de 1973, aumentando o poder decisório dos relatores e a 'vinculação' sugestiva decorrente de posicionamentos já sumulados e pacificados nos tribunais superiores.

Processo penal – Procedimentos, nulidades e recursos

O CPC/2015, contudo, avançou e supervalorizou o cabimento da reclamação e, assim, o efeito vinculante das decisões.

De acordo com o art. 988, IV, CPC/2015, caberá reclamação da parte interessada ou do Ministério Público para garantir a observância de precedente proferido em julgamento de casos repetitivos ou em incidente de assunção de competência.

Por sua vez, o art. 985, § 1º, CPC/2015, reforça que caberá reclamação se não observada a tese adotada no incidente de resolução de demandas repetidas (IRDR).

Em nosso entender, essas regras de vinculação não poderiam ter sido introduzidas por legislação infraconstitucional, mas, necessariamente, por emenda constitucional a prever outras hipóteses de decisões com efeito vinculante, além daquelas já previstas na Constituição.

Como se sabe, na CF/88, o efeito vinculante (no caso, premissa para se falar nessa hipótese de cabimento da reclamação), somente se observa em razão das decisões em controle concentrado de constitucionalidade (art. 102, § 2º), ou em razão de edição, revisão ou cancelamento de súmula vinculante (art. 103-A), regra essa, aliás, na linha do que sustentamos, introduzida pela EC 45/2004.

Não podemos confundir efeitos processuais dos instrumentos elencados acima com ampliação das hipóteses de cabimento da reclamação constitucional (art. 102, I, 'l') para a garantia da autoridade das decisões dos tribunais.

(...)

Em nosso entender, essa dita 'vinculação', no controle da decisão judicial, não poderá ensejar o cabimento da reclamação constitucional.

Como se disse, sem dúvida, ferramentas processuais serão importantes para abreviar a entrega da prestação jurisdicional (aliás, como sabemos, a razoável duração do processo é direito fundamental – art. 5º, LXXIII, CF/88). Exemplificando, é perfeitamente admissível a introdução por lei de julgamento monocrático pelo relator no tribunal em observância à jurisprudência dominante do STF ou do STJ, ou a restrição das hipóteses de remessa necessária.

Contudo, isso não pode significar o cabimento da reclamação constitucional. Assim, entendemos, flagrantemente inconstitucional essa pretensão trazida no CPC/2015.

Estamos nos referindo aos arts. 988, IV, 985, § 1º, 947, § 3º e, também, ao art. 927, III, IV e V (CPC/2015) ao se estabelecer que os juízes e tribunais observarão:

– os acórdãos em incidente de assunção de competência ou de resolução de demandas repetitivas e em julgamento de recursos extraordinário e especial repetitivos;

– os enunciados das súmulas do Supremo Tribunal Federal em matéria constitucional e do Superior Tribunal de Justiça em matéria infraconstitucional;

– a orientação do plenário ou do órgão especial aos quais estiverem vinculados.

Dizer que devem observar significa vincular. O art. 947, § 3º, aliás, expressamente estabelece que o acórdão proferido em assunção de competência vinculará todos os juízes e órgãos fracionários, exceto se houver revisão de tese. Criam-se hipóteses de vinculação por lei. Esse é o problema, pois a previsão de efeito vinculante enseja o cabimento da reclamação.

Não estamos a condenar os efeitos processuais, aliás, muito bem-vindos e uma realidade já no CPC/73 em razão de suas minirreformas. Estamos, por outro lado, unicamente a não reconhecer o efeito vinculante para o cabimento da reclamação constitucional.

Entendemos que essa é a linha da interpretação do STF, conforme se verificou no julgamento da Rcl 4.335.

SINOPSES JURÍDICAS

No voto do ministro Teori Zavascki, ficou claro a necessidade, muito embora reconhecida a eficácia expansiva das decisões mesmo quando tomadas em controvérsias concretas e individuais, de se dar uma interpretação estrita à reclamação constitucional, sob pena de transformar o STF em Corte de revisão, em órgão recursal, tendo em vista a criação de um inadmissível (porque inconstitucional) atalho processual ou, ainda, um acesso *per saltum* à Suprema Corte em combatida supressão de instância".

2.11. HABEAS CORPUS

O significado da expressão *habeas corpus* (tome o corpo) já delineia seu substrato. Corresponde às duas primeiras palavras da fórmula latina do instituto, que assim se ostentava: "Tome o corpo do delito e venha submeter ao Tribunal o homem e o caso".

A submissão do paciente à presença do juiz constitui, muitas vezes, meio eficaz de verificar-se a existência de coação e fazer cessá-la.

A expressão passou a significar a ordem de libertação da pessoa submetida a ilegal constrangimento da liberdade física.

O instituto encontra previsão no texto constitucional: "conceder-se-á *habeas corpus* sempre que alguém sofrer ou se achar ameaçado de sofrer violência ou coação em sua liberdade de locomoção, por ilegalidade ou abuso de poder" (art. 5º, LXVIII, da CF).

Diante dessa definição básica, conclui-se que o *habeas corpus* é instrumento que se destina a garantir exclusivamente o direito de locomoção (liberdade de ir e vir).

2.11.1. NATUREZA JURÍDICA

Embora o *habeas corpus* tenha sido regulamentado pelo Código como recurso e respeitáveis opiniões existam atribuindo-lhe tal natureza, não aderimos a esse entendimento.

Os recursos têm como pressuposto um processo e a existência de decisão não transitada em julgado (ou não preclusa) a ser discutida no seio da mesma relação jurídica processual. O *habeas corpus*, por outro lado, pode ser utilizado ainda que não haja processo ou decisão a ser impugnada e serve, não raro, como meio de rescindir a coisa julgada. Trata-se, em verdade, de ação penal popular constitucional voltada à proteção do direito de liberdade de locomoção. A possibilidade de o juiz ou o tribunal conceder de ofício o *habeas corpus* não exclui o caráter de ação do instrumento, uma vez que se trata de hipótese de legitimidade conferida ao órgão jurisdicional, à semelhança do que ocorre no incidente de suspeição.

Todavia, apesar de constituir ação, exerce, algumas vezes, função de caráter recursal, ocasionando a revisão da decisão contra a qual foi investido. Ex.: *habeas corpus* concedido para reformar decisão que indeferiu pedido de liberdade provisória ou de revogação de prisão preventiva.

2.11.2. ESPÉCIES

O *habeas corpus* pode ser:

a) liberatório (corretivo ou repressivo): quando se pretende a restituição da liberdade a alguém que já se acha com esse direito violado;

b) preventivo: quando se pretende evitar que a coação se efetive, desde que haja fundado receio de que se consume.

Processo penal – Procedimentos, nulidades e recursos

Com base no caráter preventivo do *habeas corpus* é que se exerce o controle de legalidade da persecução penal, pois o evento prisão, em maior ou menor probabilidade, é evento possível quando instaurado inquérito policial ou ajuizada ação penal. Por esse motivo, é possível o trancamento de inquérito ou de ação penal pela via de *habeas corpus*, desde que o fato apurado, por exemplo, seja evidentemente atípico, que já esteja extinta a punibilidade etc.

Firmou-se, entretanto, o entendimento segundo o qual não é cabível *habeas corpus* para trancamento de processo cujo crime é apenado exclusivamente com multa, pois não se estaria tutelando liberdade de locomoção, já que inexiste a possibilidade de converter-se a pena pecuniária em privativa de liberdade. Nesse sentido, a Súmula 693 do STF: "Não cabe *habeas corpus* contra decisão condenatória a pena de multa, ou relativo a processo em curso por infração penal a que a pena pecuniária seja a única cominada". Também por não haver possibilidade de ser tolhida a liberdade de locomoção, o STF publicou a Súmula 695, segundo a qual "não cabe *habeas corpus* quando já extinta a pena privativa de liberdade".

2.11.3. LEGITIMIDADE ATIVA

O *habeas corpus* pode ser impetrado por qualquer pessoa, em seu favor ou de outrem, independentemente de representação de advogado. Denomina-se impetrante a pessoa que ajuíza o pedido de *habeas corpus*.

Pode ser impetrado, portanto, até mesmo por:

a) analfabeto;

b) estrangeiro;

c) pessoa jurídica;

d) órgão do Ministério Público.

Não obstante mostrar-se ampla a legitimação para impetração, deve-se analisar a existência de interesse de agir, para que se façam presentes as condições da ação. Assim, não poderá o Ministério Público impetrar *habeas corpus* para trancar ação penal por ele proposta.

O paciente, pessoa em favor de quem se impetra a ordem, deve ser, necessariamente, pessoa física.

Observação: O juiz de direito não poderá, nessa qualidade, impetrar *habeas corpus*, já que o órgão jurisdicional é inerte, podendo, no entanto, concedê-lo de ofício nos processos em que atue.

2.11.4. LEGITIMIDADE PASSIVA

A pessoa legitimada para figurar no polo passivo em *habeas corpus* recebe a denominação coator (ou autoridade coatora).

O *habeas corpus* deve ser impetrado contra aquele que exercer a violência, coação ou ameaça (art. 654, § 1º, a).

Ordinariamente, é utilizado contra ato de autoridade pública, havendo discordância na doutrina acerca da possibilidade de impetração contra ato de particular, como, por exemplo, para cessar restrição à liberdade de colono exercida pelo dono de fazenda. Há quem repute cabível a impetração somente quando o autor exerce função pública, pois o ato do particular, constituindo crime, deve ser objeto de repreensão policial (Hélio

SINOPSES JURÍDICAS

Tornaghi). Prevalece, porém, o entendimento segundo o qual é possível que o particular figure no polo passivo da impetração (Julio Fabbrini Mirabete e E. Magalhães Noronha). Isso porque a Constituição não se referiu apenas ao "abuso de poder", mas também à "ilegalidade", que pode decorrer de conduta de particular. Acresce a esse aspecto a circunstância de o instituto, dada a importância do objeto jurídico tutelado, não poder ser interpretado de forma restritiva.

Deve-se distinguir, por outro lado, entre o detentor do preso ou executor da ordem ilegal e o coator. Detentor ou executor é quem executa o ato de responsabilidade de outrem, como o diretor de estabelecimento penal que, por ordem do juiz, encarcera determinada pessoa. Nesse caso, será legitimado passivo (coator) o responsável pela ordem (juiz).

Nesse diapasão, quando inquérito policial é requisitado por juiz ou promotor de justiça, serão estes considerados como autoridades coatoras, e não o delegado de polícia, que apenas cumpriu a ordem.

É possível, todavia, que o detentor ou executor seja também o coator. Ex.: delegado de polícia na hipótese de não comunicação do flagrante à autoridade judiciária competente.

2.11.5. CABIMENTO

É pressuposto para o cabimento do *habeas corpus* a ocorrência de ilegalidade ou abuso de poder que acarrete violação ao direito de locomoção de alguém.

Ilegalidade (falta de amparo legal) é gênero do qual o abuso de poder é espécie. Este último ocorrerá quando a autoridade, embora competente para a prática do ato, age com excesso no uso das faculdades administrativas ou ultrapassa os limites de atribuição previstos na lei.

É incabível, por outro turno, a impetração na hipótese de punições disciplinares militares (art. 142, § 2º, da CF), salvo no que diz respeito à discussão dos pressupostos de legalidade da sanção (hierarquia, poder disciplinar, ato ligado à função e cabimento da pena aplicada).

O Código enumerou, exemplificativamente, hipóteses de cabimento do remédio heroico em razão de coação ilegal (art. 648):

I – Quando não houver justa causa.

Oportuno o comentário de Hélio Tornaghi acerca da abrangência do dispositivo: "A rigor, esse inciso dispensaria os demais, pois em todos eles não há justa causa para a coação". E continua o renomado mestre sua lição, ponderando: "Justa é a causa suficientemente baseada em lei" (*Curso de processo penal*, cit., p. 394). Em outras palavras: se inexistirem fundamentos legais e fáticos para a coação, faltará justa causa.

Existe justa causa para a prisão somente no caso de flagrante delito ou na hipótese de ordem escrita e fundamentada de autoridade judiciária competente, ressalvada a possibilidade de prisão por transgressão ou crime propriamente militar (art. 5º, LXI, da CF).

Nos processos ou inquéritos que tiverem por objeto fato atípico, estará evidenciada a ausência de justa causa.

II – Quando alguém estiver preso por mais tempo do que determina a lei.

O dispositivo refere-se ao excesso de prazo da prisão cautelar na formação da culpa. Após as reformas processuais ocorridas no ano de 2008, em regra, o prazo é, na esfera estadual, de 120 dias para o término da produção da prova acusatória (e de 125 dias na esfera federal). Esse prazo, entretanto, é apenas um parâmetro, podendo ser dilatado em virtude de

Processo penal – Procedimentos, nulidades e recursos

incidentes havidos no caso concreto, *v.g.*, adiamento de audiências em razão da não condução do réu preso.

Assim, apenas a demora injustificada no encerramento da instrução processual configura constrangimento ilegal à liberdade de locomoção.

De acordo com o Supremo Tribunal Federal, três são os gêneros de fatores que devem ser considerados para fins de análise da razoabilidade da duração da prisão preventiva: (i) a complexidade do caso; (ii) o comportamento processual das partes; e (iii) eventual desídia das autoridades judiciárias: "A jurisprudência do Supremo Tribunal Federal é firme no sentido de que a demora para conclusão da instrução criminal, como circunstância apta a ensejar constrangimento ilegal, somente se dá em hipóteses excepcionais, nas quais a mora seja decorrência de (a) evidente desídia do órgão judicial; (b) exclusiva atuação da parte acusadora; ou (c) situação incompatível com o princípio da razoável duração do processo, previsto no art. 5º, LXXVIII, da CF/88, o que não ocorre no caso dos autos" (STF, RHC 122.462, 2ª Turma, rel. Min. Teori Zavascki, j. 26-8-2014, *DJe* 9-9-2014).

A análise da **complexidade da causa** relaciona-se às condições objetivas da causa, tais como o número de réus e de advogados, a quantidade de testemunhas a serem inquiridas, o montante de delitos imputados, a necessidade de expedição de cartas precatórias, o volume de incidentes processuais etc. O **comportamento processual do imputado** terá relevância quando houver contribuído para a dilação indevida do processo, hipótese em que a doutrina da vedação do comportamento contraditório (*venire contra factum proprium*) impede que se cogite do reconhecimento da falta de razoabilidade do prazo da custódia cautelar. A avaliação da **diligência da autoridade judiciária** diz respeito à detecção de eventual desídia no desenvolvimento do processo.

Se o paciente estiver preso cautelarmente por mais tempo do que a pena máxima cominada ao crime, ainda que já sentenciado o processo em primeiro grau ou encerrada a instrução, também haverá coação sanável por via do *habeas corpus*.

Existem duas súmulas do STJ que tratam do tema. A Súmula 52 diz que, "encerrada a instrução criminal, fica superada a alegação de constrangimento por excesso de prazo". Já a Súmula 64 estabelece que "não constitui constrangimento ilegal o excesso de prazo na instrução, provocado pela defesa".

III – Quando quem ordenar a coação não tiver competência para fazê-lo.

A autoridade competente para decretar prisão, salvo nos casos de prisão disciplinar militar ou por crime militar, é do **juiz de direito**.

Pode o juiz, entretanto, ser incompetente em razão da matéria, em virtude de prerrogativa de função do acusado etc. Se se cuidar de incompetência absoluta, pode ser reconhecida por via de *habeas corpus*.

O art. 316, parágrafo único, do CPP, introduzido pela Lei n. 13.964/2019, prevê que, decretada a prisão preventiva, deverá o órgão emissor da decisão revisar a necessidade de sua manutenção a cada 90 dias, mediante decisão fundamentada, de ofício, sob pena de tornar a prisão ilegal. Caso o juiz não realize essa revisão, caberá *habeas corpus*.

IV – Quando houver cessado o motivo que autorizou a coação.

Uma vez desaparecida a causa que ensejou a prisão, deve o efeito ter fim. Assim, se uma pessoa estiver presa em virtude do não pagamento da fiança, deve ser colocada em liberdade ao prestá-la.

SINOPSES JURÍDICAS

V – Quando não for alguém admitido a prestar fiança, nos casos em que a lei a autoriza.

VI – Quando o processo for manifestamente nulo.

O dispositivo refere-se à nulidade manifesta, isto é, aquela que não admite dúvida.

Deve haver, ademais, relação de causalidade entre a nulidade e a coação, de modo que, por exemplo, anulado o julgamento pelo júri, não será o acusado colocado em liberdade se já estava preso em razão da pronúncia.

A nulidade pode advir de várias causas: ilegitimidade de parte, ausência de citação etc.

VII – Quando extinta a punibilidade.

Cabalmente provada a ocorrência de causa extintiva da punibilidade, não há razão para instauração ou prosseguimento do processo, situação que enseja o trancamento por via do *habeas corpus*.

2.11.6. COMPETÊNCIA

O primeiro critério norteador da competência é o da territorialidade: é competente para julgar pedido de *habeas corpus* o juiz em cujos limites de jurisdição estiver ocorrendo a coação.

Assim, o juiz de primeiro grau julgará *habeas corpus* em que figurar como coator, p. ex., o delegado de polícia.

De acordo com a regra inserta no art. 650, § 1º, do Código de Processo Penal, a competência do juiz cessará sempre que a violência ou coação emanar de autoridade judiciária de igual ou superior jurisdição. A regra também se aplica no tocante aos membros do Ministério Público. É o denominado critério da hierarquia.

Segundo tal critério, compete ao tribunal a que caiba julgar os processos em que se apura a prática de crime atribuído à autoridade coatora o julgamento de *habeas corpus* contra ato desse agente. Ex.: juiz estadual, quando comete crime comum, é julgado pelo Tribunal de Justiça. Assim, eventual *habeas corpus* contra qualquer ato de juiz estadual é julgado pelo mencionado Tribunal.

Cabe, portanto, ao Tribunal de Justiça apreciar os pedidos de *habeas corpus* em que figure como coator juiz de direito ou promotor de justiça. Tratando-se de juiz federal ou membro do Ministério Público Federal de primeira instância, caberá ao Tribunal Regional Federal o julgamento da impetração.

Por expressa previsão do art. 105, I, *c*, da Constituição Federal, se a autoridade coatora ou paciente for governador de Estado ou do Distrito Federal, membro do Tribunal de Contas do Estado ou do Distrito Federal, bem assim dos municípios, desembargador, membro dos tribunais regionais federais, dos tribunais regionais eleitorais e do trabalho, membro do Ministério Público da União que oficie perante tribunal, ou, ainda, se o coator for tribunal sujeito à sua jurisdição, ou Ministro de Estado, a competência será do Superior Tribunal de Justiça.

Ao Supremo Tribunal Federal, por fim, compete o julgamento quando o paciente for o Presidente da República, o vice-presidente, membro do Congresso Nacional, ministro do Supremo Tribunal Federal, procurador-geral da República, ministro de Estado, membro de Tribunal Superior ou do Tribunal de Contas da União ou chefe de missão diplomática de caráter permanente (art. 102, I, *d*, da CF).

Caberá ao Supremo Tribunal Federal, ainda, o julgamento quando o coator ou paciente for Tribunal Superior, autoridade ou funcionário cujos atos estejam sujeitos diretamente à

Processo penal – Procedimentos, nulidades e recursos

sua jurisdição, ou se trate de crime sujeito à mesma jurisdição em única instância (art. 102, I, *i*, da CF, com a redação dada pela EC n. 22/99).

A Súmula 690 do STF, que dizia competir originariamente ao Supremo o julgamento de *habeas corpus* contra decisão de turma recursal do juizado especial criminal, está superada após o julgamento do HC 86.834 pelo Pleno do próprio STF, que declarou caber o julgamento aos Tribunais de Justiça Estaduais ou aos Tribunais Regionais Federais, a depender da modalidade da infração penal.

2.11.7. PROCESSAMENTO

As principais características do procedimento do *habeas corpus*, em qualquer instância, são:

a) simplicidade;

b) sumariedade do rito.

Assim é que a petição pode ser redigida por qualquer pessoa, independentemente da representação por advogado.

A petição conterá (art. 654, § 1º):

a) o nome da pessoa que sofre ou está ameaçada de sofrer violência ou coação;

b) o nome de quem exercer a violência, coação ou ameaça;

c) a declaração da espécie de constrangimento ou, em caso de simples ameaça de coação, as razões em que se funda seu temor;

d) a assinatura do impetrante, ou de alguém a seu rogo, quando não souber ou não puder escrever.

A peça inicial deve ser redigida em língua portuguesa.

A impetração pode dar-se por telegrama, fac-símile ou outro meio eletrônico de autenticidade comprovada.

Não acarreta a inépcia da petição a ausência do nome do paciente, desde que possível sua identificação física. É inadmissível, porém, a impetração anônima, cumprindo ao impetrante identificar-se.

A omissão do nome da autoridade coatora também não acarreta qualquer invalidade, desde que declinado seu cargo ou, ainda, indicado o detentor ou executor.

Não obstante a sumariedade do procedimento, é possível a antecipação da tutela postulada, mediante a concessão de liminar. Para tanto, deve-se observar a existência dos requisitos legais (*fumus boni iuris* e *periculum in mora*).

Em linhas gerais, o procedimento em primeira instância ganha os seguintes contornos:

a) o juiz, após analisar o pedido liminar, determinará, caso entenda necessário e se estiver preso o paciente, que seja ele apresentado;

b) seguir-se-á a requisição de informações da autoridade coatora, assinando-se prazo para apresentação;

c) após, o juiz poderá determinar a realização de diligências, decidindo em 24 horas.

Veja-se que, apesar de o procedimento não possuir fase destinada à instrução probatória, nada impede que, em casos excepcionais, seja colhida, inclusive, prova oral.

Não é obrigatória a intervenção do Ministério Público no procedimento de primeira instância. Deve o órgão ministerial, no entanto, ser intimado da decisão, seja ela concessiva ou denegatória, para que, querendo, dela recorra.

SINOPSES JURÍDICAS

Comete crime de abuso de autoridade, descrito no art. 9º, parágrafo único, III, da Lei n. 13.869/2019, a autoridade que, dentro de prazo razoável, deixa de deferir liminar ou ordem de *habeas corpus*, quando manifestamente cabível. A pena é de detenção, de 1 a 4 anos, e multa.

2.11.8. EFEITOS E RECURSOS

Se concedida a ordem de *habeas corpus*, determinar-se-á a imediata soltura do paciente, se preso estiver. Caso se cuide de pedido preventivo, será expedido salvo-conduto.

Na hipótese de o pedido voltar-se para anulação de processo ou trancamento de inquérito ou processo, será expedida ordem nesse sentido, renovando-se os atos processuais no primeiro caso.

Quando não há concessão, diz-se que a ordem foi denegada.

Se se verificar que a violência ou ameaça à liberdade de locomoção já havia cessado por ocasião do julgamento, o pedido será julgado prejudicado.

Da decisão de primeiro grau que conceder ou denegar a ordem de *habeas corpus* cabe recurso em sentido estrito (art. 581, X). Se concedida a ordem, a revisão pela superior instância é obrigatória ("recurso de ofício" – art. 574, I).

2.11.9. PROCESSAMENTO DE *HABEAS CORPUS* INTERPOSTO NOS TRIBUNAIS

Na hipótese de competência dos tribunais, a petição será apresentada ao secretário, que a enviará imediatamente ao presidente do tribunal, ou da câmara criminal, ou da turma que estiver reunida ou que primeiro tiver de reunir-se (art. 661).

Se a petição obedecer aos requisitos legais, o presidente, entendendo necessário, requisitará da autoridade coatora informações por escrito. Ausentes os requisitos legais da petição, o presidente mandará supri-los (art. 662).

Pode o presidente entender que é caso de indeferimento liminar do *habeas corpus*, situação em que, de plano, levará a petição ao tribunal, câmara ou turma, para que delibere a respeito (art. 663).

Recebidas as informações, ou dispensadas, o *habeas corpus* será julgado na primeira sessão, podendo, entretanto, adiar-se o julgamento para a sessão seguinte (art. 664).

A decisão será tomada por maioria de votos. Havendo empate, caberá ao presidente decidir, desde que não tenha participado da votação. Na hipótese contrária, prevalecerá a decisão mais favorável ao paciente (art. 664, parágrafo único).

Os regimentos internos dos tribunais estabelecerão normas complementares para julgamento de *habeas corpus* de sua competência originária.

Os acórdãos relativos a pedidos de *habeas corpus* decididos em única ou última instância pelos Tribunais Regionais Federais ou pelos Tribunais dos Estados, do Distrito Federal e Territórios expõem-se a recurso ordinário constitucional dirigido ao Superior Tribunal de Justiça, desde que denegatória a decisão.

2.12. MANDADO DE SEGURANÇA NA JUSTIÇA CRIMINAL

O mandado de segurança, ação constitucional de natureza civil, pode ser utilizado, em determinadas hipóteses, contra ato jurisdicional penal.

Tal ação, que, à semelhança do *habeas corpus*, obedece a procedimento célebre, encontra regulamentação básica no art. 5º, LXIX, da Constituição Federal: "Conceder-se-á man-

Processo penal – Procedimentos, nulidades e recursos

dado de segurança para proteger direito líquido e certo, não amparado por *habeas corpus* ou *habeas data*, quando o responsável pela ilegalidade ou abuso de poder for autoridade pública ou agente de pessoa jurídica no exercício de atribuições do Poder Público".

A Lei n. 12.016/2009, por sua vez, disciplina as hipóteses de cabimento e o procedimento do remédio constitucional em estudo.

O objeto do mandado de segurança é definido por exclusão: sua impetração só é cabível quando o direito não for amparado por *habeas corpus* ou *habeas data*.

Assim, será utilizável quando não se destinar a proteger direito de locomoção (tutelado por *habeas corpus*) ou a assegurar o conhecimento de informações relativas à pessoa, constantes de registros ou bancos de entidades governamentais ou de caráter público, bem assim a retificação desses dados (tutelados por *habeas data*).

Necessário, ainda, que o direito cuja tutela se pretenda seja líquido e certo.

A conceituação de direito líquido e certo não se relaciona com a existência ou não de dúvida ou controvérsia, sob o prisma jurídico, em relação à sua existência. Direito líquido e certo é aquele apurável sem a necessidade de dilação probatória.

Sobre o tema, lapidar a lição de Celso Agrícola Barbi: "Como se vê, o conceito de direito líquido e certo é tipicamente processual, pois atende ao modo de ser de um direito subjetivo no processo: a circunstância de um determinado direito subjetivo realmente existir não lhe dá a caracterização de liquidez e certeza; esta só lhe é atribuída se os fatos em que se fundar puderem ser provados de forma incontestável, certa, no processo. E isto normalmente só se dá quando a prova for documental, pois esta é adequada a uma demonstração imediata e segura dos fatos" (*Do mandado de segurança*, 8. ed., Forense, 1998, p. 61-62).

A violação do direito pode decorrer de ilegalidade (gênero) ou abuso de poder (espécie).

Além desses requisitos, a utilização do mandado de segurança contra ato jurisdicional pressupõe a irreparabilidade do dano pelos remédios processuais ordinários (art. 5º, II, da Lei n. 12.016/2009). Nesse contexto, caso a decisão que se pretenda impugnar possa ser revista por outro tipo de recurso e este se revele apto a evitar a lesão ao direito da parte, falecerá interesse para a propositura do mandado de segurança.

De acordo com a Súmula 604 do STJ, "o mandado de segurança não se presta para atribuir efeito suspensivo a recurso criminal interposto pelo Ministério Público".

É vedada a utilização do mandado de segurança para desafiar decisão judicial transitada em julgado (art. 5º, III, da Lei n. 12.016/2009).

2.12.1. LEGITIMIDADE ATIVA

Legitimado ativo para impetrar mandado de segurança é o titular do direito líquido e certo violado ou ameaçado.

Há necessidade de o impetrante fazer-se representar por advogado habilitado.

O promotor de justiça é parte legítima para impetrar mandado de segurança contra ato jurisdicional, inclusive perante os tribunais.

2.12.2. LEGITIMIDADE PASSIVA

Só tem legitimidade para figurar no polo passivo de mandado de segurança a autoridade pública ou agente de pessoa jurídica no exercício de atribuições do Poder Público (art. 1º, *caput* e § 1º, da Lei n. 12.016/2009).

Na hipótese de mandado de segurança contra ato jurisdicional, o coator será o juízo.

A parte beneficiada com o ato jurisdicional atacado por via do *mandamus* deve compor, necessariamente, o polo passivo (litisconsórcio necessário). Veja-se, a esse respeito, a Súmula 701 do STF: "No mandado de segurança impetrado pelo Ministério Público contra decisão proferida em processo penal, é obrigatória a citação do réu como litisconsorte passivo".

2.12.3. COMPETÊNCIA

A competência para o julgamento do mandado de segurança é definida de acordo com a categoria da autoridade coatora, bem assim em razão de sua sede funcional. No caso de o mandado de segurança voltar-se contra decisão judicial, competente será o tribunal incumbido de julgar os recursos relativos à causa.

A competência para julgar os mandados de segurança contra ato jurisdicional do Juizado Especial Criminal é da Turma Recursal, nos termos da Súmula 376 do Superior Tribunal de Justiça.

2.12.4. PRAZO

O prazo para impetração é de 120 dias, contados da cientificação acerca do teor do ato a ser impugnado (art. 23 da Lei n. 12.016/2009). A contagem obedece à regra processual, excluindo-se, pois, o dia inicial. Tal prazo tem natureza decadencial e é, portanto, insuscetível de interrupção ou suspensão.

2.12.5. PROCEDIMENTO

A impetração pode efetivar-se, se houver urgência, por via de telegrama, radiograma, fac-símile ou outro meio eletrônico de autenticidade comprovada.

Ao receber a petição, o juiz (ou tribunal), se não a indeferir liminarmente (art. 10 da Lei n. 12.016/2009), notificará o coator para que, em 10 dias, preste informações, podendo, ainda, suspender os efeitos do ato quando houver fundado receio de que da demora possa resultar a ineficácia da medida (art. 7º da Lei n. 12.016/2009). Idêntico prazo será conferido ao litisconsorte necessário, que deverá ser citado.

O rito do mandado de segurança não admite dilação probatória, subordinando-se o acolhimento da pretensão do impetrante à existência de prova pré-constituída.

Findo o prazo para o envio das informações, será ouvido o Ministério Público, que se manifestará no prazo de 10 dias (art. 12 da Lei n. 12.016/2009).

O juiz, então, decidirá no prazo de 30 dias.

Da sentença proferida pelo juiz de primeiro grau, concessiva ou denegatória, cabe apelação. A decisão concessiva sujeita-se, ainda, ao duplo grau de jurisdição obrigatório (art. 14, § 1º, da Lei n. 12.016/2009).

Dos acórdãos denegatórios proferidos em julgamento de mandado de segurança, em única instância, pelos Tribunais Regionais Federais ou pelos Tribunais dos Estados, do Distrito Federal e Territórios caberá recurso ordinário constitucional ao Superior Tribunal de Justiça.

Processo penal – Procedimentos, nulidades e recursos

2.13. RECURSO EXTRAORDINÁRIO

2.13.1. CONCEITO E FINALIDADE

Trata-se de recurso endereçado ao Supremo Tribunal Federal para combater decisão judicial contra a qual não caiba outro recurso, que tem como premissa a ofensa a normas constitucionais, e como finalidade a uniformização na aplicação das regras da Carta Magna em todo o território nacional.

2.13.2. CABIMENTO

Nos termos das alíneas do art. 102, III, da Constituição Federal, o recurso extraordinário será cabível contra causas decididas, em única ou última instância, quando a decisão recorrida:

a) contrariar dispositivo da Constituição;

b) declarar a inconstitucionalidade de tratado ou lei federal;

c) julgar válida lei ou ato de governo local contestado em face da Constituição. Leis locais são as estaduais e municipais. Ato de governo é qualquer ato administrativo. Pressuposto dessa alínea é que tenha sido questionada judicialmente a constitucionalidade da lei ou do ato e que a decisão tenha declarado sua validade;

d) julgar válida lei local contestada em face de lei federal. Trata-se de alteração introduzida pela EC n. 45, uma vez que, consoante a redação original da Constituição, a hipótese seria de recurso especial.

O recurso extraordinário só tem cabimento quando nenhum outro recurso pode ser interposto e desde que a parte tenha se utilizado de todas as vias recursais possíveis, ou seja, não basta que já tenha decorrido o prazo para a interposição de outros recursos que, por essa razão, tenham se tornado incabíveis. É necessário, portanto, que o agente tenha anteriormente tentado a reforma da decisão por todas as formas recursais previstas. Dessa forma, se era possível a interposição de embargos infringentes e a parte não fez uso dessa via, não poderá recorrer extraordinariamente. Nesse sentido, estabelece a Súmula 281 do Supremo Tribunal Federal que é inadmissível o recurso extraordinário quando couber, na justiça de origem, recurso ordinário da decisão impugnada.

Exige-se também o denominado prequestionamento, ou seja, que o acórdão contra o qual se recorre tenha abordado a questão objeto do recurso extraordinário, por provocação da parte em suas razões recursais ou por iniciativa do próprio Tribunal. Se nas razões recursais o apelante levantar determinada tese e mesmo assim o tribunal se omitir e não apreciar o tema constitucional, a parte deverá interpor embargos de declaração sob pena de não poder interpor posteriormente o recurso extraordinário (Súmulas 282 e 356 do STF).

Existem, ainda, outras súmulas do Supremo Tribunal Federal que tratam da admissibilidade desse recurso:

Súmula 279 – Para simples reexame da prova não cabe recurso extraordinário. O recurso só se presta à análise de questões técnico-jurídicas.

Súmula 283 – É inadmissível o recurso extraordinário quando a decisão recorrida assenta em mais de um fundamento suficiente e o recurso não abrange todos eles. É que,

SINOPSES JURÍDICAS

nesse caso, se fosse provido o recurso, a decisão impugnada estaria mantida pelos outros fundamentos e o recurso extraordinário teria sido inócuo.

Súmula 284 – É inadmissível o recurso extraordinário, quando a deficiência na sua fundamentação não permitir a exata compreensão da controvérsia. É óbvio que o recorrente deve arrazoar o recurso com clareza suficiente para que os julgadores possam entendê-las.

Súmula 640 – É cabível recurso extraordinário contra decisão proferida por juiz de primeiro grau nas causas de alçada, ou por turma recursal de juizado especial cível ou criminal.

2.13.3. LEGITIMIDADE

Tem legitimidade a parte sucumbente, seja ela o Ministério Público, querelante ou defesa. Em relação ao Ministério Público, a legitimidade é do órgão que atua junto ao tribunal *a quo*.

O assistente de acusação pode recorrer extraordinariamente, desde que dentro dos limites de seu interesse. Além disso, as Súmulas 208 e 210 do Supremo Tribunal Federal esclarecem, respectivamente, que o assistente não pode recorrer, extraordinariamente, de decisão concessiva de *habeas corpus*, e que, ao contrário, pode ele recorrer, inclusive extraordinariamente, nos casos dos arts. 584, § 1º (impronúncia e extinção da punibilidade), e 598 do Código de Processo Penal (apelação supletiva).

2.13.4. PRAZOS, INTERPOSIÇÃO E PROCESSAMENTO

Até a entrada em vigor do atual Código de Processo Civil, o procedimento a ser observado é aquele descrito nos arts. 26 a 29 da Lei n. 8.038/90. O recurso deve ser interposto por petição endereçada ao presidente do tribunal *a quo*. O prazo é de 15 dias a partir da publicação do acórdão, salvo em relação ao Ministério Público e ao Defensor Público ou Dativo, em que se conta da ciência pessoal de seu representante. A petição deve conter a exposição do fato e do direito, a demonstração do cabimento do recurso e as razões do pedido de reforma da decisão. Recebida a petição pela Secretaria do tribunal, será intimada a outra parte para contra-arrazoar, também no prazo de 15 dias. Em seguida, os autos irão para o presidente do tribunal para o juízo de admissibilidade (dos requisitos já estudados). Em 5 dias, deverá ser dado despacho fundamentado, autorizando ou não o processamento do recurso. Se denegado, caberá recurso de agravo nos próprios autos para o Supremo Tribunal Federal, no prazo de 5 dias. Se recebido, os autos serão encaminhados ao Supremo para julgamento.

Chegando os autos ao Supremo Tribunal Federal, o recurso extraordinário será distribuído a uma das Turmas, salvo se o processo provier do Tribunal Superior Eleitoral, do Superior Tribunal Militar ou do Superior Tribunal de Justiça (tribunais superiores), quando a competência será do Plenário. Feita a distribuição, os autos serão encaminhados à Procuradoria-Geral da República para manifestação no prazo de 5 dias. Retornando os autos, será designada data para o julgamento. No início deste, na data marcada, será novamente apreciada a admissibilidade do recurso, agora pelos Ministros do Supremo Tribunal Federal. Se aceito, será realizado o julgamento de mérito pelo órgão colegiado (Turma ou Plenário).

O Código de Processo Civil (Lei n. 13.105/2015) revogou os arts. 26 a 29 da Lei n. 8.038/90. A partir de sua entrada em vigor, o procedimento a ser observado é o dos arts.

Processo penal – Procedimentos, nulidades e recursos

1.029 a 1.044 da mencionada lei. O recurso deve ser interposto por petição endereçada ao presidente ou vice-presidente do tribunal *a quo*. O prazo é de 15 dias a partir da intimação. A petição deve conter a exposição do fato e do direito, a demonstração do cabimento do recurso e as razões do pedido de reforma ou de invalidação da decisão. Recebida a petição pela secretaria do tribunal, será intimada a outra parte para contra-arrazoar, também no prazo de 15 dias. Em seguida, os autos serão remetidos à superior instância, independentemente de juízo de admissibilidade pelo Tribunal *a quo* (art. 1.030 e parágrafo único do CPC).

O Supremo Tribunal Federal poderá desconsiderar eventual vício formal de recurso tempestivo ou determinar sua correção, desde que não o repute grave (art. 1.029, § 3º, do CPC).

Caso admitido o recurso pelo Relator, será ele colocado em julgamento. Se denegado o recurso, a parte poderá interpor agravo interno para o respectivo órgão colegiado, observadas, quanto ao processamento, as regras do regimento interno do tribunal (art. 1.021, *caput*, do CPC). Na petição de agravo interno, o recorrente deverá impugnar especificadamente os fundamentos da decisão agravada (art. 1.021, 1º). Tal agravo será dirigido ao relator, que intimará o agravado para manifestar-se sobre o recurso no prazo de 15 dias, ao final do qual, não havendo retratação, o relator o levará a julgamento pelo órgão colegiado, com inclusão em pauta (art. 1.021, § 2º).

Observação: O STF decidiu que, enquanto não transitada em julgado a sentença condenatória, não poderá ser expedido o mandado de prisão em razão do princípio constitucional da presunção de inocência. Assim, estando o réu solto, a interposição de recurso extraordinário (ou especial) impede que seja decretada a prisão do acusado. É claro, entretanto, que, se o réu já estava preso e subsistirem as razões da prisão cautelar, poderá esta ser mantida.

2.13.5. REPERCUSSÃO GERAL

Atento à necessidade de permitir que a Suprema Corte decida quais as causas que julgará e quais aquelas que não devem ser objeto de sua apreciação em decorrência da inexpressiva repercussão social da decisão, o legislador constituinte introduziu novo pressuposto para o processamento do recurso, em dispositivo que assim se ostenta:

"No recurso extraordinário o recorrente deverá demonstrar a repercussão geral das questões constitucionais discutidas no caso, nos termos da lei, a fim de que o Tribunal examine a admissão do recurso, somente podendo recusá-lo pela manifestação de dois terços de seus membros" (art. 102, § 3º, da CF, introduzido pela EC n. 45).

Criou-se, em verdade, a possibilidade de a Corte Constitucional recusar, discricionária e politicamente, a apreciação de recurso cuja questão controvertida, ainda que de índole constitucional, não acarrete reflexos de significativa importância para o corpo social.

Veja-se, no entanto, que há presunção de que a questão veiculada no recurso reveste-se de importância (relevância), razão pela qual a rejeição de seu processamento subordina-se ao reconhecimento, por dois terços dos membros do Tribunal, da irrelevância da matéria.

De acordo com o art. 1.035 do CPC, o Supremo Tribunal Federal, em decisão irrecorrível, não conhecerá do recurso extraordinário quando a questão constitucional nele versada não tiver repercussão geral, nos termos desse artigo. Para efeito de repercussão geral, será considerada a existência ou não de questões relevantes do ponto de vista econômico, político, social ou jurídico que ultrapassem os interesses subjetivos do processo (§ 1º).

SINOPSES JURÍDICAS

O recorrente deverá demonstrar a existência de repercussão geral para apreciação exclusiva pelo Supremo Tribunal Federal (§ 2º). Haverá repercussão geral sempre que o recurso impugnar acórdão que: I – contrarie súmula ou jurisprudência dominante do Supremo Tribunal Federal; II – (*revogado pela Lei n. 13.256/2016*); III – tenha reconhecido a inconstitucionalidade de tratado ou de lei federal, nos termos do art. 97 da Constituição Federal (§ 3º).

Reconhecida a repercussão geral, o relator no Supremo Tribunal Federal determinará a suspensão do processamento de todos os processos pendentes, individuais ou coletivos, que versem sobre a questão e tramitem no território nacional (§ 5º).

Negada a repercussão geral, o presidente ou o vice-presidente do tribunal de origem negará seguimento aos recursos extraordinários sobrestados na origem que versem sobre matéria idêntica (§ 8º).

O recurso que tiver a repercussão geral reconhecida deverá ser julgado no prazo de um ano e terá preferência sobre os demais feitos, ressalvados os que envolvam réu preso e os pedidos de *habeas corpus* (§ 9º). A súmula da decisão sobre a repercussão geral constará de ata, que será publicada no *Diário Oficial* e valerá como acórdão (§ 11).

Para recusar a análise do recurso extraordinário, é necessária a manifestação de dois terços dos membros da Corte, ou seja, de 8 votos contrários à admissibilidade do recurso.

A preliminar de repercussão geral é analisada pelo Plenário do Supremo Tribunal Federal, por meio de sistema informatizado de votação eletrônica, que elimina a necessidade de reunião física dos membros do Tribunal. Depois de o relator do recurso lançar no sistema sua manifestação sobre a relevância do tema, os demais ministros têm 20 dias para votar e as abstenções nessa votação são consideradas como favoráveis à ocorrência de repercussão geral na matéria. O procedimento para verificação da existência da repercussão geral está regulamentado nos arts. 323 a 325 do Regimento Interno do STF.

2.13.6. LEGITIMIDADE

Tem legitimidade para recorrer extraordinariamente a parte sucumbente: Ministério Público, querelante ou defesa. Em relação ao Ministério Público, a atribuição é do órgão que atua junto ao tribunal *a quo*. O assistente de acusação pode recorrer extraordinariamente, desde que respeitados os limites de sua atuação. Assim é que não pode recorrer extraordinariamente de decisão concessiva de *habeas corpus* (Súmula 208 do STF), mas pode nos casos de impronúncia e de declaração de extinção da punibilidade, e, ainda, no tocante a acórdão que julga apelação supletiva (Súmula 210 do STF).

2.13.7. PROCESSAMENTO E PRAZOS

O Código de Processo Civil (Lei n. 13.105/2015) revogou os arts. 26 a 29 da Lei n. 8.038/90. A partir de sua entrada em vigor, o procedimento a ser observado é o dos arts. 1.029 a 1.044 do referido Código. O recurso deve ser interposto por petição endereçada ao Presidente ou Vice-Presidente do tribunal *a quo*. O prazo é de 15 dias a contar da publicação do acórdão, salvo em relação ao Ministério Público e ao Defensor Público ou Dativo, em que se conta da ciência pessoal de seu representante. A petição deve conter a exposição do fato e do direito, a demonstração do cabimento do recurso e as razões do pedido de reforma da decisão (art. 1.029).

Processo penal – Procedimentos, nulidades e recursos

De acordo com o art. 1.030, recebida a petição pela Secretaria do tribunal, será intimada a outra parte para que apresente resposta, também no prazo de 15 dias. Em seguida, os autos irão para o Presidente ou Vice-Presidente do tribunal recorrido, que, em decisão fundamentada, deverá:

I – negar seguimento:

a) a recurso extraordinário que discuta questão constitucional na qual o Supremo Tribunal Federal não tenha reconhecido a existência de repercussão geral ou a recurso extraordinário interposto contra acórdão que esteja em conformidade com entendimento do Supremo Tribunal Federal exarado no regime de repercussão geral;

b) a recurso extraordinário ou a recurso especial interposto contra acórdão que esteja em conformidade com entendimento do Supremo Tribunal Federal ou do Superior Tribunal de Justiça, respectivamente, exarado no regime de julgamento de recursos repetitivos;

II – encaminhar o processo ao órgão julgador para realização do juízo de retratação, se o acórdão recorrido divergir do entendimento do Supremo Tribunal Federal ou do Superior Tribunal de Justiça exarado, conforme o caso, nos regimes de repercussão geral ou de recursos repetitivos;

III – sobrestar o recurso que versar sobre controvérsia de caráter repetitivo ainda não decidida pelo Supremo Tribunal Federal ou pelo Superior Tribunal de Justiça, conforme se trate de matéria constitucional ou infraconstitucional;

IV – selecionar o recurso como representativo de controvérsia constitucional ou infraconstitucional, nos termos do § 6º do art. 1.036;

V – realizar o juízo de admissibilidade e, se positivo, remeter o feito ao Supremo Tribunal Federal ou ao Superior Tribunal de Justiça, desde que:

a) o recurso ainda não tenha sido submetido ao regime de repercussão geral ou de julgamento de recursos repetitivos;

b) o recurso tenha sido selecionado como representativo da controvérsia;

c) o tribunal recorrido tenha refutado o juízo de retratação.

Este inciso V trata do juízo de admissibilidade, propriamente dito, no qual o presidente ou vice-presidente verifica se estão presentes os requisitos legais como tempestividade, interesse recursal, preenchimento das formalidades legais etc. Se o recurso for admitido, os autos serão remetidos à Corte Superior. Se, todavia, a decisão for pela inadmissibilidade do recurso, caberá agravo ao tribunal superior, nos termos do art. 1.030, § 1º (que remete ao procedimento do art. 1.042). A petição será dirigida ao presidente ou vice-presidente, no prazo de 15 dias. O agravado será intimado, de imediato, para oferecer resposta no prazo de 15 dias (art. 1.042, § 3º). Após o prazo de resposta, não havendo retratação, o agravo será remetido ao tribunal superior competente (art. 1.042, § 4º). O agravo poderá ser julgado, conforme o caso, conjuntamente com o recurso especial ou extraordinário, se a Corte Superior entender presentes os requisitos para a admissibilidade (art. 1.042, § 5º). Na hipótese de interposição conjunta de recursos extraordinário e especial, o agravante deverá interpor um agravo para cada recurso não admitido (art. 1.042, § 6º).

Da decisão de inadmissibilidade proferida com fundamento no inciso I do art. 1.030 (não admissão por haver decisão – em sentido contrário ao mérito do recurso – proferida em regime de repercussão geral ou de recursos repetitivos) caberá agravo interno, nos termos do art. 1.021 (art. 1.030, § 2º), cujo processamento seguirá as regras do regimento interno do tribunal.

As hipóteses de cabimento de agravo à superior instância e agravo interno contra decisão que não admite recurso especial e extraordinário estão expressas no Código de Processo Civil, razão pela qual constitui erro grosseiro a interposição de um pelo outro, o que impede a aplicação do princípio da fungibilidade recursal. Nesse sentido: STJ, AgInt no AREsp 1.027.043/SP, 2ª Turma, rel. Min. Francisco Falcão, j. 13-6-2017, *DJe* 23-6-2017; STJ, AgInt no AREsp 1.052.388/RS, 3ª Turma, rel. Min. Marco Aurélio Bellizze, j. 20-6-2017, *DJe* 26-6-2017.

Já na Corte Superior, caso admitido o recurso extraordinário pelo Relator, será ele colocado em julgamento. A Procuradoria-Geral da República deve ter oportunidade para se manifestar previamente dentro do prazo regimental.

O Supremo Tribunal Federal poderá desconsiderar eventual vício formal de recurso tempestivo ou determinar sua correção, desde que não o repute grave (art. 1.029, § 3º). Por sua vez, caso não admitido o recurso, a parte poderá interpor agravo interno (regimental) para o respectivo órgão colegiado, observadas, quanto ao processamento, as regras do regimento interno do tribunal (art. 1.021, *caput*, do CPC). Na petição de agravo interno, que deve ser interposto no prazo de cinco dias, o recorrente deverá impugnar especificadamente os fundamentos da decisão agravada (art. 39 da Lei n. 8.038/90). (O STF e o STJ entendem que, quando se trata de recurso de natureza criminal, a regra do art. 39 da Lei n. 8.038/90, que estabelece prazo de 5 dias para o agravo interno, prevalece sobre aquelas dos arts. 1.021, § 2º, e 1.070 do CPC, que estabelecem prazo de 15 dias.) Tal agravo será dirigido ao relator, que intimará o agravado para manifestar-se sobre o recurso, também no prazo de cinco dias, ao final do qual, não havendo retratação, o relator o levará a julgamento pelo órgão colegiado, com inclusão em pauta (art. 1.021, § 2º).

Não obstante a regulamentação dos recursos especial e extraordinário esteja atualmente inserida no Código de Processo Civil, pensamos que, quando o recurso versar sobre matéria criminal, o prazo deve ser contado na forma do art. 798, *caput*, do CPP – em dias corridos –, por se tratar de regra especial, e não na forma do art. 219 do CPC, que considera na contagem apenas os dias úteis. Os julgados do STF a respeito do tema são também nessa direção: HC 134.554 Rcon, rel. Min. Celso de Mello, j. 10-6-2016, *DJe*-123 14-6-2016, public. 15-6-2016; ARE 948.239 AgR-EDv, rel. Min. Edson Fachin, j. 30-6-2016, *DJe*-139 1º-7-2016, public. 1º-8-2016

O Superior Tribunal de Justiça, igualmente, já decidiu que o prazo deve ser contado em dias corridos, na forma do art. 798, *caput*, do CPP: AgRg no AREsp 1.070.412/MG, 6ª Turma, rel. Min. Sebastião Reis Júnior, j. 23-8-2018, *DJe* 4-9-2018; AgRg na Rcl 30.714/PB, 3ª Seção, rel. Min. Reynaldo Soares da Fonseca, j. 27-4-2016, *DJe* 4-5-2016; AgInt no AREsp 581.478/DF, 5ª Turma, rel. Min. Joel Ilan Paciornik, j. 4-8-2016, *DJe* 15-8-2016; AgRg no REsp 1.551.678/RJ, 6ª Turma, rel. Min. Maria Thereza de Assis Moura, j. 30-6-2016, *DJe* 1º-8-2016.

2.13.8. RECURSO ADESIVO

A regra recursal é de que cada parte deve interpor o recurso de forma independente. O art. 997, § 1º, do CPC, todavia, permite que, se houver sucumbência recíproca e apenas uma das partes interpuser recurso especial ou extraordinário, a outra poderá interpor recurso

Processo penal – Procedimentos, nulidades e recursos

adesivo no prazo das contrarrazões recursais, sendo aplicáveis quanto a este as mesmas regras quanto aos requisitos de admissibilidade e julgamento no tribunal.

O recurso adesivo, de acordo com o art. 997, § 2º, I, deve ser dirigido ao órgão perante o qual foi interposto o recurso independente. Desse modo, se a parte interpôs recurso especial, não é possível interpor recurso extraordinário na forma adesiva (mas apenas recurso especial). Saliente-se, outrossim, que o recurso adesivo não será conhecido se houver desistência do recurso principal ou se for este considerado inadmissível (art. 997, § 2º, III).

A parte que interpôs recurso principal contra parte da decisão não pode ingressar com recurso adesivo para neste ampliar suas pretensões recursais.

O art. 997, § 2º, III, do CPC admite a impugnação adesiva na apelação e no recurso especial e extraordinário. No que se refere à apelação, entretanto, o Código de Processo Penal regulamenta inteiramente o tema e não prevê o recurso adesivo, razão pela qual não é possível a aplicação analógica do Código de Processo Civil a esta modalidade recursal.

Observe-se que o Superior Tribunal de Justiça já decidiu que as regras relativas ao recurso adesivo aplicam-se somente em prol da Defesa. Argumenta-se que a interposição de recurso adesivo pela acusação – após o decurso de seu prazo recursal – poderia gerar *reformatio in pejus* indireta caso o recurso adesivo fosse provido (REsp 1.595.636/RN, 6ª Turma, rel. Min. Sebastião Reis Júnior, j. 2-5-2017, *DJe* 30-5-2017).

2.13.9. EFEITOS

Em 5 de fevereiro de 2009, o Plenário do Supremo Tribunal Federal, no julgamento do HC 84.078, do qual foi relator o Ministro Eros Grau, decidiu que, enquanto não transitada em julgado a sentença condenatória, não poderia ser expedido mandado de prisão, em razão do princípio constitucional da presunção de inocência. Veja-se: "A jurisprudência deste Supremo Tribunal Federal firmou-se no sentido de ser impossível a execução provisória da pena privativa de liberdade, notadamente quando os recursos pendentes de julgamento não têm efeito suspensivo (*Habeas Corpus* n. 84.078, Rel. Min. Eros Grau, Plenário, julgamento realizado em 5.2.2009). 2. Recurso provido" (STF, RHC 93.172, Tribunal Pleno, rel. Min. Cármen Lúcia, j. 12-2-2009, *DJe*-084 5-5-2011, public. 6-5-2011, *Ement.* v. 2516-01, p. 115). De acordo com referida decisão, estando o réu solto, a interposição de recurso extraordinário (ou especial) impediria que fosse decretada a sua prisão. Caso estivesse preso, entretanto, a manutenção da prisão cautelar seria possível se persistissem os motivos que ensejaram a sua decretação, havendo, nesse caso, a execução provisória da pena.

Em fevereiro de 2016, o Plenário do Supremo Tribunal Federal modificou a interpretação anterior, e passou a entender que a expedição de mandado de prisão após o julgamento da apelação não ofende o princípio da presunção de inocência: "Constitucional. *Habeas corpus*. Princípio constitucional da presunção de inocência (CF, art. 5º, LVII). Sentença penal condenatória confirmada por tribunal de segundo grau de jurisdição. Execução provisória. Possibilidade. 1. A execução provisória de acórdão penal condenatório proferido em grau de apelação, ainda que sujeito a recurso especial ou extraordinário, não compromete o princípio constitucional da presunção de inocência afirmado pelo artigo 5º, inciso LVII da Constituição Federal. 2. *Habeas corpus* denegado" (HC 126.292, Tribunal Pleno, rel. Min. Teori Zavascki, j. 17-2-2016, *DJe*-100 16-5-2016, public. 17-5-2016). Tal matéria foi novamente apreciada pelo Pleno da Corte Suprema, desta vez sob a perspectiva da constitucionalidade do art. 283 do Código de Processo Penal (que menciona que a prisão só pode se efetivar após o trânsito em julgado da sentença condenatória), quando o Tribunal, por maioria, reafirmando o que decidira no HC 126.292, indeferiu liminares pleiteadas em Ações Declaratórias de Constitucionalidade (ADC 43 e ADC 44), em julgamento ocorrido em 5 de outubro de 2016. Por fim, em 10 de novembro de 2016, no julgamento do ARE 964.246, no qual foi reconhecida a repercussão geral (tema 925), o Plenário do Supremo Tribunal Federal reafirmou que, após o julgamento do recurso pela segunda instância, deve ser imediatamente iniciada a execução provisória da pena com a expedição de mandado de prisão (em caso de condenação a pena privativa de liberdade), ainda que haja interposição de recurso especial ou extraordinário. Dois foram os principais fundamentos para essa nova postura da Corte Maior: a) a impossibilidade da revisão de fatos e provas nos recursos dirigidos às Cortes Superiores; b) a possibilidade da tutela de eventuais constrangimentos ilegais decorrentes da prisão após a decisão de segunda instância por meio de *habeas corpus*.

Ocorre que, em 7 de novembro de 2019, o Plenário da Corte Suprema, no julgamento das Ações Diretas de Constitucionalidade (ADCs) 43, 44 e 54, entendeu ser constitucional a regra do art. 283 do CPP, de modo que a execução provisória (expedição de mandado de prisão) não pode acontecer antes do trânsito em julgado da condenação. Assim, a interposição de recurso especial e extraordinário impede, em caso de decisão condenatória, que o acusado, que respondeu ao processo solto, seja preso como mera consequência da confirmação de sua condenação em segunda instância. O art. 283 do CPP diz que a prisão decorrente de sentença condenatória pressupõe o seu trânsito em julgado.

A Lei n. 13.964/2019 inseriu no art. 116, III, do Código Penal regra no sentido de que a prescrição fica suspensa enquanto pendentes recurso especial e recurso extraordinário, desde que estes não sejam admitidos. Em suma, uma vez interposto recurso especial ou extraordinário, o prazo prescricional deixa de correr. Se o recurso, futuramente, não for admitido pela falta dos requisitos legais, considerar-se-á ter havido trânsito em julgado, descontando-se o prazo da suspensão. Lembre-se de que os recursos especial e extraordinário têm diversos requisitos específicos (não bastando o mero inconformismo) e, por tal razão, antes da análise efetiva do mérito pelos tribunais superiores deve ser feito o chamado juízo de admissibilidade, justamente para a verificação da presença de tais requisitos. Esse juízo de admissibilidade é feito, inicialmente, no próprio tribunal de origem, e, posteriormente, pelo tribunal superior.

Observe-se que era razoavelmente comum que a Defesa, verificando a possibilidade de alcançar o prazo prescricional, interpusesse recursos meramente procrastinatórios aos tribunais superiores, para evitar o trânsito em julgado da condenação e buscar a prescrição. Tais recursos, em regra, não preenchiam os requisitos legais, mas, em muitos casos, apesar de não admitidos, levavam à prescrição do delito pelo fato de o prazo continuar em andamento. Com a nova regra, temos as seguintes situações: interposto o recurso especial ou extraordinário, a prescrição fica suspensa. Se o recurso não for admitido pela falta de algum dos requisitos legais, a decisão anterior transitará em julgado, não se computando o prazo de suspensão. Admitido o recurso especial ou extraordinário pela presença dos requisitos legais, a prescrição é computada normalmente desde a interposição destes recursos, ainda que a Corte Superior negue provimento ao mérito recursal.

Em suma, enquanto tramitar um recurso especial ou extraordinário, não pode ser decretada a prescrição, porque o prazo prescricional está suspenso (exceto, obviamente, se o prazo

Processo penal – Procedimentos, nulidades e recursos

prescricional havia sido atingido antes). Se, todavia, o recurso for admitido pela presença dos requisitos necessários, o prazo prescricional é contado desde a interposição de tal recurso. É como se a suspensão não tivesse existido.

2.13.10. SÚMULA VINCULANTE

A Emenda Constitucional n. 45 introduziu no ordenamento pátrio o instituto da súmula vinculante. Por meio desta, "o Supremo Tribunal Federal poderá, de ofício ou por provocação, mediante decisão de dois terços dos seus membros, após reiteradas decisões sobre a matéria constitucional, aprovar súmula que, a partir de sua publicação na imprensa oficial, terá efeito vinculante em relação aos demais órgãos do Poder Judiciário e à Administração Pública direta e indireta, nas esferas federal, estadual e municipal, bem como proceder à sua revisão ou cancelamento, na forma estabelecida em lei" (art. 103-A da CF).

"A súmula terá por objetivo a validade, a interpretação e a eficácia de normas determinadas, acerca das quais haja controvérsia atual entre órgãos judiciários ou entre esses e a administração pública que acarrete grave insegurança jurídica e relevante multiplicação de processos sobre questão idêntica" (art. 103-A, § 1º).

O texto constitucional também dispõe que, "sem prejuízo do que venha a ser estabelecido em lei, a aprovação, revisão ou cancelamento de súmula poderá ser provocada por aqueles que podem propor a ação direta de inconstitucionalidade" (art. 103-A, § 2º).

É de se lembrar, por fim, que, "do ato administrativo ou decisão judicial que contrariar a súmula aplicável ou que indevidamente a aplicar, caberá reclamação ao Supremo Tribunal Federal que, julgando-a procedente, anulará o ato administrativo ou cassará a decisão judicial reclamada, e determinará que outra seja proferida com ou sem a aplicação da súmula, conforme o caso" (art. 103-A, § 3º).

2.14. RECURSO ESPECIAL

2.14.1. CONCEITO E FINALIDADE

É o recurso destinado a dar ao Superior Tribunal de Justiça a possibilidade de julgar questão federal de natureza infraconstitucional, decidida anteriormente por Tribunal Regional Federal ou pelos tribunais dos Estados, do Distrito Federal e Territórios. Sua finalidade é garantir a autoridade das leis federais e uniformizar sua aplicação em todo o país.

Embora o § 2º do art. 105 da Constituição Federal, introduzido pela Emenda Constitucional n. 125/2022, condicione a admissibilidade do recurso especial à demonstração, pelo recorrente, da relevância das questões de direito federal infraconstitucional discutidas no caso, o próprio texto constitucional reconhece que sempre há relevância quanto às matérias discutidas em ações penais (art. 105, § 3º, I).

2.14.2. CABIMENTO

Conforme dispõe o art. 105, III, da Constituição Federal, o recurso especial será cabível contra as causas decididas, em única ou última instância, pelos Tribunais Regionais Federais ou pelos tribunais dos Estados, do Distrito Federal e Territórios quando a decisão recorrida:

a) contrariar tratado ou lei federal, ou negar-lhes vigência;

b) julgar válido ato de governo local contestado em face de lei federal;

c) der a lei federal interpretação divergente da que lhe tenha atribuído outro tribunal. Esse dispositivo não se aplica quando ocorre divergência entre julgados de um mesmo tribunal, já que o texto da Carta Magna expressamente exige a divergência entre tribunais diversos. Nesse sentido a Súmula 13 do Superior Tribunal de Justiça: "a divergência entre julgados do mesmo Tribunal não enseja recurso especial". A interposição de recurso, com base em dissídio jurisprudencial, deve observar o disposto no art. 1.029, § 1º, do Código de Processo Civil: "Quando o recurso fundar-se em dissídio jurisprudencial, o recorrente fará a prova da divergência com a certidão, cópia ou citação do repositório de jurisprudência, oficial ou credenciado, inclusive em mídia eletrônica, em que houver sido publicado o acórdão divergente, ou ainda com a reprodução de julgado disponível na rede mundial de computadores, com indicação da respectiva fonte, devendo-se, em qualquer caso, mencionar as circunstâncias que identifiquem ou assemelhem os casos confrontados".

Para demonstrar a existência do dissídio, não se aceita que o recorrente simplesmente transcreva meras ementas de outros julgados e as compare com o acórdão recorrido, pois é comum que a ementa, por ser resumida, não reflita a realidade dos fatos. O recorrente, portanto, deve comprovar o dissídio comparando trechos dos acórdãos a fim de demonstrar que os fatos se assemelham e que, apesar disso, a aplicação da lei ocorreu de forma diversa pelos tribunais que julgaram os casos.

O Superior Tribunal de Justiça não aceita que o acórdão apontado como paradigma para comprovar o dissídio tenha sido proferido em julgamento de *habeas corpus*, mandado de segurança, recurso ordinário em *habeas corpus*, recurso ordinário em mandado de segurança e conflito de competência: "É assente o entendimento desta Corte no sentido de que não se admite como paradigma para comprovar a divergência acórdão proferido em *habeas corpus*, mandado de segurança, recurso ordinário em *habeas corpus*, recurso ordinário em mandado de segurança e conflito de competência" (STJ, AgRg nos EREsp 1.213.653/SC, 3ª Seção, rel. Min. Ribeiro Dantas, j. 24-8-2016, *DJe* 29-8-2016).

O Superior Tribunal de Justiça pode desconsiderar vício formal de recurso tempestivo ou determinar sua correção, desde que não o repute grave (art. 1.029, § 3º).

O recurso especial também não é cabível para simples reexame de prova (Súmula 7 do STJ). Se o réu interpõe recurso especial pleiteando, por exemplo, sua absolvição por insuficiência de provas, o recurso especial sequer é admitido.

O prequestionamento também é exigido para a admissibilidade desse recurso.

Se nas razões de apelação o recorrente levantar determinada tese e mesmo assim o tribunal se omitir e não apreciar o tema, a parte deverá interpor embargos de declaração sob pena de não poder interpor posteriormente o recurso especial (Súmulas 282 e 356 do STF). De acordo com o art. 1.025 do Código de Processo Civil, consideram-se incluídos no acórdão os elementos que o embargante suscitou, para fins de prequestionamento, ainda que os embargos de declaração sejam inadmitidos ou rejeitados, caso o tribunal superior considere existentes erro, omissão, contradição ou obscuridade. Por isso, perdeu a eficácia a Súmula 211 do Superior Tribunal de Justiça, segundo a qual é "inadmissível recurso especial quanto à questão que, a despeito da oposição de embargos de declaratórios, não foi apreciada pelo tribunal *a quo*".

É evidente, por sua vez, que não cabe recurso especial se o tema estiver precluso, não podendo a oposição de embargos de declaração ressuscitar a questão. Assim, se o réu apelou pleiteando exclusivamente sua absolvição e o Tribunal negou provimento ao recurso, não há que se cogitar de oposição de embargos de declaração para tratar do regime inicial da pena. Se, entretanto, o acusado insurgiu-se nas razões de apelação contra a condenação e também contra o regime inicial, e o Tribunal deixou de apreciar esse último tema, deverão ser opostos os embargos para que seja corrigida a omissão. Em tal hipótese, ainda que o Tribunal

Processo penal – Procedimentos, nulidades e recursos

rejeite os embargos (mantendo a omissão), será viável o recurso especial, conforme expressamente permite o art. 1.025 do CPC.

Saliente-se que, de acordo com a **Súmula 579 do Superior Tribunal de Justiça**, "não é necessário ratificar o recurso especial interposto na pendência do julgamento dos embargos de declaração, quando inalterado o resultado anterior".

De acordo com a Súmula 83 do Superior Tribunal de Justiça, **"não se conhece do recurso especial pela divergência quando a orientação do Tribunal se firmou no mesmo sentido da decisão recorrida"**. Em suma, se a Corte Superior tiver pacificado seu entendimento em determinado sentido, não se admitirá a interposição de recurso especial se a decisão que se pretende reformar for no mesmo sentido daquela. De acordo com a **Súmula 568 do Superior Tribunal de Justiça**, "o relator, **monocraticamente** e no Superior Tribunal de Justiça, poderá dar ou negar provimento ao recurso quando houver entendimento dominante acerca do tema".

Por fim, a Súmula 518 do STJ dispõe que, **"para fins do art. 105, III, a, da Constituição Federal, não é cabível recurso especial fundado em alegada violação de enunciado de súmula"**. Com efeito, o referido dispositivo da Carta Magna exige que o recorrente alegue contrariedade ou negativa de vigência a tratado ou lei federal e não violação a súmula. Nessa última hipótese, o recurso especial deve ser interposto com base em dissídio jurisprudencial (art. 105, III, *c*, da CF), com a observância das respectivas formalidades.

2.14.3. LEGITIMIDADE

Aplicam-se as mesmas regras estudadas em relação ao recurso extraordinário (item 2.12.3).

Caso a parte entenda que o acórdão proferido contraria dispositivo da Constituição Federal e também de lei federal, deverá interpor, dentro do prazo de 15 dias, o recurso extraordinário e o especial (em petições diversas), sob pena de preclusão.

Saliente-se que o Ministério Público tem legitimidade para interpor recurso especial em processo que tenha atuado como fiscal da lei, ainda que não haja recurso da parte (Súmula 99 do STJ). Considera-se inexistente, por outro lado, o recurso especial interposto por advogado sem procuração nos autos (Súmula 115 do STJ).

2.14.4. PRAZOS, INTERPOSIÇÃO, PROCESSAMENTO E EFEITOS

Como esses temas também são regulados pelos arts. 1.029 a 1.044 do Código de Processo Civil, aplicam-se as regras já estudadas em relação ao recurso extraordinário (item 2.13).

Caso a parte entenda que o acórdão proferido contraria dispositivo da Constituição Federal e também de lei federal, deverá interpor, dentro do prazo de 15 dias, o recurso extraordinário e o especial (em petições diversas), sob pena de preclusão.

Caso sejam interpostos simultaneamente os recursos especial e extraordinário, incumbirá ao Superior Tribunal de Justiça julgar o mérito do recurso especial e, em seguida, remeter os autos ao Supremo para julgamento do recurso extraordinário, caso este não esteja prejudicado (art. 1.031, *caput* e § 1º, do CPC). Se, todavia, o relator do recurso especial entender que o recurso extraordinário é prejudicial àquele, em decisão irrecorrível, sobrestará o seu julgamento e remeterá os autos ao Supremo, para julgar o extraordinário (art. 1.031, § 2º, do CPC). Caso o relator do recurso extraordinário não o considere prejudicial, devolverá os autos ao Superior Tribunal de Justiça, para que seja julgado o recurso especial (art. 1.031, § 3º, do CPC). Essa decisão também é irrecorrível.

Antes do advento do Código de Processo Civil, se a parte interpusesse apenas recurso especial, mas a matéria a ser discutida fosse de índole constitucional, o Superior Tribunal de Justiça simplesmente inadmitia tal recurso, transitando em julgado a decisão. Após a entrada em vigor do Código, caso o relator, no Superior Tribunal de Justiça, entenda que o recurso especial versa sobre questão constitucional, deverá conceder prazo de 15 dias para que o re-

SINOPSES JURÍDICAS

corrente demonstre a existência de repercussão geral e se manifeste expressamente sobre a questão constitucional. Cumprida a diligência, o relator remeterá o recurso ao Supremo Tribunal Federal, que, em juízo de admissibilidade, poderá admitir o recurso extraordinário ou devolvê-lo ao Superior Tribunal de Justiça (se entender que a matéria não envolve dispositivos da Carta Magna). Tais regras encontram-se no art. 1.032 do CPC.

Saliente-se, por fim, que muitas vezes a parte interpõe exclusivamente recurso extraordinário, junto ao Supremo Tribunal Federal, alegando afronta a determinado dispositivo da Constituição Federal, mas a Corte entende que a ofensa a referido dispositivo é meramente reflexa. Antes do Código de Processo Civil, tal recurso não era admitido, e a decisão transitava em julgado. Com a entrada em vigor do Código, se o Supremo Tribunal Federal considerar como reflexa a ofensa à Constituição alegada no recurso extraordinário, por pressupor, em verdade, a revisão de interpretação de lei federal ou de tratado, o remeterá ao Superior Tribunal de Justiça para julgamento como recurso especial (art. 1.033 do CPC).

O art. 988, IV, do Código de Processo Civil prevê que cabe reclamação para garantir a observância de precedente proferido em julgamento de casos repetitivos. Tal dispositivo não impede que a parte opte por interpor recurso especial, mesmo porque existe forte corrente no sentido de que, por ausência de previsão constitucional, as decisões em julgamento de casos repetitivos não podem ter caráter vinculante.

2.15. RECURSO ORDINÁRIO CONSTITUCIONAL

2.15.1. INTRODUÇÃO

A Constituição previu as hipóteses de cabimento de recurso ordinário a ser julgado, conforme as regras constitucionais, pelo Supremo Tribunal Federal (art. 102, II, da CF) ou pelo Superior Tribunal de Justiça (art. 105, II, da CF).

A impugnação por via de recurso ordinário devolve o reexame de todas as matérias decididas pelo tribunal recorrido, de fato ou de direito, respeitada a limitação feita pela parte. Ostenta, portanto, efeito equivalente ao da apelação.

2.15.2. CABIMENTO

Compete ao Supremo Tribunal Federal julgar, em recurso ordinário:

a) O *habeas corpus*, o mandado de segurança, o *habeas data* e o mandado de injunção decididos em única instância pelos Tribunais Superiores, se denegatória a decisão.

Reveste-se o recurso ordinário, nessa hipótese, de caráter *secundum eventum litis*, pois é cabível apenas se denegado o pedido formulado por via de um dos remédios constitucionais mencionados.

O não conhecimento do pedido de *habeas corpus* ou mandado de segurança equivale à denegação, possibilitando a interposição do recurso.

É incabível tal recurso ao Plenário da Corte Suprema contra as decisões emanadas de qualquer das Turmas do Supremo Tribunal Federal, porque essa modalidade recursal só tem pertinência quando se tratar de ato denegatório proferido em única instância pelos Tribunais Superiores da União.

b) O crime político.

Trata-se de previsão de um terceiro exame da pretensão punitiva referente a crimes políticos, os quais estão previstos na Lei de Segurança Nacional e são julgados, originariamente, pelos juízes federais (art. 109, IV, da CF).

Ao Superior Tribunal de Justiça, por sua vez, compete julgar, em recurso ordinário:

Processo penal – Procedimentos, nulidades e recursos

a) Os *habeas corpus* decididos em única ou última instância pelos Tribunais Regionais Federais ou pelos Tribunais dos Estados, do Distrito Federal e Territórios, quando a decisão for denegatória.

Enquanto ao Supremo Tribunal Federal é cometido apenas um segundo exame da decisão denegatória do pedido de *habeas corpus*, no Superior Tribunal de Justiça pode ocorrer até mesmo uma terceira apreciação, quando negada a ordem por um tribunal de segundo grau em sede de reexame necessário (art. 574, I, do CPP) ou de julgamento de recurso em sentido estrito (art. 581, X, do CPP).

Observação: É facultado ao interessado, em vez de interpor o recurso ordinário, impetrar novo *habeas corpus* perante o Supremo Tribunal Federal ou o Superior Tribunal de Justiça.

b) Os mandados de segurança decididos em única instância pelos Tribunais Regionais Federais ou pelos Tribunais dos Estados, do Distrito Federal e Territórios, quando denegatória a decisão.

c) As causas em que forem partes Estado estrangeiro ou organismo internacional, de um lado, e, do outro, Município ou pessoa residente ou domiciliada no País.

O dispositivo trata de recurso em matéria cível, estranha aos fins desta obra.

2.15.3. PROCEDIMENTO

O procedimento relativo aos recursos ordinários das decisões denegatórias de *habeas corpus* dirigidos ao Supremo Tribunal Federal está previsto no Regimento Interno.

A interposição, acompanhada das razões do pedido de reforma, deve dar-se no prazo de 5 dias, nos próprios autos em que se houver proferido a decisão recorrida (art. 310).

Distribuído o recurso, a Secretaria, imediatamente, fará os autos com vista ao Procurador-Geral da República, pelo prazo de 2 dias. Conclusos ao relator, este submeterá o feito a julgamento do Plenário ou da Turma, conforme o caso (art. 311).

Ao processamento do recurso aplicar-se-á, no que couber, o disposto com relação ao pedido originário de *habeas corpus* (art. 312).

A Lei n. 8.038/90, que dispõe sobre as normas procedimentais do recurso ordinário dirigido ao Superior Tribunal de Justiça, estabelece regras distintas para o processamento, de acordo com a natureza da ação.

Em se tratando de decisão denegatória de *habeas corpus*, o recurso deve ser interposto no prazo de 5 dias, com as razões do pedido de reforma (art. 30). Distribuído, a Secretaria, imediatamente, dará vista dos autos ao Ministério Público, pelo prazo de 2 dias. Conclusos os autos ao relator, este submeterá o feito a julgamento independentemente de pauta (art. 31 e seu parágrafo único). Aplicam-se, no que couber, as disposições relativas ao pedido originário de *habeas corpus* (art. 32).

Se se cuidar de decisão denegatória de mandado de segurança, o recurso será interposto no prazo de 15 dias, acompanhado das razões do pedido de reforma (art. 33). Serão aplicadas, quanto aos requisitos de admissibilidade e ao procedimento no tribunal recorrido, as regras do Código de Processo Civil relativas à apelação (art. 34). Após vista dos autos ao Ministério Público, pelo prazo de 5 dias, o relator pedirá dia para julgamento (art. 35 e seu parágrafo único).

O prazo para interposição dos recursos é contado a partir da publicação do acórdão recorrido no *Diário Oficial*.

O relator, no Supremo Tribunal Federal ou no Superior Tribunal de Justiça, decidirá o recurso que haja perdido seu objeto, bem como negará seguimento a recurso manifestamente intempestivo, incabível ou improcedente (art. 38 da Lei n. 8.038/90).

SINOPSES JURÍDICAS

Quadro sinótico – Dos recursos

Definição	Meio processual voluntário ou obrigatório de impugnação de uma decisão, utilizado antes da preclusão, apto a propiciar resultado mais vantajoso na mesma relação jurídica processual, em decorrência de reforma, invalidação, esclarecimento ou confirmação.	
Finalidade	A substituição de uma decisão por outra.	
Classificação dos recursos	1) Quanto à fonte	a) constitucionais; b) legais.
	2) Quanto à iniciativa	a) voluntários; b) necessários.
	3) Quanto aos motivos	a) ordinários; b) extraordinários.
Pressupostos recursais	Objetivos	a) previsão legal; b) tempestividade; c) observância das formalidades legais.
Pressupostos recursais	Subjetivos	a) legitimidade; b) interesse.
Efeitos possíveis dos recursos	a) devolutivo; b) suspensivo; c) regressivo; d) extensivo.	

Quadro sinótico – Recurso em sentido estrito

Hipóteses de cabimento	Constam em extenso rol do art. 581 do CPP.	
Prazos	Para interposição	5 dias (salvo em relação à decisão que incluir jurado na lista geral ou dela excluir, hipótese em que o prazo é de 20 dias).
	Para arrazoar	2 dias.
Tramitação	Nos próprios autos	Quando interposto contra decisões terminativas (art. 583).
	Por meio da formação de instrumento	Nos demais casos.

Processo penal – Procedimentos, nulidades e recursos

Efeitos do recurso em sentido estrito	Devolutivo	
	Regressivo	
	Suspensivo	a) decisão que decreta o perdimento da fiança; b) decisão que denega apelação; c) decisão que julga quebrada a fiança; d) decisão de pronúncia, hipótese em que a interposição do recurso se limita a suspender a realização do julgamento pelo júri.

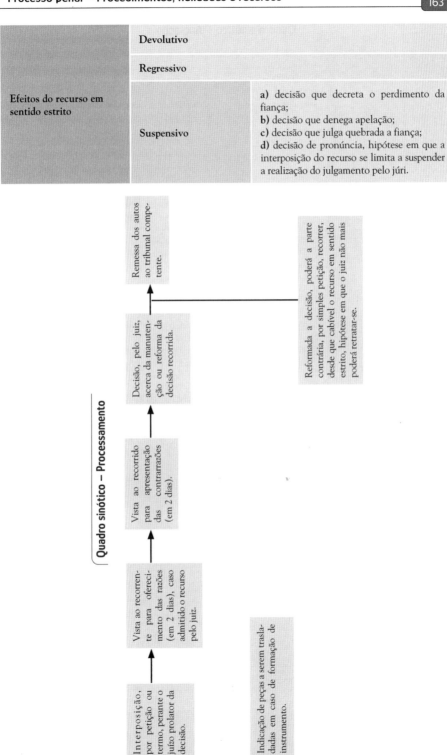

Quadro sinótico – Processamento

Interposição, por petição ou termo, perante o juízo prolator da decisão.

Indicação de peças a serem trasladadas em caso de formação de instrumento.

→ Vista ao recorrente para oferecimento das razões (em 2 dias), caso admitido o recurso pelo juiz.

→ Vista ao recorrido para apresentação das contrarrazões (em 2 dias).

→ Decisão, pelo juiz, acerca da manutenção ou reforma da decisão recorrida.

→ Remessa dos autos ao tribunal competente.

Reformada a decisão, poderá a parte contrária, por simples petição, recorrer, desde que cabível o recurso em sentido estrito, hipótese em que o juiz não mais poderá retratar-se.

SINOPSES JURÍDICAS

Quadro sinótico – Apelação

Hipóteses de cabimento	**Contra decisões proferidas pelo juízo singular**	**a)** das sentenças definitivas de condenação ou absolvição; **b)** das decisões definitivas, ou com força de definitivas, desde que não cabível recurso em sentido estrito.	
	Contra decisões do Tribunal do Júri	**a)** quando ocorrer nulidade posterior à pronúncia; **b)** quando a sentença do juiz-presidente for contrária à lei expressa ou à decisão dos jurados; **c)** quando houver erro ou injustiça no tocante à aplicação da pena ou da medida de segurança; **d)** quando a decisão dos jurados for manifestamente contrária à prova dos autos.	
Características	**a)** recurso amplo; **b)** de cabimento residual em relação às hipóteses de recurso em sentido estrito.		
Modalidades	**a)** plena ou parcial, de acordo com o que se pretende modificar da sentença; **b)** principal ou subsidiária (ou supletiva), dependendo de ter sido interposto pelo titular da ação ou por assistente; **c)** ordinária ou sumária, de acordo com o rito a ser seguido no Tribunal.		
Prazos	**Para interposição**	Ministério Público, réu e defensor	5 dias
		Assistente habilitado	5 dias, contados a partir da data em que se encerrar o prazo para o Ministério Público recorrer, quando o assistente houver sido intimado antes ou concomitantemente e, na hipótese de ser intimado após o escoamento do prazo para o órgão ministerial apelar, contados a partir da intimação.
		Assistente não habilitado	15 dias, contados da data em que se encerrou o prazo para o Ministério Público.
		No JECRIM	10 dias (por petição acompanhada das razões).
	Para arrazoar	8 dias	

Processo penal – Procedimentos, nulidades e recursos

Efeitos	a) devolutivo; b) suspensivo, salvo no que diz respeito à apelação contra sentença absolutória, que não impedirá que o réu seja posto imediatamente em liberdade (art. 596, *caput*); c) extensivo (art. 580).

Quadro sinótico – Processamento

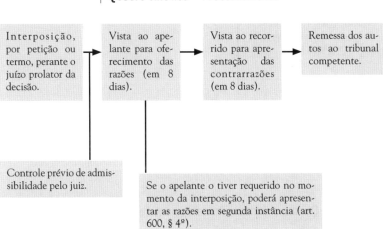

Quadro sinótico – *Habeas corpus*

Natureza jurídica	Ação penal popular constitucional voltada à proteção da liberdade de locomoção.
Cabimento	Sempre que alguém sofrer ou se achar ameaçado de sofrer violência ou coação em sua liberdade de locomoção, por ilegalidade ou abuso de poder (art. 5º, LXVIII, da CF).
Espécies	a) liberatório; b) preventivo.
Legitimidade ativa	Pode ser impetrado por qualquer pessoa, em seu favor ou de outrem, inclusive por analfabeto, por estrangeiro, por pessoa jurídica e pelo Ministério Público.
Legitimidade passiva	Autor da violência, coação ou ameaça (por vezes, pessoa distinta do mero detentor do preso ou executor de ordem ilegal).

Quadro sinótico – Processamento em primeiro grau

Petição indicando o nome da pessoa que sofre ou está ameaçada de sofrer violência ou coação e o de quem exercê-la, a declaração da espécie de constrangimento e a assinatura do impetrante, ou de alguém a seu rogo, quando não souber ou não puder escrever (art. 654, § 1º).

→

Juiz determina a apresentação do paciente, caso entenda necessária tal providência, e requisita informações ao impetrado.

→

Efetuadas as diligências e, se necessário, interrogado o paciente, o juiz decidirá, fundamentadamente, dentro de 24 (vinte e quatro) horas.

Análise de eventual pedido liminar pelo juiz.

Quadro sinótico – Processamento em segundo grau

Petição deve ser encaminhada imediatamente ao presidente do tribunal, ou da câmara criminal, ou da turma, que estiver reunida, ou primeiro tiver de reunir-se.

→

Possibilidade de ordenar-se que se supram requisitos do art. 654, § 1º, eventualmente ausentes.

→

Requisição de informações.

→

Julgamento na primeira sessão, salvo necessidade de adiamento para a sessão seguinte.

Indeferimento liminar, caso em que a petição será levada ao tribunal, câmara ou turma, para que delibere a respeito.